The Tragedie of Othello, The Moore of Venice
Die Tragödie von Othello, dem Mohren von Venedig

William Shakespeare

The Tragedie of Othello, The Moore of Venice

Die Tragödie von Othello, dem Mohren von Venedig

Titelbild: Die Gasse *Frezzeria* in Venedig,
bearbeiteter Ausschnitt aus einer Fotografie
www.veneziatiamo.eu/Frezzaria_SANMARCO.html

Rückseite: Karl Kraus, Postskriptum zum letzten Brief
an Sidonie Nádherny vom 15./16.5.1936
aus: Karl Kraus, Briefe an Sidonie Nádherny von Borutin 1913-1936
Hg. von Friedrich Pfäfflin © Wallstein Verlag, Göttingen 2005
Reproduktion mit freundlicher Genehmigung
des Brenner-Archivs, Universität Innsbruck

Bühnenrechte beim Verlag der Autoren

© Verlag Uwe Laugwitz,
D-21244 Buchholz in der Nordheide, 2014

ISBN 9783-933077-35-6

Inhalt

The Tragedie of Othello, The Moore of Venice

Die Tragödie von Othello, dem Mohren von Venedig

Actus Primus. Scœna Prima.

Enter Rodorigo, and Iago.

Rodorigo.
NEuer tell me, I take it much vnkindly
That thou (*Iago*) who hast had my purse,
As if ye strings were thine, should'st know of this.
Ia. But you'l not heare me. If euer I did dream
Of such a matter, abhorre me.

Rodo. Thou told'st me,
Thou did'st hold him in thy hate.
Iago. Despise me
If I do not. Three Great-ones of the Cittie,
(In personall suite to make me his Lieutenant)
Off-capt to him: and by the faith of man
I know my price, I am worth no worsse a place.
But he (as louing his owne pride, and purposes)
Euades them, with a bumbast Circumstance,
Horribly stufft with Epithites of warre,
Non-suites my Mediators. For certes, saies he,
I haue already chose my Officer. And what was he?

For-sooth, a great Arithmatician,
One *Michaell Cassio*, a *Florentine*,
(A Fellow almost damn'd in a faire Wife)
That neuer set a Squadron in the Field,
Nor the deuision of a Battaile knowes
More then a Spinster. Vnlesse the Bookish Theoricke:

RODERIGO Willst du Ärger, dann erzähl mir bloß noch
Daß, Iago, du, der meine Börse handhabt
Als wärn die Schlaufen deine, davon wußtest.

IAGO Ihr hört mir ja nicht zu! Hab ich mir je
So etwas träumen lassen, könnt Ihr mich
Als Monstrum ansehn.
RODERIGO   Mir hast du gesagt
Er sei da wo dein Haß ist.
IAGO   Ist ers nicht
Bespuckt mich. Drei der Größen dieser Stadt
Sie zogen in Person vor ihm den Hut
Damit er mich zu seinem Leutnant macht
Und ehrlich, Mann, ich bin nicht unbescheiden
Erscheint ein schlechtrer Posten mir beschissen
Doch er in selbstverliebtem Eigendünkel
Umschifft sie mit bombastischen Tiraden
Mit Phrasen voll von wüstem Säbelrasseln
Und hängt mir folgerichtig
Die Mittelsmänner ab, denn: Wißt, ihr Herrn
Tönt er, ich hab schon einen Leutnant! Und
Wer ist der?
Halt dich fest, ein purer Schreibtischtäter
Ein Michel Cassio, ein Florentiner
Ein Bursche, der ums Haar als süße Puppe
Ins Fleisch geraten wär, der dir noch nie
Mit 'ner Schwadron ins Feld gerückt, der von
'nem Schlachtplan soviel weiß wie eine Jungfrau

Wherein the Tongued Consuls can propose
As Masterly as he. Meere pratle (without practise)
Is all his Souldiership. But he (Sir) had th'election;
And I (of whom his eies had seene the proofe
At Rhodes, at Ciprus, and on others grounds
Christen'd, and Heathen) must be be-leed, and calm'd
By Debitor, and Creditor. This Counter-caster,
He (in good time) must his Lieutenant be,
And I (blesse the marke) his Mooreships Auntient.

Rod. By heauen, I rather would haue bin his hangman.
Iago. Why, there's no remedie.
   'Tis the cursse of Seruice;
   Preferment goes by Letter, and affection,
   And not by old gradation, where each second
   Stood Heire to'th'first. Now Sir, be iudge your selfe,
   Whether I in any iust terme am Affin'd
   To loue the *Moore*?
Rod. I would not follow him then.
Iago. O Sir content you.
   I follow him, to serue my turne vpon him.
   We cannot all be Masters, nor all Masters
   Cannot be truely follow'd. You shall marke
   Many a dutious and knee-crooking knaue;
   That (doting on his owne obsequious bondage)
   Weares out his time, much like his Masters Asse,
   For naught but Prouender, & when he's old Casheer'd.
   Whip me such honest knaues. Others there are
   Who trym'd in Formes, and visages of Dutie,

Vom Liebeskrieg, ein Kartenfex, ein Theoretiker
Mit dem es jeder saturierte Maulheld
Im Stadtrat aufnimmt, Prahlen ohne Praxis
Heißt sein Soldatentum. Doch er, Sir, traf die Wahl
Und mir, der unter seinen Augen ihm den Nachweis
Auf Rhodos und auf Cypern und wo sonst noch
Geliefert hat bei Christen wie bei Heiden
Macht so ein Buchhalter die Segel schlapp
Mich treibt ein Erbsenzähler in die Flaute
Der darf mal eben schnell sein Leutnant werden
Und ich, Gott seis geklagt, der Mohrschaft Fähnrich.
RODERIGO Beim Himmel, lieber wäre ich sein Henker.
IAGO Es hilft nun nix, das ist der Fluch des Kriegsdiensts
Beziehung schafft Beförderung: Günstlingswirtschaft
Und nicht die gute, alte Kampferfahrung
Die Vorgesetzte macht aus Untergebnen.
Nun also, Sir, nun könnt Ihr selber urteiln
Ob ich in irgendeiner Form gehalten bin
Den schwarzen Mann zu achten.
RODERIGO   Ich quittierte.
IAGO O, nicht so wild Sir! Ich quittiere nicht
Bis ich ihm meine Quittung präsentiere.
Nicht alle können Herren sein, noch können
Alle ihren Herrn den Dienst quittieren:
Ihr findet allerorts devote Knechte
Auf krummen Knien, die, ihr Sklavendasein
Hätschelnd, ihre Zeit vertun als Esel
Ihrer Herren und das für wenig mehr
Als grad das Futter, aus dem sie ihr Herr
Wenn sie zu alt geworden sind, verjagt.
Peitscht diese braven Knechte! Andre gibts
Geschult in den Gebärden und Grimassen

Keepe yet their hearts attending on themselues,
And throwing but showes of Seruice on their Lords
Doe well thriue by them.
And when they haue lin'd their Coates
Doe themselues Homage.
These Fellowes haue some soule,
And such a one do I professe my selfe. For (Sir)
It is as sure as you are *Rodorigo*,
Were I the Moore, I would not be *Iago*:
In following him, I follow but my selfe.
Heauen is my Iudge, not I for loue and dutie,
But seeming so, for my peculiar end:
For when my outward Action doth demonstrate
The natiue act, and figure of my heart
In Complement externe, 'tis not long after
But I will weare my heart vpon my sleeue
For Dawes to pecke at; I am not what I am.

Rod. What a fall Fortune do's the Thicks-lips owe
    If he can carry't thus?
Iago. Call vp her Father:
    Rowse him, make after him, poyson his delight,
    Proclaime him in the Streets. Incense her kinsmen,
    And though he in a fertile Clymate dwell,
    Plague him with Flies: though that his Ioy be Ioy,
    Yet throw such chances of vexation on't,
    As it may loose some colour.

Rodo. Heere is her Fathers house, Ile call aloud.

Iago. Doe, with like timerous accent, and dire yell,

Schuldiger Pflicht, die doch den Mumm besitzen
Sich selber aufzuwarten, und die, während
Sie der Lordschaft Dienstbarkeit vorgaukeln
Durch sie wachsen, und, sind erst die Schäfchen
Im Trocknen, ihre eignen Herren werden
Burschen von Charakter: deren Zunft
Bin ich gesonnen beizutreten. Denn, Sir
Wär ich der Maure, wäre ich nicht Iago
Das steht so fest wie Ihr Rodrigo seid.
Ich, der ihm dient, ich diene nur mir selbst
Beim Himmelsherrn, mich schert nicht Pflicht noch Achtung
Nur ihr Schein, bis ich an meinem Ziel bin:
Denn erwies mein äußeres Gehabe
Meinen Grund und was mein Herz bewegt
Vor aller Welt, würds binnen kurzem so sein
Als wärs auf meinen Ärmel aufgenäht, so daß
Selbst Tauben danach hackten: was ich bin
Das bin ich nicht.
RODERIGO   Was für ein Schweineglück
Das Dickmaul hat, wenn ihm das durchgeht.
IAGO   Ruft
Ihren Vater auf, ihn hochzujagen
Stellt ihm nach, kippt Gift ihm ins Genießen
Verschreit ihn auf der Gasse, stachelt ihre
Sippschaft auf, und ist die Luft auch süßlich
Die er einsaugt, Ihr plagt ihn mit Fliegen:
Hat er auch Freude an den Freuden, Ihr
Tunkt sie ihm in solche Wechselbäder
Daß ihr die Farbe abgeht.
RODERIGO   Hier, wir stehn
Vor ihrem Vaterhaus, ich ruf jetzt laut.
IAGO Das tut, mit solchem Schreckenston und Warnschrei

As when (by Night and Negligence) the Fire
Is spied in populus Citties.

Rodo. What hoa: *Brabantio*, Siginor *Brabantio*, hoa.

Iago. Awake: what hoa, *Brabantio*: Theeues, Theeues.
Looke to your house, your daughter, and your Bags,
Theeues, Theeues.

Bra. Aboue. What is the reason of this terrible
Summons? What is the matter there?

Rodo. Signior is all your Familie within?

Iago. Are your Doores lock'd?

Bra. Why? Wherefore ask you this?

Iago. Sir, y'are rob'd, for shame put on your Gowne,
Your heart is burst, you haue lost halfe your soule
Euen now, now, very now, an old blacke Ram
Is tupping your white Ewe. Arise, arise,
Awake the snorting Cittizens with the Bell,
Or else the deuill will make a Grand-sire of you.
Arise I say.

Bra. What, haue you lost your wits?

Rod. Most reuerend Signior, do you know my voice?

Bra. Not I: what are you?

Rod. My name is *Rodorigo.*

Bra. The worsser welcome:
I haue charg'd thee not to haunt about my doores:
In honest plainenesse thou hast heard me say,
My Daughter is not for thee. And now in madnesse
(Being full of Supper, and distempring draughtes)
Vpon malitious knauerie, dost thou come
To start my quiet.

Als sei ein Feuer nächtlich ausgebrochen
Wo Menschen schlafen, und Ihr habts entdeckt.

RODERIGO He da! Brabantio, Signior Brabantio, he da!

IAGO Wacht auf! He da, Brabantio! Räuber! Räuber!
In Eurem Haus, in Eurer Tochter, Euren Koffern!
Räuber, Räuber!

BRABANTIO Was ist der Grund des schrecklichen Alarms?
Was ist da unten los?

RODERIGO Signior, ist, wer Euch teuer ist, daheim?

IAGO Sind alle Luken dicht?

BRABANTIO   Was fragt ihr das?

IAGO Zum Donner, Sir, man hat Euch ausgeraubt
Ihr solltet besser schamvoll Euch bedecken,
Geborsten ist das Herz Euch, Eure Seele
Kam Euch zur Hälfte weg, im Augenblick
Just diesen Augenblick bespringt ein alter
Schwarzer Schafbock Euer weißes Lämmchen!
Kommt hoch, kommt hoch, erweckt die schnarchenden
Stadtbewohner mit der Feuerglocke
Sonst macht der Fürst der Hölle Euch zum Opa
Kommt hoch, sag ich.

BRABANTIO   Seid Ihr verrückt geworden?

RODERIGO Hochwürdger Herr, erkennt Ihr meine Stimme?

BRABANTIO Wie sollte ich. Wer seid Ihr.

RODERIGO   Roderigo.

BRABANTIO Umso unwillkommner. Hab ich dir
Nicht verboten, mir ums Haus zu streichen?
Als braver Kerl hast du mich sagen hören
Mein Kind ist nicht für dich, als Tunichtgut
Nun kommst du, vollgefressen, mutbesoffen
Und störst mir meine Ruhe?

Rod. Sir, Sir, Sir.

Bra. But thou must needs be sure,
   My spirits and my place haue in their power
   To make this bitter to thee.

Rodo. Patience good Sir.

Bra. What tell'st thou me of Robbing?
   This is Venice: my house is not a Grange.

Rodo. Most graue *Brabantio*,
   In simple and pure soule, I come to you.

Ia. Sir: you are one of those that will not serue God,
   if the deuill bid you. Because we come to do you seruice,
   and you thinke we are Ruffians, you'le haue your Daughter couer'd with a Barbary horse, you'le haue your Ne-
   phewes neigh to you, you'le haue Coursers for Cozens:
   and Gennets for Germaines.

Bra. What prophane wretch art thou?

Ia. I am one Sir, that comes to tell you, your Daughter and the Moore, are making the Beast with two backs.

Bra. Thou art a Villaine.

Iago. You are a Senator.

Bra. This thou shalt answere. I know thee *Rodorigo*.

Rod. Sir, I will answere any thing. But I beseech you
   If't be your pleasure, and most wise consent,
   (As partly I find it is) that your faire Daughter,
   At this odde Euen and dull watch o'th'night
   Transported with no worse nor better guard,
   But with a knaue of common hire, a Gundelier,
   To the grosse claspes of a Lasciuious Moore:
   If this be knowne to you, and your Allowance,
   We then haue done you bold, and saucie wrongs.
   But if you know not this, my Manners tell me,

RODERIGO   Sir, Sir, Sir –
BRABANTIO Doch darin kannst du sicher sein, mein Wille
   Und meine Stellung haben bei sich Macht
   Dich das bereun zu lassen.
RODERIGO   Nur Geduld!
BRABANTIO Was redst du mir von Raub? Dies ist Venedig
   Mein Haus ist keine Scheune.
RODERIGO   Herr Brabantio
   Mit reinem, offnem Herzen komm ich zu Euch.
IAGO Kreuzdonner, Sir, Ihr zählt zu denen, die von Gott ab-
   fallen, wenn der Teufel sie drum bittet. Weil wir antan-
   zen, Euch einen Gefallen zu tun, glaubt Ihr, wir wären
   Asoziale! Eure Tochter soll ein Berberhengst decken,
   Eure Enkel sollen Euch zuwiehern, Eure Schwiegersöhne
   sollen Kaltblüter sein und Maultiere Euer Anhang.
BRABANTIO Was für ein Schandmaul bist denn du?
IAGO Ich bin der, Sir, der Euch zu vermelden kommt, Eure
   Tochter und der Neger machen gegenwärtig das Tier mit
   zwei Rücken.
BRABANTIO Du bist ein Schurke.
IAGO   Ihr seid ein Senator.
BRABANTIO Für das wirst du mir gradestehn, Rodrigo.
RODERIGO Sir, für alles. Vorerst aber frag ich
   Obs Euren Beifall hat und Vatersegen
   (Wie mir bald scheint), daß Eure schöne Tochter
   Verfrachtet wird zu dieser toten Nachtzeit
   Von keinem bessren oder schlechtren Wärter
   Als einem Mietknecht, einem Gondoliere
   Hin in die Fänge eines geilen Mohren?
   Habt Ihr da Kenntnis und Genehmigung erteilt
   Dann taten wir Euch grob und schamlos Unrecht
   Doch wißt Ihr nichts, wie Feingefühl mir sagt

We haue your wrong rebuke. Do not beleeue
That from the sence of all Ciuilitie,
I thus would play and trifle with your Reuerence.
Your Daughter (if you haue not giuen her leaue)
I say againe, hath made a grosse reuolt,
Tying her Dutie, Beautie, Wit, and Fortunes
In an extrauagant, and wheeling Stranger,
Of here, and euery where: straight satisfie your selfe.
If she be in her Chamber, or your house,
Let loose on me the Iustice of the State
For thus deluding you.

Bra. Strike on the Tinder, hoa:
Giue me a Taper: call vp all my people,
This Accident is not vnlike my dreame,
Beleefe of it oppresses me alreadie.
Light, I say, light.   *Exit.*
Iag. Farewell: for I must leaue you.
It seemes not meete, nor wholesome to my place
To be producted, (as if I stay, I shall,)
Against the Moore. For I do know the State,
(How euer this may gall him with some checke)
Cannot with safetie cast-him. For he's embark'd
With such loud reason to the Cyprus Warres,
(Which euen now stands in Act) that for their soules
Another of his Fadome, they haue none,
To lead their Businesse. In which regard,
Though I do hate him as I do hell paines,
Yet, for necessitie of present life,
I must show out a Flag, and signe of Loue,
(Which is indeed but signe) that you shal surely find him

Weist Ihr uns fälschlich ab. Glaubt bitte nicht
Ich sei so allen Anstands bar, daß ich
Mit Dero Gnaden dumme Scherze mache.
Eure Tochter (ich sag noch einmal
Falls Ihr sie nicht habt ziehen lassen) hat
Einen Riesenaufstand hingelegt
Hat Kindespflicht, hat Schönheit, hat Vernunft
Hat ihres Lebens Glück 'nem Fremden hin-
Geopfert, einem heimatlosen Streuner
Von da und dort. Geht, überzeugt Euch selbst:
Ist sie in ihrer Kammer, sonst im Haus wo
Laßt die Justiz des Staates auf mich los
Für solche Irreführung.

BRABANTIO   Zündet Licht an!
Mir eine Kerze, weckt mir meine Leute
Der Vorfall gleicht nur zu sehr meinem Traum
Schon drückt mich Argwohn, es könnt wahr sein, nieder
Licht, sag ich, Licht!

IAGO   Lebt wohl, ich muß Euch lassen
Es paßt sich nicht, noch förderts meinen Dienst
Als Zeuge, und der bin ich, wenn ich bleibe
Den Mohren zu belasten, denn ich weiß
Der Staat, wie er ihn auch vergattern mag
Kann ihn nicht fallenlassen. Krieg auf Zypern
Droht, und als ihr Feldherr ist er derart
Unumstritten, daß auch für ihr Heil
Von dem Kaliber sich kein andrer fände
Der ihr Geschäft besorgt, mit Rücksicht worauf
Ich, der ihn haßt wie Höllenqual, notwendig
Den Stand der Dinge respektieren muß
Und einen Treuewimpel hissen, freilich einen
Der es wie alle Wimpel mit dem Wind hält.

19

Lead to the Sagitary the raised Search:
And there will I be with him. So farewell.   *Exit.*
    Enter Brabantio, with Seruants and Torches.

Bra. It is too true an euill. Gone she is,
  And what's to come of my despised time,
  Is naught but bitternesse. Now *Rodorigo*,
  Where didst thou see her? (Oh vnhappie Girle)
  With the Moore saist thou? (Who would be a Father?)
  How didst thou know 'twas she? (Oh she deceaues me
  Past thought:) what said she to you? Get moe Tapers:
  Raise all my Kindred. Are they married thinke you?

Rodo. Truely I thinke they are.
Bra. Oh Heauen: how got she out?
  Oh treason of the blood.
  Fathers, from hence trust not your Daughters minds
  By what you see them act. Is there not Charmes,
  By which the propertie of Youth, and Maidhood
  May be abus'd? Haue you not read *Rodorigo*,
  Of some such thing?
Rod. Yes Sir: I haue indeed.
Bra. Call vp my Brother: oh would you had had her.
  Some one way, some another. Doe you know
  Where we may apprehend her, and the Moore?
Rod. I thinke I can discouer him, if you please
  To get good Guard, and go along with me.
Bra. Pray you lead on. At euery house Ile call,
  (I may command at most) get Weapons (hoa)
  And raise some speciall Officers of might:
  On good *Rodorigo*, I will deserue your paines. *Exeunt.*

Führ den Suchtrupp in die Pfeilbaugasse
Da, bei ihm, findst du mich. Und nun machs gut.

BRABANTIO Es ist ein nur zu wahres Unheil, weg
Ist sie, und mir bleibt ein verhaßtes Leben
In Bitterkeit. Jetzt, Roderigo, wo
Hast du sie gesehn? O Unglücksmädchen!
Beim Mohren, sagst du? Wer will Vater sein!
Wie weißt du, daß sies ist? O unerdenklich
Hintergehst du mich! Was sprach sie? Lichter!
Weckt das ganze Haus! Was denkt Ihr, sind sie
Verehelicht?
RODERIGO   Das denk ich in der Tat.
BRABANTIO O Himmel, wie entschlüpfte sie? O Bluts-
Verrat! Ihr Väter, deutet eure Töchter
Von heute an nie mehr nach dem, was sie
Euch zeigen! Gibts nicht Zauberkräfte
Durch welche Jugend, Unschuld, Mädchenblüte
Verführbar sind? Habt Ihr dergleichen nicht
Gelesen, Roderigo?
RODERIGO   Hab ich, Sir.
BRABANTIO Ruft meinen Bruder. O, wär sie nur Euer!
Da lang welche, andre da lang. Wißt Ihr
Wo wir sie greifen können und den Mohren?
RODERIGO Ich denke doch, ich find ihn aus, wenn Ihr
Uns gute Männer stellt und mit mir kommt.
BRABANTIO Geht mir voran, ich ruf sie aus den Häusern
Ich kann herausbefehlen bei den meisten:
Schafft Waffen her und holt vom Nachtdienst Wachen.
Auf, bester Roderigo, ich entgelts Euch.

Scena Secunda.

Enter Othello, Iago, Attendants, with Torches.

Ia. Though in the trade of Warre I haue slaine men,
   Yet do I hold it very stuffe o'th'conscience
   To do no contriu'd Murder: I lacke Iniquitie
   Sometime to do me seruice. Nine, or ten times
   I had thought t'haue yerk'd him here vnder the Ribbes.
Othello. 'Tis better as it is.
Iago. Nay but he prated,
   And spoke such scuruy, and prouoking termes
   Against your Honor, that with the little godlinesse I haue
   I did full hard forbeare him. But I pray you Sir,
   Are you fast married? Be assur'd of this,
   That the Magnifico is much belou'd,
   And hath in his effect a voice potentiall
   As double as the Dukes: He will diuorce you.
   Or put vpon you, what restraint or greeuance,
   The Law (with all his might, to enforce it on)
   Will giue him Cable.

Othel. Let him do his spight;
   My Seruices, which I haue done the Signorie
   Shall out-tongue his Complaints. 'Tis yet to know,
   Which when I know, that boasting is an Honour,
   I shall promulgate. I fetch my life and being,
   From Men of Royall Seige. And my demerites
   May speake (vnbonnetted) to as proud a Fortune
   As this that I haue reach'd. For know *Iago*,
   But that I loue the gentle *Desdemona*,
   I would not my vnhoused free condition

IAGO Ob ich im Kriegsgeschäft auch Menschen totschlug
    Tu ich mich schwer damit, gezielt zu morden
    Gewissenströdel sperrt mir die Enthemmung
    Die manchmal nützlich wäre: neun bis zehn Mal
    Dacht ich, ich stech ihn ab, da in die Rippen.
OTHELLO 's ist besser wie es ist.
IAGO   Nee, was der quakte
    Und wider Eure Ehre hundsgemeine
    Und wüste Dinge schrie! Mein kleiner Vorrat
    An Furcht des Herrn ging restlos dafür drauf
    Mich zu beherrschen: aber sagt doch, Sir
    Schloßt Ihr den Ehbund? Fest? Denn da seid sicher
    Der Magnificus ist hoch beliebt
    Und seine Stimme hat soviel Gewicht
    Wie die des Dogen: er wird Scheidung wollen
    Oder Euch an Terz und Ärger machen
    Wozu ihm das Gesetz und seine Macht
    Nur Leine lassen.
OTHELLO   Er tobt, wie er mag
    Die Dienste, die ich dieser Stadt erwies
    Übertönen seine Klage. Auch weiß niemand
    Was, wenn mir Großtun Ehren bringt, die Welt
    Erfahren soll – ich bin von königlichem
    Blut, und meine Abkunft muß mitnichten
    Die Mütze ziehn, kreuzt sie den Weg des stolzen
    Glücks, das ich erlebe. Weißt du, Iago
    Wär nicht Desdemona mir ergeben
    Und ich ihr – auch nicht um alle Schätze

Put into Circumscription, and Confine,
For the Seas worth. But looke, what Lights come yond?

Enter Cassio, with Torches.

Iago. Those are the raised Father, and his Friends:
    You were best go in.

Othel. Not I: I must be found.
    My Parts, my Title, and my perfect Soule
    Shall manifest me rightly. Is it they?
Iago. By *Ianus*, I thinke no.
Othel. The Seruants of the Dukes?
    And my Lieutenant?
    The goodnesse of the Night vpon you (Friends)
    What is the Newes?
Cassio. The Duke do's greet you (Generall)
    And he requires your haste, Post-haste appearance,
    Euen on the instant.
Othello. What is the matter, thinke you?
Cassio. Something from Cyprus, as I may diuine:
    It is a businesse of some heate. The Gallies
    Haue sent a dozen sequent Messengers
    This very night, at one anothers heeles:
    And many of the Consuls, rais'd and met,
    Are at the Dukes already. You haue bin hotly call'd for,
    When being not at your Lodging to be found,
    The Senate hath sent about three seuerall Quests,
    To search you out.

Othel. 'Tis well I am found by you:
    I will but spend a word here in the house,

Des Meeres würde ich mein ungebundnes,
Freiheitliches Dasein mir beschränken
Und in Paragraphen zwängen lassen.
Fackeln nahn.

IAGO   Das ist ihr aufgebrachter
Vater und sein Troß. Ihr solltet besser
Hineingehn.

OTHELLO   Ich? Nicht doch, mich soll man finden:
Mein Tun, mein Titel und mein ruhiges Herz
Vertreten mich am besten. Sind sie es?

IAGO Bei Janus, ich glaub nicht.

OTHELLO Vom Dogen kommen sie mit meinem Leutnant.
Des Mondes helle Göttin mit euch, Freunde!
Was ist die Botschaft?

CASSIO   General, der Doge
Sendet Grüße, und er fordert zügig Euch
Unverzüglich zu erscheinen auf.

OTHELLO Was denkt Ihr, worums geht?

CASSIO   Um was von Cypern
Heiße Sache, wie ich mir erschließe:
Die Flotte hat alleine diese Nacht
Ein Dutzend Boten abgesandt in Folge
Die traten sich beinahe auf die Hacken.
Ein großer Teil der Senatoren hat sich
Beim Dogen eingefunden, stürmisch wurde
Nach Euch gerufen, als Ihr im Quartier
Nicht anzutreffen wart, hat der Senat
Drei verschiedne Suchtrupps ausgeschickt
Um Euch zu finden.

OTHELLO   Gut, daß Ihr mich aufspürt:
Ein Wort im Haus noch und ich folge Euch.

And goe with you.

Cassio. Aunciant, what makes he heere?

Iago. Faith, he to night hath boarded a Land Carract,
If it proue lawfull prize, he's made for euer.

Cassio. I do not vnderstand.

Iago. He's married.

Cassio. To who?

Iago. Marry to —— Come Captaine, will you go?

Othel. Haue with you.

Cassio. Here comes another Troope to seeke for you.

Enter Brabantio, Rodorigo, with Officers, and Torches.

Iago. It is *Brabantio*: Generall be aduis'd,
He comes to bad intent.

Othello. Holla, stand there.

Rodo. Signior, it is the Moore.

Bra. Downe with him, Theefe.

Iago. You, *Rodorigo?.* Come Sir, I am for you.

Othe. Keepe vp your bright Swords, for the dew will
rust them. Good Signior, you shall more command with
yeares, then with your Weapons.

Bra. Oh thou foule Theefe,
Where hast thou stow'd my Daughter?
Damn'd as thou art, thou hast enchaunted her
For Ile referre me to all things of sense,
(If she in Chaines of Magick were not bound)
Whether a Maid, so tender, Faire, and Happie,
So opposite to Marriage, that she shun'd
The wealthy curled Deareling of our Nation,
Would euer haue (t'encurre a generall mocke)
Run from her Guardage to the sootie bosome,
Of such a thing as thou: to feare, not to delight?

CASSIO Fähnrich, was tut er hier?

IAGO   Mein Seel, gekapert
Hat auf dem Trocknen er die Nacht ein Schatzschiff
Bringt er die Prise auf, ist er gemacht.

CASSIO Ich verstehe nicht.

IAGO   Er ist vermählt.

CASSIO Ach ja? Mit wem?

IAGO   Mit – Käptn, ziehn wir?

OTHELLO   Nach Euch.

CASSIO Hier kommt ein zweiter Trupp, der nach Euch sucht.

IAGO Das ist Brabantio, General, jetzt Achtung
Er will Euch übel.

OTHELLO   Ihr bleibt, wo ihr seid!

RODERIGO Signior, es ist der Mohr.

BRABANTIO   Haltet den Dieb!

IAGO Ihr, Rodrigo? Kommt, Sir, ich bin Euer.

OTHELLO Weg die schmucken Schwerter, denn vom Nachttau
Rosten sie. Mein Herr, mit Euren Jahren
Richtet Ihr mehr aus als mit Euren Waffen.

BRABANTIO Gemeiner Dieb, wo hältst du mir mein Kind fest?
Du Höllenknecht, du hast sie mir verhext
Denn wie, läg sie in Zauberketten nicht
Das frage ich die Urteilskraft der Welt
Soll wohl ein Mädchen, glücklich und zufrieden
So wenig heiratswillig, daß sie den gelockten
Goldnen jungen Herrn der Stadt stets aus
Dem Weg ging, wie, frag ich, soll sie sich wohl
Zum Gespött des Landes machen wollen
Indem sie aus Geborgenheit an die
Verrußte Brust sich flüchtet eines Dings

Iudge me the world, if 'tis not grosse in sense,
That thou hast practis'd on her with foule Charmes,
Abus'd her delicate Youth, with Drugs or Minerals,
That weakens Motion. Ile haue't disputed on,
'Tis probable, and palpable to thinking;
I therefore apprehend and do attach thee,
For an abuser of the World, a practiser
Of Arts inhibited, and out of warrant;

Lay hold vpon him, if he do resist
Subdue him, at his perill.

Othe. Hold your hands
Both you of my inclining, and the rest.
Were it my Cue to fight, I should haue knowne it
Without a Prompter. Whether will you that I goe
To answere this your charge?

Bra. To Prison, till fit time
Of Law, and course of direct Session
Call thee to answer.

Othe. What if do obey?
How may the Duke be therewith satisfi'd,
Whose Messengers are heere about my side,
Vpon some present businesse of the State,
To bring me to him.

Officer. 'Tis true most worthy Signior,
The Dukes in Counsell, and your Noble selfe,
I am sure is sent for.

Bra. How? The Duke in Counsell?
In this time of the night? Bring him away;
Mine's not an idle Cause. The Duke himselfe,

Wie dir? Aus Furcht, aus Lebensfreude nicht!
Welt, richte mich, ist es nicht offensichtlich
Daß du mit faulem Zauber auf sie wirktest
Durch Drogen von der Art, die zarter Jugend
Die Besinnung rauben, sie verführt hast:
Ich verlange, daß das untersucht wird
Denn es liegt nahe und ist vorstellbar.
Darum ergreif ich und verhafte dich
Als Mißbrauchstäter, als ein Praktizist
Verbotner Künste, fern von Recht und Ordnung
Legt Hand an ihn, und setzt er sich zur Wehr
Packt ihn auf seine Kosten.

OTHELLO   Wollt ihr stehn!
Sowohl wer für mich ist wie auch der Rest:
Soll auf der Szene hier gefochten werden
Benötige ich kein Stichwort. Wohin wollt Ihr
Daß ich gehn soll und auf Eure Klage
Rede stehn?

BRABANTIO   In das Gefängnis, bis
Die Zeit des Rechts und ordentliche Sitzung
Euch dazu rufen.

OTHELLO   Was, wenn ich gehorche?
Wie würde das dem Dogen wohl gefallen
Dessen Boten hier um mich herum stehn
Um mich in aktuellen Staatsgeschäften
Zu ihm zu bringen?

CASSIO   Das ist wahr, Signior
Der Doge ist im Rat, und ich bin sicher
Nach Euch ward auch gesandt.

BRABANTIO   Im Rat? Der Doge?
Um die Nachtzeit? Bringt ihn hin. Mein Fall
Ist keine Bagatelle, selbst der Doge

Or any of my Brothers of the State,
Cannot but feele this wrong, as 'twere their owne:
For if such Actions may haue passage free,
Bond-slaues, and Pagans shall our Statesmen be. *Exeunt*

Scæna Tertia.

Enter Duke, Senators, and Officers.

Duke. There's no composition in this Newes,
    That giues them Credite.
1. Sen. Indeed, they are disproportioned;
    My Letters say, a Hundred and seuen Gallies.
Duke. And mine a Hundred fortie.
2. Sena. And mine two Hundred:
    But though they iumpe not on a iust accompt,
    (As in these Cases where the ayme reports,
    'Tis oft with difference) yet do they all confirme
    A Turkish Fleete, and bearing vp to Cyprus.
Duke. Nay, it is possible enough to iudgement:
    I do not so secure me in the Error,
    But the maine Article I do approue
    In fearefull sense.
Saylor within. What hoa, what hoa, what hoa.
                    Enter Saylor.
Officer. A Messenger from the Gallies.
Duke. Now? What's the businesse?
Sailor. The Turkish Preparation makes for Rhodes,
    So was I bid report here to the State,
    By Signior *Angelo.*
Duke. How say you by this change?

Und jeder meiner Brüder in dem Rat
Wird ohne Zweifel dieses Unrecht fühlen
Als hab ers ihnen angetan. Denn darf man
Uns ungestraft mit solchen Taten kränken
Dann werden Sklaven bald den Staat hier lenken.

I, 3

DOGE Den Nachrichten fehlt Übereinstimmung
  Die sie beglaubigt.
SENATOR 1   In der Tat, sie schwanken
  Mein Schreiben sagt, einhundertsieben Schiffe.
DOGE Und meines hundertvierzig.
SENATOR 2   Meins zweihundert.
  Doch differieren auch die Zahlen, was
  In solchen Fällen ungefährer Schätzung
  Vorkommen kann: eines sagen alle:
  Eine Türkenflotte mit Kurs Zypern.
DOGE Ja, das macht die Lage klar: mich wiegt
  Kein Irrtum mehr in Sicherheit, dagegen
  Schenke ich den wesentlichen Punkten
  Besorgten Glauben.
MATROSE   He! Ahoi! Ahoi! Ahoi!

OFFIZIER Botschaft von den Galeeren.
DOGE   Nun, was gibts?
MATROSE Der Türke nimmt seit kurzem Kurs auf Rhodos
  Das hier dem Staat zu melden war mein Auftrag
  Von Signior Angelo.
DOGE Was sagt Ihr zu dem Umschwung?

1. Sen. This cannot be
By no assay of reason. 'Tis a Pageant
To keepe vs in false gaze, when we consider
Th'importancie of Cyprus to the Turke;
And let our selues againe but vnderstand,
That as it more concernes the Turke then Rhodes,
So may he with more facile question beare it,
For that it stands not in such Warrelike brace,
But altogether lackes th'abilities
That Rhodes is dress'd in. If we make thought of this,
We must not thinke the Turke is so vnskillfull,
To leaue that latest, which concernes him first,
Neglecting an attempt of ease, and gaine
To wake, and wage a danger profitlesse.
Duke. Nay, in all confidence he's not for Rhodes.
Officer. Here is more Newes.
Enter a Messenger.
Messen. The *Ottamites*, Reueren'd, and Gracious,
Steering with due course toward the Ile of Rhodes,
Haue there inioynted them with an after Fleete.
1. Sen. I, so I thought: how many, as you guesse?
Mess. Of thirtie Saile: and now they do re-stem
Their backward course, bearing with frank appearance
Their purposes toward Cyprus. Signior *Montano*,
Your trustie and most Valiant Seruitour,
With his free dutie, recommends you thus,
And prayes you to beleeue him.
Duke. 'Tis certaine then for Cyprus:
Marcus Luccicos is not he in Towne?
1. Sen. He's now in Florence.
Duke. Write from vs,
To him, Post, Post-haste, dispatch.

SENATOR 1   Das ist Unfug
    Das kann nicht sein: das ist ein Scheinmanöver
    Um uns zu täuschen. Denken wir doch nur
    Wie wichtig Zypern für die Türken ist!
    Und führen wir es nochmals uns vor Augen
    Nicht nur ist es für sie mehr wert als Rhodos
    Sie hoffen auch, es leichter sich zu schnappen
    Weil es weit weniger befestigt daliegt
    Und ihm aller Schutz und Trutz ermangelt
    Der Rhodos schmückt. Und sind wir dieser Meinung
    Wer meint dann noch, der Türke ist so unklug
    Und tut, was ihm am nächsten liegt, als letztes
    Stellt den Sieg, der leicht fällt, hintenan
    Und weckt und wagt Gefahren, die nichts bringen.
DOGE Nein, ich bin sicher, es geht nicht um Rhodos.
OFFIZIER Hier kommt neue Nachricht.

BOTE Die Ottomanen, Herrn und Würdenträger
    Die Kurs auf Rhodos nahmen, haben dort
    Mit einer zweiten Flotte sich vereinigt –
SENATOR 1 Das dachte ich. Wißt Ihr, wie stark sie ist?
BOTE Rund dreißig Segel, und nun pflügen sie
    Ganz unverhohlen sich den Weg zurück
    Nach Zypern. Der Signior Montano
    Euer sehr ergebner, staatsgetreuer Diener
    Läßt Euch das aus Pflichtbewußtsein melden
    Und bittet, ihm zu glauben.
DOGE Es geht demnach mit Sicherheit um Zypern.
    Marcus Luccios ist nicht in der Stadt?
SENATOR 1 Nein, in Florenz.
DOGE Ihm schreibt, er möge eilig uns zurückkehrn.

1. Sen. Here comes *Brabantio*, and the Valiant Moore.
　　　Enter Brabantio, Othello, Cassio, Iago, Rodorigo,
　　　　　　　　　and Officers.
Duke. Valiant *Othello*, we must straight employ you
　　Against the generall Enemy *Ottoman*.
　　I did not see you: welcome gentle Signior,
　　We lack't your Counsaile, and your helpe to night.

Bra. So did I yours: Good your Grace pardon me.
　　Neither my place, nor ought I heard of businesse
　　Hath rais'd me from my bed; nor doth the generall care
　　Take hold on me. For my perticular griefe
　　Is of so flood-gate, and ore-bearing Nature,
　　That it engluts, and swallowes other sorrowes,
　　And it is still it selfe.
Duke. Why? What's the matter?
Bra. My Daughter: oh my Daughter!
Sen. Dead?
Bra. I, to me.
　　She is abus'd, stolne from me, and corrupted
　　By Spels, and Medicines, bought of Mountebanks;
　　For Nature, so prepostrously to erre,
　　(Being not deficient, blind, or lame of sense,)
　　Sans witch-craft could not.
Duke. Who ere he be, that in this foule proceeding
　　Hath thus beguil'd your Daughter of her selfe,
　　And you of her; the bloodie Booke of Law,
　　You shall your selfe read, in the bitter letter,
　　After your owne sense: yea, though our proper Son
　　Stood in your Action.
Bra. Humbly I thanke your Grace,
　　Here is the man; this Moore, whom now it seemes

SENATOR 1 Da kommt Brabantio mit dem kühnen Mohr.

DOGE Kühner Othello, wir bedürfen Eurer
    Dringend gegen unsern alten Feind
    Den Türken. O, ich sah Euch nicht, willkommen
    Würdiger Signior, es fehlte uns
    Heut Nacht an Eurem Rat und Eurer Hilfe.
BRABANTIO Wie an Eurer mir. Verzeiht mir, Fürst
    Nicht meine Pflicht noch Nachricht von Geschäften
    Trieb mich aus meinem Bett, auch plagt mich nicht
    Die Sorge um das allgemeine Wohl
    Denn mein besondrer Kummer überflutet
    Schluckt und verschlingt die andern Kümmernisse
    Und bleibt sich gleich.
DOGE   Warum, was ist geschehn?
BRABANTIO O meine Tochter, meine Tochter!
DOGE   Starb?
BRABANTIO Ja, mir: sie ward verführt, geraubt, verdorben
    Durch Formeln und durch Mittel dunkler Herkunft
    Denn anders kann Natur, die nicht verkrüppelt
    Noch blind, noch lahmen Sinnes ist, so gröblich
    Nicht irren als durch Hexenkunst.

DOGE Wer es auch sei, der Eure Tochter auf
    So schlimme Weise um sich selbst gebracht
    Und Euch um sie, dem sollt Ihr selbst das Buch
    Das blutige, verlesen, ihm den bittren
    Text auslegen, stünd in Eurem Weg
    Auch Unser eigner Sohn.
BRABANTIO   Kniefällig Dank.
    Hier ist der Mann, der Mohr, den, wie es scheint

Your speciall Mandate, for the State affaires
Hath hither brought.

All. We are verie sorry for't.

Duke. What in your owne part, can you say to this?

Bra. Nothing, but this is so.

Othe. Most Potent, Graue, and Reueren'd Signiors,
My very Noble, and approu'd good Masters;
That I haue tane away this old mans Daughter,
It is most true: true I haue married her;
The verie head, and front of my offending,
Hath this extent; no more. Rude am I, in my speech,
And little bless'd with the soft phrase of Peace;
For since these Armes of mine, had seuen yeares pith,
Till now, some nine Moones wasted, they haue vs'd
Their deerest action, in the Tented Field:
And little of this great world can I speake,
More then pertaines to Feats of Broiles, and Battaile,
And therefore little shall I grace my cause,
In speaking for my selfe. Yet, (by your gratious patience)
I will a round vn-varnish'd Tale deliuer,
Of my whole course of Loue.
What Drugges, what Charmes,
What Coniuration, and what mighty Magicke,
(For such proceeding I am charg'd withall)
I won his Daughter.

Bra. A Maiden, neuer bold:
Of Spirit so still, and quiet, that her Motion
Blush'd at her selfe, and she, in spight of Nature,
Of Yeares, of Country, Credite, euery thing
To fall in Loue, with what she fear'd to looke on;

Speziellerer Befehl von Staates wegen
Hierher berufen hat.

ALLE   Das tut uns leid.

DOGE Was könnt Ihr Eurerseits dazu erklären?

BRABANTIO Nichts, als daß es ist, wies ist.

OTHELLO Hochmögende ehrwürdige Signiori
   Mir edle und nachweislich gute Herren
   Daß ich dem alten Mann die Tochter wegnahm
   Ist wahr: wahr ist, ich bin ihr angetraut
   So weit geht mein Übergriff, nicht weiter.
   Rauh ist meine Rede, kaum gesegnet
   Mit dem gesetzten Wort der Friedenszeit
   Denn diese Arme, seit mit sieben Jahren
   Sie mir zuerst zu Kräften kamen, nunmehr
   Seit neun Monden unbeschäftigt, taten
   Im zeltbewehrten Feld die Lieblingsarbeit
   Und wenig weiß ich von der Welt zu sagen
   Was nicht von Kriegslärm handelt und Gefechten.
   Drum werd ich meiner Sache wenig nützen
   Sprech ich für mich: doch habt Ihr die Geduld
   Erstatte ich Euch ungeschminkt Bericht
   Vom Hergang meiner Liebe, welche Drogen
   Welcher Zauber, welche Einflußnahme
   Und machtvolle Magie, denn solcher Mittel
   Bin ich hier angeklagt, mir seine Tochter
   Gewonnen haben.

BRABANTIO   Ein unkühnes Mädchen
   So sanft und sittsam, daß die kleinste Regung
   Sich durch ihr Rot verriet: sie soll sich wider
   Die Natur, das Alter, ihre Abkunft
   Ihren guten Ruf, kurz, wider alles
   In das verlieben, was sie graust zu sehn?

It is a iudgement main'd, and most imperfect.
That will confesse Perfection so could erre
Against all rules of Nature, and must be driuen
To find out practises of cunning hell
Why this should be. I therefore vouch againe,
That with some Mixtures, powrefull o're the blood,
Or with some Dram, (coniur'd to this effect)
He wtought vp on her.

Du. To vouch this, is no proofe,
Without more wider, and more ouer Test
Then these thin habits, and poore likely-hoods
Of moderne seeming, do prefer against him.
Sen. But *Othello*, speake,
Did you, by indirect, and forced courses
Subdue, and poyson this yong Maides affections?
Or came it by request, and such faire question
As soule, to soule affordeth?
Othel. I do beseech you,
Send for the Lady to the Sagitary.
And let her speake of me before her Father;
If you do finde me foule, in her report,
The Trust, the Office, I do hold of you,
Not onely take away, but let your Sentence
Euen fall vpon my life.
Duke. Fetch *Desdemona* hither.
Othe. Aunciant, conduct them:
You best know the place.
And tell she come, as truely as to heauen,
I do confesse the vices of my blood,
So iustly to your Graue eares, Ile present
How I did thriue in this faire Ladies loue,

Das wär ein taubes Urteil und ein wirres
Das kundtät, Irrelosigkeit kommt so
Ganz wider die Naturvernunft abhanden
Und Revision wär nötig, um der Hölle
Schlaue Praxis zu ermitteln, die das
Zuwege bringt: noch einmal sag ich
Daß er sie sich mit blutwirksamen Säften
Oder seinem Zweck geweihten Stoffen
Gefügig machte.

DOGE   Das hier zu behaupten,
Beweist, fehlt weitergehndes Zeugnis, nichts.
Mager und nach Vorurteilen klingt
Was Ihr hier vorbringt gegen ihn.

SENATOR 1   Othello
Sprecht, habt Ihr mit verborgnen, üblen Künsten
Das Mädchen wehrlos erst gemacht und dann
Gefügig? Oder gingt Ihr vor, wie es sich ziemt,
Wenn sich Herz zum Herzen finden soll?

OTHELLO   Ich bitt Euch
Schickt nach der Lady in die Pfeilbaugasse
Und laßt sie von mir sprechen vor dem Vater
Setzt ihr Bericht ins Unrecht mich, entzieht mir
Nicht nur Eure Gunst und mein Kommando
Sondern sorgt, daß Euer Urteilsspruch
Mein Leben trifft.

DOGE   Bringt Desdemona her.

OTHELLO Fähnrich, führt sie an. Ihr kennt das Haus
Und bis sie erscheint, will ich so treulich
Als gälte es, dem Himmel ein Geständnis
Leiblicher Vergehen abzulegen
Vor Eurer strengen Hörerschaft dartun
Wie ich die Liebe dieser schönen Frau errang

And she in mine.

Duke. Say it *Othello*.

Othe. Her Father lou'd me, oft inuited me:
  Still question'd me the Storie of my life,
  From yeare to yeare: the Battaile, Sieges, Fortune,
  That I haue past.
  I ran it through, euen from my boyish daies,
  Toth' very moment that he bad me tell it.
  Wherein I spoke of most disastrous chances:
  Of mouing Accidents by Flood and Field,
  Of haire-breadth scapes i'th'imminent deadly breach;
  Of being taken by the Insolent Foe,
  And sold to slauery. Of my redemption thence,
  And portance in my Trauellours historie.
  Wherein of Antars vast, and Desarts idle,
  Rough Quarries, Rocks, Hills, whose head touch heauen,
  It was my hint to speake. Such was my Processe,
  And of the Canibals that each others eate,
  The *Antropophague*, and men whose heads
  Grew beneath their shoulders. These things to heare,
  Would *Desdemona* seriously incline:
  But still the house Affaires would draw her hence:
  Which euer as she could with haste dispatch,
  She'l'd come againe, and with a greedie eare
  Deuoure vp my discourse. Which I obseruing,
  Tooke once a pliant houre, and found good meanes
  To draw from her a prayer of earnest heart,
  That I would all my Pilgrimage dilate,
  Whereof by parcels she had something heard,

Und sie die meine.

DOGE   Sagt es uns, Othello.

OTHELLO Ihr Vater liebte mich, lud mich oft zu sich
    Erfragte die Geschichte meines Lebens
    Jahr nach Jahr: die Schlachten, die Belagerungen
    All das wechselhafte Glück des Krieges
    Das mir widerfuhr.
    Ich ging es durch, von meinen Knabentagen
    Bis just zu dem Moment, da er mich frug.
    Da sprach ich dann von unerhörten Dingen
    Von Fährnissen zu Lande wie zur See
    Davon, wie ich nur um Haaresbreite
    Dem Tod entrann, davon, wie mich der Feind
    Fing und in die Sklaverei verkaufte
    Und meiner Neugeburt, und dazu
    All die Geschichten meiner Fahrten
    Wo von tiefen Höhlen, leeren Wüsten
    Schroffen Felsen, Bergen bis zum Himmel
    Zu berichten war, denn ich durchzog sie
    Und von Kannibalen, die sich essen
    Den Anthropophagen, und von Menschen
    Die das Gesicht auf ihrer Brust, nicht auf
    Ihren Schultern tragen: dem zu Lauschen
    Faszinierte Desdemona über alles
    Und zog die Hausarbeit sie einmal ab
    Kam sie so rasch sie konnte wieder und
    Verschlang mit neugierigen Ohren, was ich
    Erzählte: das entging mir nicht, und ich
    Fand zur rechten Zeit die rechten Worte
    Um ihr die Herzensbitte zu entlocken
    Doch meine Pilgerschaft genauer darzustellen
    Die sie in Teilen wohl vernommen habe

But not instinctiuely: I did consent,
And often did beguile her of her teares,
When I did speake of some distressefull stroke
That my youth suffer'd: My Storie being done,
She gaue me for my paines a world of kisses:
She swore in faith 'twas strange: 'twas passing strange,
'Twas pittifull: 'twas wondrous pittifull.
She wish'd she had not heard it, yet she wish'd
That Heauen had made her such a man. She thank'd me,
And bad me, if I had a Friend that lou'd her,
I should but teach him how to tell my Story,
And that would wooe her. Vpon this hint I spake,
She lou'd me for the dangers I had past,
And I lou'd her, that she did pitty them.
This onely is the witch-craft I haue vs'd.
Here comes the Ladie: Let her witnesse it.

Enter Desdemona, Iago, Attendants.

Duke. I thinke this tale would win my Daughter too,
  Good *Brabantio*, take vp this mangled matter at the best:
  Men do their broken Weapons rather vse,
  Then their bare hands.

Bra. I pray you heare her speake?
  If she confesse that she was halfe the wooer,
  Destruction on my head, if my bad blame
  Light on the man. Come hither gentle Mistris,
  Do you perceiue in all this Noble Companie,

Doch nie in Gänze: ich war einverstanden
Und oft gelangs, zum Weinen sie zu bringen
Wenn ich von den Schicksalsschlägen sprach
Die meine Jugend zu erleiden hatte.
Ich kam zum Ende. Meine Mühe lohnte
Sie mit einem Sturm von Seufzern mir
Sie schwur, 's wär fremd, ganz aus der Maßen fremd
's wäre rührend, wunderbarlich rührend:
Sie wünschte, nie davon gehört zu haben
Und wünschte gleich darauf, der Himmel hätte
Sie als einen solchen Mann erschaffen:
Sie dankte mir und trug mir auf, daß ich
Besäß ich einen Freund, gewillt, in sie
Sich zu verlieben, ihn nur lehren solle
Ihr mein Leben zu erzählen und
Sie wäre sein. Auf den Wink sagte ich
Sie liebe mich um der Gefahren willen
Die ich bestanden hätte, und ich sie
Für ihre Anteilnahme. Das war schon
Die ganze Hexenkunst, die ich benutzte.
Hier naht die Lady, sie mag es bezeugen.

DOGE Auch meine Tochter würde so gewonnen!
    Guter Brabantio, nehmt die krause Sache
    Von ihrer besten Seite, Männer brauchen
    Lieber ihre abgebrochne Klinge
    Als die bloße Hand.
BRABANTIO   Hört, bitte, sie jetzt.
    Gesteht sie, daß sie ihn zur Hälfte warb
    Dann such mich heim, Zerstörung, wie mein Unglimpf
    Den Mann heimsuchte. Komm nur, junges Fräulein.
    Erkennst du in dem Kreis der Edlen, wem du

Where most you owe obedience?

Des. My Noble Father,
I do perceiue heere a diuided dutie.
To you I am bound for life, and education:
My life and education both do learne me,
How to respect you. You are the Lord of duty,
I am hitherto your Daughter. But heere's my Husband;
And so much dutie, as my Mother shew'd
To you, preferring you before her Father:
So much I challenge, that I may professe
Due to the Moore my Lord.

Bra. God be with you: I haue done.
Please it your Grace, on to the State Affaires;
I had rather to adopt a Child, then get it.
Come hither Moore;
I here do giue thee that with all my heart,
Which but thou hast already, with all my heart
I would keepe from thee. For your sake (Iewell)
I am glad at soule, I haue no other Child;
For thy escape would teach me Tirranie
To hang clogges on them. I haue done my Lord.

Duke. Let me speake like your selfe:
And lay a Sentence,
Which as a grise, or step may helpe these Louers.
When remedies are past, the griefes are ended
By seeing the worst, which late on hopes depended.
To mourne a Mischeefe that is past and gon,
Is the next way to draw new mischiefe on.
What cannot be preseru'd, when Fortune takes:

Zuerst gehorchen mußt?
DESDEMONA   Mein edler Vater
Ich erkenne eine Doppelpflicht hier:
An Euch gebunden bin ich durch das Leben
Und durch Erziehung. Leben und Erziehung
Lehren mich Respekt vor Euch, Ihr seid es,
Der über meine Pflichten herrscht, insoweit
Bin ich Euch Tochter: doch da steht mein Mann!
Und eben die Pflicht, die Euch meine Mutter
Bezeigte, als sie Euch dem Vater vorzog
Erfülle ich, wenn ich mich nun dem Mohren
Als meinem Herrn verpflichte.
BRABANTIO   Gott sei mit Dir
Ich bin durch. Gefällt es Euer Gnaden
Dann jetzt zu Staatsgeschäften. Besser hätt ich
Ein Kind mir adoptiert als eins gezeugt
Tritt zu mir, Mohr:
Ich übergebe dir von ganzem Herzen das
Was ich, hättst dus nicht schon, von ganzem Herzen
Dir verweigern würde. Du machst mich
Froh, mein Kleinod, daß es außer dir
Kein zweites gibt, denn deine Flucht, sie hätte
Mich Tyrannei gelehrt und weitere Kinder sämtlich
In Ketten legen lassen. Ich bin durch.
DOGE Ich ergänze Euch und fälle einen Spruch
Der einer Stufe gleich den Liebenden
Zu Eurer Gunst verhelfen soll.
Sind alle Pforten dicht, steht Gram nicht offen
Wer Ärgstes sieht, hört besser auf, zu hoffen
Ein Scheitern zu beklagen, das geschehen
Heißt nur den Weg zu neuem Scheitern gehen
Was, schlägt das Schicksal uns, nicht rettbar ist

Patience, her Iniury a mock'ry makes.
The rob'd that smiles, steales something from the Thiefe,
He robs himselfe, that spends a bootelesse griefe.
Bra. So let the Turke of Cyprus vs beguile,
We loose it not so long as we can smile:
He beares the Sentence well, that nothing beares,
But the free comfort which from thence he heares.
But he beares both the Sentence, and the sorrow,
That to pay griefe, must of poore Patience borrow.
These Sentences, to Sugar, or to Gall,
Being strong on both sides, are Equiuocall.
But words are words, I neuer yet did heare:
That the bruized heart was pierc'd through the eares.
I humbly beseech you proceed to th'Affaires of State.
Duke. The Turke with a most mighty Preparation
makes for Cyprus: *Othello*, the Fortitude of the place is
best knowne to you. And though we haue there a Substi-
tute of most allowed sufficiencie; yet opinion, a more
soueraigne Mistris of Effects, throwes a more safer
voice on you: you must therefore be content to slubber
the glosse of your new Fortunes, with this more stub-
borne, and boystrous expedition.
Othe. The Tirant Custome, most Graue Senators,
Hath made the flinty and Steele Coach of Warre
My thrice-driuen bed of Downe. I do agnize
A Naturall and prompt Alacartie,
I finde in hardnesse: and do vndertake
This present Warres against the *Ottamites*.
Most humbly therefore bending to your State,
I craue fit disposition for my Wife,
Due reference of Place, and Exhibition,
With such Accomodation and besort

Wird, bleibt man gefaßt, nicht lang vermißt
Den Dieb bestiehlt, wer seinen Raub verlacht
Sich selbst beraubt, wem er noch Kummer macht.
BRABANTIO Dann sollten wir dem Türken Zypern gönnen
Es bleibt uns ja, so lang wir lächeln können
Der trägt das Sprüchlein leicht, der sonst nichts trägt
Als Gratistrost, den man ihm auferlegt.
Doch wer den Spruch trägt und dazu die Sorgen
Kann für den Gram nicht bei Gefaßtheit borgen.
Ein Spruch wie der schmeckt grad so süß als sauer
Ein ausgewogner Trost ist nicht von Dauer
Denn Wort bleibt Wort nur: wer hat je vernommen
Dem kranken Herz sei Heil durchs Ohr gekommen.
Und nun, ich bitt Euch, zu den Staatsgeschäften.
DOGE Der Türke greift in großer Stärke Zypern an: Othello,
Ihr kennt die Wehrkraft des Stützpunkts am besten, und
obwohl ein Statthalter von unbestrittener Umsicht ihn
kommandiert, hat doch die Mehrheit, die überlegene
Herrin der Entscheidungen, ihre Stimme eindeutig für
Euch abgegeben: Ihr müßt daher einwilligen, den Glanz
Eurer jüngsten Eroberung mit diesem weitaus gröberen
und unwirtlicheren Feldzug zu beflecken.
OTHELLO Tyrannische Gewohnheit, werte Herren
Hat mir die harte Eisenbank des Kriegs
Zum Daunenbett gemacht: ich finde in mir
Die Fähigkeit zu froh erhöhter Leistung
In Krisenfällen, und ich bin gewillt
Den Ottomanen kriegrisch zu begegnen.
Vor Eurem Staatszweck willig mich verneigend
Ersuche ich um passende Versorgung
Meiner Frau, berücksichtigend Stand
Lebensführung und Bedürfnisse

As leuels with her breeding.

Duke. Why at her Fathers?

Bra. I will not haue it so.
Othe. Nor I.
Des. Nor would I thererecide,
    To put my Father in impatient thoughts
    By being in his eye. Most Grcaious Duke,
    To my vnfolding, lend your prosperous eare,
    And let me finde a Charter in your voice
    T'assist my simplenesse.

Duke. What would you *Desdemona*?

Des. That I loue the Moore, to liue with him,
    My downe-right violence, and storme of Fortunes,
    May trumpet to the world. My heart's subdu'd
    Euen to the very quality of my Lord;
    I saw *Othello's* visage in his mind,
    And to his Honours and his valiant parts,
    Did I my soule and Fortunes consecrate.
    So that (deere Lords) if I be left behind
    A Moth of Peace, and he go to the Warre,
    The Rites for why I loue him, are bereft me:
    And I a heauie interim shall support
    By his deere absence. Let me go with him.

Othe. Let her haue your voice.
    Vouch with me Heauen, I therefore beg it not
    To please the pallate of my Appetite:
    Nor to comply with heat the yong affects

In Wohnverhältnissen und Unterhalt
Wies ihrer Herkunft zusteht.

DOGE   Stimmt Ihr zu
Ist das bei ihrem Vater.

BRABANTIO   Nicht mit mir.

OTHELLO Noch mit mir.

DESDEMONA   Noch mir, da werde ich nicht hausen
Und meinem Vater schwere Stunden machen
Indem ich täglich ihm vor Augen komme:
Hochweiser Fürst, dem, was ich hier bekenne
Leiht ein geneigtes Ohr und laßt in Eurem
Entscheid mich gnädig einen Schutzbrief finden
Der meiner Einfalt beisteht.

DOGE   Desdemona
Was wünscht Ihr, sprecht.

DESDEMONA Daß ich den Mohren liebe
Mit ihm lebe, meine Rechtsanmaßung
Den Bruch mit meiner Abkunft, all das mag man
In die Welt posaunen: unterworfen
Hat sich mein Herz dem Wesen des Geliebten,
Nicht sein Antlitz zeigt mir, wer Othello ist
Und seiner Gradheit, seiner Tapferkeit
Hab ich mit Leib und Seele mich geweiht
So daß, ihr Herrn, ließ man mich hier zurück
Als Friedensmotte, derweil er ins Feld zieht
Man mir das raubte, wofür ich ihn liebe
Und mich sein Fernsein härtestem Entzug
Aussetzen würde: laßt mich mit ihm gehn.

OTHELLO Gebt ihr Eure Stimmen, Lords! Stimm für mich
Himmel, denn das trage ich nicht an
Weil ich dem Gaumen meines Appetits
Gehorche oder mir das Eis des Kriegs

In my defunct, and proper satisfaction.
But to be free, and bounteous to her minde:
And Heauen defend your good soules, that you thinke
I will your serious and great businesse scant
When she is with me. No, when light wing'd Toyes
Of feather'd *Cupid*, seele with wanton dulnesse
My speculatiue, and offic'd Instrument:
That my Disports corrupt, and taint my businesse:
Let House-wiues make a Skillet of my Helme,
And all indigne, and base aduersities,
Make head against my Estimation.

Duke. Be it as you shall priuately determine,
    Either for her stay, or going: th'Affaire cries hast:
    And speed must answer it.
Sen. You must away to night.
Othe. With all my heart.
Duke. At nine i'th'morning, here wee'l meete againe.
    Othello, leaue some Officer behind
    And he shall our Commission bring to you:
    And such things else of qualitie and respect
    As doth import you.
Othe. So please your Grace, my Ancient,
    A man he is of honesty and trust:
    To his conueyance I assigne my wife,
    With what else needfull, your good Grace shall think
    To be sent after me.
Duke. Let it be so:
    Good night to euery one. And Noble Signior,
    If Vertue no delighted Beautie lacke,
    Your Son-in-law is farre more Faire then Blacke.

Wegtauen will in jugendlicher Hitze
Und seliger Befriedung, darum nicht
Nur: ich wills nicht sein, der ihr Schranken zeigt.
Der Himmel halte Eure edlen Seelen
Davon ab, zu unterstellen, Euer ernstes
Und bedeutendes Geschäft, es könne
Darunter leiden, daß sie mit mir zieht:
Nein, wenn der federleichte Liebesgott
Mit seinen Tändeleien mir den Kriegssinn
Und meine Wehrkraft schwächt und meinen Auftrag
Dann mögen Hausfraun einen Suppentopf
Aus meinem Helm sich machen und die schlimmsten
Verleumdungen an mir sich wahr erzeigen.
DOGE Entscheidet Ihr das selbst, sie bleibe oder
    Gehe, nur die Sache schreit nach Eile
    Und Schnelligkeit muß unsre Antwort sein.
SENATOR Heut Nacht noch müßt Ihr fort.
OTHELLO   Mit ganzem Herzen.
DOGE Wir andern treffen uns um neun Uhr wieder.
    Othello, Ihr stellt einen Offizier ab
    Der Euch die Ernennung überbringt
    Und was noch sonst für Feldzug und Kommando
    Von Wichtigkeit.
OTHELLO   Mein Fähnrich, Euer Gnaden
    Ist ein Ehrenmann, auf den Verlaß ist:
    Ich vertraue seiner Obhut meine
    Frau an, samt all dem, was Euer Gnaden
    Mir nachzusenden denkt.
DOGE   So soll es sein.
    Euch allen eine gute Nacht. Und Ihr, Herr
    Ihr faßt, wenn Tugend Güte heißt, mir Mut:
    Eur Schwiegersohn ist nicht so schwarz als gut.

Sen. Adieu braue Moore, vse *Desdemona* well.

Bra. Looke to her (Moore) if thou hast eies to see:
   She ha's deceiu'd her Father, and may thee.   *Exit.*

Ot-he. My life vpon her faith. Honest *Iago*,
   My *Desdemona* must I leaue to thee:
   I prythee let thy wife attend on her,
   And bring them after in the best aduantage.
   Come *Desdemona*, I haue but an houre
   Of Loue, of wordly matter, and direction
   To spend with thee. We must obey the time.   *Exit.*

Rod. *Iago.*

Iago. What saist thou Noble heart?

Rod. What will I do, think'st thou?

Iago. Why go to bed and sleepe.

Rod. I will incontinently drowne my selfe.

Iago. If thou do'st, I shall neuer loue thee after. Why
   thou silly Gentleman?

Rod. It is sillynesse to liue, when to liue is torment:
   and then haue we a prescription to dye, when death is
   our Physition.

Iago. Oh villanous: I haue look'd vpon the world
   for foure times seuen yeares, and since I could distinguish
   betwixt a Benefit, and an Iniurie: I neuer found man that
   knew how to loue himselfe. Ere I would say, I would
   drowne my selfe for the loue of a Gynney Hen, I would
   change my Humanity with a Baboone.

Rod. What should I do? I confesse it is my shame
   to be so fond, but it is not in my vertue to amend it.

Iago. Vertue? A figge, 'tis in our selues that we are
   thus, or thus. Our Bodies are our Gardens, to the which,

SENATOR 1 Adieu, mein tapfrer Mohr, hüt Desdemona.

BRABANTIO Hab sie im Auge, Mohr, und denk an mich:
Wie sie den Vater täuschte, täuscht sie dich.

OTHELLO Mein Kopf für ihre Treue. Edler Iago
Ich muß dir Desdemona überlassen
Deine Gattin möge ihr zur Hand gehn
Und komm mit ihr so rasch als möglich nach.
Komm, Desdemona, eine Stunde bleibt uns
Für die Liebe, für ein Wort und Weisung:
Die Zeit regiert, wir haben zu gehorchen.

RODERIGO Iago!

IAGO Was sagst du, liebes Herz?

RODERIGO Was meinst du werde ich jetzt tun?

IAGO Was schon, zu Bett gehn, schlummern.

RODERIGO Ich werde mich stehenden Fußes ersäufen.

IAGO Tust du das, bist du mein Freund gewesen. Sei nicht
albern.

RODERIGO Das Leben ist albern, wenn es zur Qual wird, und
ist der Tod unser Doktor, steht auf seinem Rezept eben
Sterben.

IAGO O, wie abgeschmackt! Seit vier mal sieben Jahren
schaue ich nun dem Treiben der Welt zu und seit ich eine
Wohltat von einer Untat unterscheiden kann, habe ich
keinen einen Menschen getroffen, der es verstanden hätte,
gut zu sich selbst zu sein. Ehe mir beifiele, mich wegen
der Liebe zu so einer Legehenne zu ersäufen, würd ich
mein Menschsein mit 'nem Pavian tauschen.

RODERIGO Was soll ich machen? Ich gebs ja zu, ich müßte
mich was schämen, so verknallt zu sein, aber das zu ändern
steht nicht meiner Macht.

IAGO Nicht in deiner Macht! Gewäsch! Es liegt an uns selbst,
ob wir so sind oder so: unser Leib ist ein Garten und unser

our Wills are Gardiners. So that if we will plant Net-
tels, or sowe Lettice: Set Hisope, and weede vp Time:
Supplie it with one gender of Hearbes, or distract it with
many: either to haue it sterrill with idlenesse, or manu-
red with Industry, why the power, and Corrigeable au-
thoritie of this lies in our Wills. If the braine of our liues
had not one Scale of Reason, to poize another of Sensu-
alitie, the blood, and basenesse of our Natures would
conduct vs to most prepostrous Conclusions. But we
haue Reason to coole our raging Motions, our carnall
Stings, or vnbitted Lusts: whereof I take this, that you
call Loue, to be a Sect, or Seyen.

Rod. It cannot be.
Iago. It is meerly a Lust of the blood, and a permission
of the will. Come, be a man: drowne thy selfe? Drown
Cats, and blind Puppies. I haue profest me thy Friend,
and I confesse me knit to thy deseruing, with Cables of
perdurable toughnesse. I could neuer better steed thee
then now. Put Money in thy purse: follow thou the
Warres, defeate thy fauour, with an vsurp'd Beard. I say
put Money in thy purse. It cannot be long that *Desdemona*
should continue her loue to the Moore. Put Money in
thy purse: nor he his to her. It was a violent Commence-
ment in her, and thou shalt see an answerable Seque-
stration, put but Money in thy purse. These Moores
are changeable in their wils: fill thy purse with Money.
The Food that to him now is as lushious as Locusts,
shalbe to him shortly, as bitter as Coloquintida. She
must change for youth: when she is sated with his body
she will find the errors of her choice. Therefore, put Money in thy purse. If thou wilt needs damne thy selfe, do

Wille ist der Gärtner, so daß es in unserem Willen liegt, ob wir Disteln säen oder Salat anbauen, Schwarzkraut pflanzen und Thymian jäten, vielerlei Gewürze ziehen oder bloß eins, ihn hübsch, aber nutzlos anlegen oder schlicht, aber fruchtbar – die Macht, all das zu tun oder zu lassen, liegt in unserem Willen. Hinge am Waagbalken unseres Lebens nicht auch eine Schale der Vernunft, um die andere, die der Sinnlichkeit, in der Luft zu halten, dann würde unsre gierige und niedrige Natur uns zu den abartigsten Folgerungen verleiten. Aber wir haben die Vernunft, unsere tobenden Triebe zu kühlen, die Stiche der Leidenschaft, die zügellose Lust. Woraufhin ich schlankweg behaupte, das, was du Liebe nennst, ist eine Verirrung, ein Auswuchs.

RODERIGO Das stimmt nicht.

IAGO Fleischeslust pur, nackte Willensschwäche. Komm schon, Mann: dich ersäufen? Ersäuf Katzen und blinde Welpen! Ich nenne mich deinen Freund, und ich bekenne von mir, deinen Bedürfnissen vertäut zu sein mit Stricken von langlebiger Haltbarkeit. Nie zuvor konnte ich dich so fördern wie diesmal. Tu Bares in die Börse, zieh dem Krieg hinterher, enthübsche dein Gesicht mit einem falschen Bart. Ich sage dir, tu Bares in die Börse. Es kann nicht angehn, daß Desdemona lang mit dem Schwarzen herummacht. Tu Bares in die Börse: noch er mit ihr. Anfangsbekanntschaft, da mahlt die Mühle mit Sturm, und die dementsprechende Windstille wirst du erleben: nur tu Bares in die Börse. Diese Schwarzen sind wankelmütig wie Kinder: füll deine Börse mit Barem. Was ihm jetzt so lecker schmeckt wie Languste, kommt ihm in Kürze bitter vor wie Teufelsapfel. Wenn sie seine Muskeln über hat, wird ihr der Irrtum klar: sie muß umsatteln, sie muß. Darum tu Bares in die Börse: willst du dich unbedingt zum Teufel

it a more delicate way then drowning. Make all the Money thou canst: If Sanctimonie, and a fraile vow, betwixt an erring Barbarian, and super-subtle Venetian be
not too hard for my wits, and all the Tribe of hell, thou
shalt enioy her: therefore make Money: a pox of drowning thy selfe, it is cleane out of the way. Seeke thou rather to be hang'd in Compassing thy ioy, then to be
drown'd, and go without her.

Rodo. Wilt thou be fast to my hopes, if I depend on
the issue?

Iago. Thou art sure of me: Go make Money: I haue
told thee often, and I re-tell thee againe, and againe, I
hate the Moore. My cause is hearted; thine hath no lesse
reason. Let vs be coniunctiue in our reuenge, against
him. If thou canst Cuckold him, thou dost thy selfe a
pleasure, me a sport. There are many Euents in the
Wombe of Time, which wilbe deliuered. Trauerse, go,
prouide thy Money. We will haue more of this to morrow. Adieu.

Rod. Where shall we meete i'th'morning?

Iago. At my Lodging.

Rod. Ile be with thee betimes.

Iago. Go too, farewell. Do you heare *Rodorigo*?

Rod. Ile sell all my Land.   *Exit.*

Iago. Thus do I euer make my Foole, my purse:
For I mine owne gain'd knowledge should prophane
If I would time expend with such Snipe,
But for my Sport, and Profit: I hate the Moore,
And it is thought abroad, that 'twixt my sheets

She ha's done my Office. I know not if't be true,
But I, for meere suspition in that kinde,

schicken, such dir einen lieblicheren Tod als Ersäufen.
Mach soviel Bares locker, wie du kannst. Wenn Fromm-
tun und glasiges Geschwöre von einem Zigeuner und einer supersubtilen Venezianerin keine zu harte Nuß sind
für meine Schliche und alle Trupps der Hölle, wirst du
deine Freude an ihr haben. Also schaff Bares ran! Die
Pocken dem Ersäufen, kein Wort mehr davon: lieber laß
dich für einen Erguß hängen als nicht in ihr zu ersaufen.
RODERIGO Du bist mein Hoffnungsanker?

IAGO Verlaß dich auf mich: geh, schaff Bares ran. Wie oft
habe ich dir gesagt und sage es noch und nöcher, ich
hasse den Mohr. Ich habe meine Gründe, deine wiegen
nicht weniger schwer, laß uns zusammenhalten als Rä-
cher. Setzt du ihm Hörner auf, tust du dir was Gutes und
mir einen Gefallen. Der Schoß der Zeit birgt noch viel
Menschendinge, die wollen all geboren sein. Drauflos,
geh, mach die Konten leer, wir reden morgen weiter.
Adieu.
RODERIGO Morgen, wo treffen wir uns?
IAGO In meiner Behausung.
RODERIGO Ich bin bestimmt ganz früh da.
IAGO Nun geh schon, mach es gut. Und hörst du, Roderigo?
RODERIGO Ich verkaufe all mein Land.
IAGO So mach ich meine Kasse aus dem Blödmann
    Denn für die Katz wär meine Lebensklugheit
    Vertät ich meine Zeit mit diesem Gimpel
    Es sei denn zu meinem Nutz und Frommen.
    Ich hasse diesen Schwarzen, man erzählt sich
    Er habe zwischen meinen Laken Dienst
    Getan, den meinen. Ob das stimmt, ich weiß nicht
    's ist nur ein Gerücht, ich aber tu so

Will do, as if for Surety. He holds me well,
The better shall my purpose worke on him:
Cassio's a proper man: Let me see now,
To get his Place, and to plume vp my will
In double Knauery. How? How? Let's see.
After some time, to abuse *Othello*'s eares,
That he is too familiar with his wife:
He hath a person, and a smooth dispose
To be suspected: fram'd to make women false.
The Moore is of a free, and open Nature,
That thinkes men honest, that but seeme to be so,
And will as tenderly be lead by'th'Nose
As Asses are:
I haue't: it is engendred: Hell, and Night,
Must bring this monstrous Birth, to the worlds light.

Actus Secundus. Scena Prima.

Enter Montano, and two Gentlemen.

Mon. What from the Cape, can you discerne at Sea?
1. Gent. Nothing at all, it is a high wrought Flood:
I cannot 'twixt the Heauen, and the Maine,
Descry a Saile.
Mon. Me thinks, the wind hath spoke aloud at Land,
A fuller blast ne're shooke our Battlements:
If it hath ruffiand so vpon the Sea,
What ribbes of Oake, when Mountaines melt on them,
Can hold the Morties. What shall we heare of this?

Als wär es Fakt: steht er in meiner Schuld
Wirkt um so schärfer, was ich mit ihm anstell.
Cassio sieht gut aus, jetzt wartet mal:
Auf seinen Posten kommen, meinen Haß
Beflügeln braucht zwei Tricks in einem. Wie?
Laßt sehen: binnen kurzem werd ich
Daß ich Othellos Ohr hab, dergestalt
Mißbrauchen, daß mir Cassio zu vertraulich
Mit seiner Frau sei: als Person ist Cassio
Durch sein Gehabe geradezu geschaffen
Für den Verdacht, er mache Frauen untreu.
Der Mohr ist auch ein guter Mensch und glaubt
Der sei ein Ehrenmann, der ihm so vorkommt
Und läßt so brav sich an der Nase führen
Wies Ochsen tun.
Es ist soweit: aus Hölle und aus Nacht
Sei diese Schreckgeburt ans Licht der Welt gebracht.

II, 1

MONTANO Was ist vom Kap aus auf dem Meer zu sehn?
EDELMANN 1 Rein nichts: die Flut schießt turmhoch, zwischen
    Und Wellen noch ein Segel auszumachen   [Himmel
    Ist unmöglich.
MONTANO Der Sturm brüllt hier an Land schon laut genug
    Noch nie hat unsre Festung so gewackelt:
    Wenn er sich zur See genau so aufspielt
    Wie solln da Eichenrippen, schmilzt ein Gischtberg
    Auf sie herunter, noch zusammenhalten?
    Wie das wohl enden wird!

2 A Segregation of the Turkish Fleet:
   For do but stand vpon the Foaming Shore,
   The chidden Billow seemes to pelt the Clowds,
   The winde-shak'd-Surge, with high & monstrous Maine
   Seemes to cast water on the burning Beare,
   And quench the Guards of th'euer-fixed Pole:
   I neuer did like mollestation view
   On the enchafed Flood.
Men. If that the Turkish Fleete
   Be not enshelter'd, and embay'd, they are drown'd,
   It is impossible to beare it out.
                    Enter a Gentleman.
3 Newes Laddes: our warres are done:
   The desperate Tempest hath so bang'd the Turkes,
   That their designement halts. A Noble ship of Venice,
   Hath seene a greeuous wracke and sufferance
   On most part of their Fleet.
Mon. How? Is this true?
3 The Ship is heere put in: A *Verennessa*, *Michael Cassio*
   Lieutenant to the warlike Moore, *Othello*,
   Is come on Shore: the Moore himselfe at Sea,
   And is in full Commission heere for Cyprus.
Mon. I am glad on't:
   'Tis a worthy Gouernour.
3 But this same *Cassio*, though he speake of comfort,
   Touching the Turkish losse, yet he lookes sadly,
   And praye the Moore be safe; for they were parted
   With fowle and violent Tempest.
Mon. Pray Heauens he be:
   For I haue seru'd him, and the man commands
   Like a full Soldier. Let's to the Sea-side (hoa)
   As well to see the Vessell that's come in,

EDELMANN 2   Mit dem Zerschmettern
    Der Türkenflotte: steigt nur selbst aufs Kliff!
    Die Brandung wirft sich drohend an die Wolken
    Ihr windbestürmter Schwall, steil aufgepeitscht
    Scheint Wasser auf des Bären Glut zu schütten
    Und ertränkt die Wächter des Polarsterns.
    Niemals zuvor hab ich das Meer in solchem
    Aufruhr gesehn.
MONTANO   Die Türkenflotte, falls sie
    Nicht Schutz gesucht hat, keine Bucht fand, säuft
    Ab. Das können sie nicht überstehn.

EDELMANN 3 's gibt Neues, Leute, unser Krieg ist aus:
    Die Sturmgewalt zerschlug die Türken so
    Daß ihre Planung lahmt. Ein andres Schiff
    Sah, von Venedig kommend, Wracks und Trümmer
    Des größten Teils der Flotte.
MONTANO   Ist das wahr?
EDELMANN 3 Die Galeone liegt am Pier, ein Leutnant
    Michael Cassio des Oberherrn Othello
    Ging von Bord, der Mohr ist noch auf See
    Und er hat das Kommando für ganz Zypern.
MONTANO Er ist ein Gouverneur wie er sein soll.

EDELMANN 3 Doch dieser Cassio sieht, wie zuversichtlich
    Er auch von türkischen Verlusten spricht
    Gequält drein, und er betet für den Mohren
    Denn der Orkan hat sie getrennt.
MONTANO   Wir beten mit!
    Ich diente unter ihm und sage euch
    Das ist ein Kriegsherr wie die Welt ihn braucht.
    Zum Hafen, ihr! Begrüßen wir den Segler

As to throw-out our eyes for braue *Othello*,
Euen till we make the Maine, and th'Eriall blew,
An indistinct regard.
Gent. Come, let's do so;
For euery Minute is expectancie
Of more Arriuancie.

Enter Cassio.

Cassi. Thankes you, the valiant of the warlike Isle,
That so approoue the Moore: Oh let the Heauens
Giue him defence against the Elements,
For I haue lost him on a dangerous Sea.
Mon. Is he well ship'd?
Cassio. His Barke is stoutly Timber'd, and his Pylot
Of verie expert, and approu'd Allowance;
Therefore my hope's (not surfetted to death)
Stand in bold Cure.

Within. A Saile, a Saile, a Saile.
Cassio. What noise?
Gent. The Towne is empty; on the brow o'th'Sea
Stand rankes of People, and they cry, a Saile.
Cassio. My hopes do shape him for the Gouernor.
Gent. They do discharge their Shot of Courtesie,
Our Friends, at least.
Cassio. I pray you Sir, go forth,
And giue vs truth who 'tis that is arriu'd.
Gent. I shall.   *Exit.*
Mon. But good Lieutenant, is your Generall wiu'd?

Cassio. Most fortunately: he hath atchieu'd a Maid
That paragons description, and wilde Fame:
One that excels the quirkes of Blazoning pens,

Und schauen uns die Augen nach dem tapfren
Othello aus, bis wir das Blau des Himmels
Und das des Meeres nicht mehr unterscheiden.
EDELMANN 3 Das tun wir, wo doch jedwede Minute
Des Wartens eine der Erwartung sein wird.

CASSIO Euch Helden dieser kriegerischen Insel
Dank, daß Ihr den Mohren unterstützt:
O, mögen ihn die Himmel wappnen gegen
Die Elemente, denn in höchster Not
Verlor ich ihn auf See.
MONTANO   Ist sein Schiff solide?
CASSIO Die Karacke ist massiv gezimmert
Sein Rudergast erfahren und erprobt
Drum lebt noch Hoffnung in mir, wenn auch nah
Dem Tod.
RUFE   Ein Mast! Ein Mast! Ein Mast!
CASSIO Was für ein Geschrei?
BOTE   Die Stadt leert sich
Zum Hafen hin, die Menschen schrein: Ein Mast!
CASSIO Mein Hoffen will, es ist der Gouverneur.
EDELMANN 2 Sie feuern den Salut: zumindest Freunde.

CASSIO Wollt bitte gehn, Sir, und uns Nachricht bringen
Wer da einläuft.
EDELMANN 2   Gleich.
MONTANO   Herr Leutnant, stimmt es
Daß sich Euer General beweibt hat?
CASSIO Ja, und äußerst glücklich, er gewann sich
Ein Mädchen, unbeschreibbar, gar nicht hoch
Genug zu preisen, eine, die selbst feinste

And in th'essentiall Vesture of Creation,
Do's tyre the Ingeniuer.

Enter Gentleman.

How now? Who ha's put in?

Gent. 'Tis one *Iago*, Auncient to the Generall.

Cassio. Ha's had most fauourable, and happie speed:
Tempests themselues, high Seas, and howling windes,
The gutter'd-Rockes, and Congregated Sands,
Traitors ensteep'd, to enclogge the guiltlesse Keele,
As hauing sence of Beautie, do omit
Their mortall Natures, letting go safely by
The Diuine *Desdemona.*

Mon. What is she?

Cassio. She that I spake of:
Our great Captains Captaine,
Left in the conduct of the bold *Iago,*
Whose footing heere anticipates our thoughts,
A Senights speed. Great Ioue, *Othello* guard,
And swell his Saile with thine owne powrefull breath,
That he may blesse this Bay with his tall Ship,
Make loues quicke pants in *Desdemonaes* Armes,
Giue renew'd fire to our extincted Spirits.

Enter Desdemona, Iago, Rodorigo, and Æmilia.

Oh behold,
The Riches of the Ship is come on shore:
You men of Cyprus, let her haue your knees.
Haile to thee Ladie: and the grace of Heauen,
Before, behinde thee, and on euery hand
Enwheele thee round.

Des. I thanke you, Valiant *Cassio*,
What tydings can you tell of my Lord?

Federn plump macht und mit ihrem Erdkleid
Den Schöpfer selbst erschöpfte. Nun?

EDELMANN 2 Ein Iago, Fähnrich unsres Generals.
CASSIO Der nun kam glatt und glücklich durch! Der Sturm
    Riesenwellen, Furien des Windes,   [selbst
    Klippen, Riffe, Untiefen, sie alle
    Widersacher, aufgehäufte, die
    Unschuldige Kiele sonst bedrängen
    Sie legen, wie vom Schönheitssinn gebändigt
    Ab, was an ihnen tödlich ist und lassen
    Die Göttliche passieren, Desdemona.
MONTANO   Wen?
CASSIO Sie, von der ich sprach, die Kapitänin
    Unsres großen Kapitäns, dem kühnen
    Iago anvertraut, der mit der Landung
    Sieben Nächte schneller war als wir
    Gedacht. O großer Jupiter, behüte
    Othello, blas ihm machtvoll in die Segel
    Auf daß sein hohes Schiff die Bucht uns segne
    Er in Desdemonas Armen ankert
    Uns die Lebensgeister neu entfacht

    Und Zypern Frieden bringt. So seht doch nur
    Das Schiff hat seine Schätze schon entladen!
    Ihr Männer Zyperns, ehrt sie mit den Knien:
    Heil, Lady, dir! Und daß des Himmels Gnade
    Rings um dich sei.

DESDEMONA   Ich dank Euch, tapfrer Cassio:
    Was könnt Ihr mir von meinem Herrn berichten?

Cas. He is not yet arriu'd, nor know I ought
　But that he's well, and will be shortly heere.
Des. Oh, but I feare:
　How lost you company?
Cassio. The great Contention of Sea, and Skies
　Parted our fellowship. But hearke, a Saile.
Within. A Saile, a Saile.

Gent. They giue this greeting to the Cittadell:
　This likewise is a Friend.
Cassio. See for the Newes:
　Good Ancient, you are welcome. Welcome Mistris:
　Let it not gaule your patience (good *Iago*)
　That I extend my Manners. 'Tis my breeding,
　That giues me this bold shew of Curtesie.
Iago. Sir, would she giue you somuch of her lippes,
　As of her tongue she oft bestowes on me,
　You would haue enough.
Des. Alas: she ha's no speech.
Iago. Infaith too much:
　I finde it still, when I haue leaue to sleepe.
　Marry before your Ladyship, I grant,
　She puts het tongue a little in her heart,
　And chides with thinking.
Æmil. You haue little cause to say so.
Iago. Come on, come on: you are Pictures out of
　doore: Bells in your Parlours: Wilde-Cats in your Kit-
　chens: Saints in your Iniuries: Diuels being offended:
　Players in your Huswiferie, and Huswiues in your
　Beds.
Des. Oh, fie vpon thee, Slanderer
Iago. Nay, it is true: or else I am a Turke,

CASSIO Er ist noch nicht gelandet, ich weiß nur
   Er ist wohlauf und wird in Kürze hier sein.
DESDEMONA O, ich bin unruhig: was hat euch getrennt?

CASSIO Der große Schaukampf Wogen gegen Wolken
   Riß uns außer Sicht.
RUFE   Ein Schiff! Ein Schiff!
CASSIO Hört Ihr? Ein Schiff!
EDELMANN 2   Es grüßt die Zitadelle:
   Mehr Freunde also.
CASSIO   Seht nach, wer das ist.
   Fähnrich, willkommen! Willkommen, liebe Dame!
   Es soll Euch nicht verdrießen, bester Iago
   Wenn ich mich gehen lasse: meine Herkunft
   Legt mir so kühne Hofmaniern ins Blut.
IAGO Sir, kriegt Ihr das von ihren Lippen ab
   Was ich von ihrer Zunge abbekomme
   Seid Ihr bedient.
DESDEMONA   Ach wo, sie sagt nie etwas.
IAGO Von wegen, viel zu viel, ich muß es wissen
   Vor allem dann, wenn ich gern schlafen würde:
   Vor Euch, gnä' Frau, klar, da stopft sie die Zunge
   Kurz in die Brust und zetert in Gedanken.

EMILIA Zu solchen Reden hast du keinen Grund.
IAGO Komm schon, komm schon, außer Haus seid ihr
   Gemälde, in der Stube Bimmelglocken
   Wildkatzen in der Küche, gottvoll im
   Verleumden, teuflisch, wenn gekränkt, als Hausfraun
   Verschwenderisch und hausfraulich im Bett.
DESDEMONA O schäm dich, Lästermaul.
IAGO Ich will ein Türke sein, wenn das nicht wahr ist.

You rise to play, and go to bed to worke.

Æmil. You shall not write my praise.

Iago. No, let me not.

Desde. What would'st write of me, if thou should'st
praise me?

Iago. Oh, gentle Lady, do not put me too't,
For I am nothing, if not Criticall.

Des. Come on, assay.

There's one gone to the Harbour?

Iago. I Madam.

Des. I am not merry: but I do beguile
The thing I am, by seeming otherwise.
Come, how would'st thou praise me?

Iago. I am about it, but indeed my inuention comes
from my pate, as Birdlyme do's from Freeze, it pluckes
out Braines and all. But my Muse labours, and thus she
is deliuer'd.
If she be faire, and wise: fairenesse, and wit,
The ones for vse, the other vseth it.

Des. Well prais'd:
How if she be Blacke and Witty?

Iago. *If she be blacke, and thereto haue a wit,*
She'le find a white, that shall her blacknesse fit.

Des. Worse, and worse.

Æmil. How if Faire, and Foolish?

Iago. *She neuer yet was foolish that was faire,*
For euen her folly helpt her to an heire.

Desde. These are old fond Paradoxes, to make Fooles
laugh i'th'Alehouse. What miserable praise hast thou
for her that's Foule, and Foolish.

Iago. *There's none so foule and foolish thereunto,*
But do's foule pranks, which faire, and wise-ones do.

Aus dem Bett hüpft ihr und ins Bett kriecht ihr.

EMILIA Du schreibst mir nicht den Nachruf.

IAGO   Besser nicht.

DESDEMONA Was schriebst du über mich, gälts, mich zu
    preisen?

IAGO O beste Lady, da bin ich der Falsche:
    Ich bin nur gut, wenns was zu meckern gibt.

DESDEMONA Komm schon, ein Versuch. Geht wer zum
    Hafen?

IAGO Gewiß doch, Madam.

DESDEMONA Ich bin nicht fröhlich, ich verhülle nur
    Das, was ich bin, indem ich anders scheine:
    Komm schon, sag, wie würdest du mich preisen?

IAGO Ich mach ja schon, nur löst sich die Erfindung
    Vom Hirn mir ab wie Vogelleim von Wolle
    Es selbst geht mit und alles: doch die Muse
    Liegt in den Wehen und hier kommt sie nieder:
    Ist eine blond und klug, hat sie gut lachen
    Kann eines zu des andern Waffe machen.

DESDEMONA Brav gereimt! Was, wenn sie dunkel ist und
    klug?

IAGO *Ist dunkel sie und klug zur gleichen Zeit*
    Taucht sie den hellsten Kopf in Dunkelheit.

DESDEMONA Schlimm und schlimmer!

EMILIA Was, wenn blond und dumm?

IAGO *Die Frau, die blond ist, ist mitnichten dumm*
    Wie dumm sie ist, sie kriegt den Mann herum.

DESDEMONA Das sind Scherze mit Bart, die von Halb-
    hirnen in Bierkneipen belacht werden: Welchen
    Elendsvers hast du für eine, die häßlich und dumm ist?

IAGO *So häßlich und so dumm kann keine sein:*
    Sie seift den Mann gleich klugen Blonden ein.

Desde. Oh heauy ignorance: thou praisest the worst
  best. But what praise could'st thou bestow on a deseruing woman indeed? One, that in the authorithy of her
  merit, did iustly put on the vouch of very malice it
  selfe.

Iago. *She that was euer faire, and neuer proud,*
  Had Tongue at will, and yet was neuer loud:
  Neuer lackt Gold, and yet went neuer gay,
  Fled from her wish, and yet said now I may.
  She that being angred, her reuenge being nie,
  Bad her wrong stay, and her displeasure flie:
  She that in wisedome neuer was so fraile,
  To change the Cods-head for the Salmons taile:
  She that could thinke, and neu'r disclose her mind,
  See Suitors following, and not looke behind:
  She was a wight, (if euer such wightes were)

Des. To do what?

Iago. *To suckle Fooles, and chronicle small Beere.*

Desde. Oh most lame and impotent conclusion. Do
  not learne of him *Æmillia*, though he be thy husband.
  How say you (*Cassio*) is he not a most prophane, and liberall Counsailor?

Cassio. He speakes home (Madam) you may rellish
  him more in the Souldier, then in the Scholler.

Iago. He takes her by the palme: I, well said, whisper. With as little a web as this, will I ensnare as great
  a Fly as *Cassio*. I smile vpon her, do: I will giue thee
  in thine owne Courtship. You say true, 'tis so indeed.
  If such tricks as these strip you out of your Lieutenan-
  trie, it had beene better you had not kiss'd your three fingers so oft, which now againe you are most apt to play

DESDEMONA O grober Unverstand, immer die schlechtesten
Seiten herauszustreichen: nur, das
verrate mir, was willst du zum Lob einer Frau sagen, die es
wirklich verdient? Einer, die mit ihrem untadeligen Ruf der
Bosheit direkt ins Gesicht sehen darf?

IAGO *Die schöne Frau, die niemals eitel ist*
Die zungenfertig niemals sich vergißt
Der Schmuck nicht fehlt, nur Drang, sich aufzuputzen
Die ihre Wünsche prüft auf ihren Nutzen
Die, reizt man sie, auf die Revanche verzichtet
Den Unmut zügelt und nie vorschnell richtet
Die nicht ehrgeizig sich daran berauschte
Daß sie den Dorschkopf für nen Lachsschwanz tauschte
Die denken kann und still zu sein versteht
Die, läuft ein Mann ihr nach, den Kopf nicht dreht
Das wär ein Weib, ließ solch ein Weib sich denken –

DESDEMONA Um was zu tun?

IAGO *Um an Trottel Dünnbier auszuschenken.*

DESDEMONA O, der lahme und kraftlose Schluß: hör nicht auf
ihn, Emilia. Was sagt Ihr, Cassio, ist er nicht ein vulgärer
und frecher Ratgeber?

CASSIO Er spricht, wie er's versteht, Madam, Ihr werdet den
Soldaten an ihm mehr zu schätzen wissen als den Verse-
schmied.

IAGO *beiseite* Er faßt sie bei der Hand: *Laut.* Ja, sehr gut gesagt!
Beiseite. Immer schön flüstern. Bald zappelt in dem Spin-
nennetzchen hier eine so großmächtige Fliege wie Cassio.
Ja, lächle sie nur an: ich fang dich auf deinem eigenen
Schleimleim. *Laut.* Ihr habt ganz Recht, genauso ist es! *Bei-*
seite. Wenn deine Schliche dir den Leutnant ausziehn, wirst
du wünschen, du hättest deine Fingerspitzen nicht ganz so

the Sir, in. Very good: well kiss'd, and excellent Curt-
sie: 'tis so indeed. Yet againe, your fingers to your
lippes? Would they were Cluster-pipes for your
sake.

The Moore I know his Trumpet.

Cassio. 'Tis truely so.

Des. Let's meete him, and recieue him.

Cassio. Loe, where he comes.

Enter Othello, and Attendants.

Oth. O, my faire Warriour.

Des. My deere *Othello*.

Othe. It giues me wonder great, as my content
   To see you heere before me.
   Oh my Soules Ioy:
   If after euery Tempest, come such Calmes,
   May the windes blow, till they haue waken'd death:
   And let the labouring Barke climbe hills of Seas
   Olympus high: and duck againe as low,
   As hell's from Heauen. If it were now to dye,
   'Twere now to be most happy. For I feare,
   My Soule hath her content so absolute,
   That not another comfort like to this,
   Succeedes in vnknowne Fate.

Des. The Heauens forbid
   But that our Loues
   And Comforts should encrease
   Euen as our dayes do grow.

Othe Amen to that (sweet Powers)
   I cannot speake enough of this content,
   It stoppes me heere: it is too much of ioy.
   And this, and this the greatest discords be
   That ere our hearts shall make.

oft geküßt wie jetzt, wo du das Herrchen spielst: und wieder, eine tolle Hofmanier! *Laut.* Genauso ist es! *Beiseite.* Und noch einmal die Finger an die Lippen? Ich wollt, es wärn Klistierspritzen, die dich abführen. *Trompeten.*
Der Mohr, ich kenne sein Signal.

CASSIO   Es stimmt.
DESDEMONA Wir empfangen ihn.
CASSIO   Da ist er schon!

OTHELLO O meine schöne Amazone!
DESDEMONA   Mein Othello!
OTHELLO Gleich wunderbar und tröstlich ist es mir
Dich vor mir hier zu sehn: o Seelenfreude!
Wenn jedem Sturm so helles Wetter folgt
Laßt Winde blasen, bis der Tod aufschreckt
Und laßt das Schiff auf Wasserberge klimmen
Wie der Olymp so steil und abwärts wieder
Wie aus den Himmeln in die Hölle tauchen.
Wenns jetzt ans Sterben ginge, das wär herrlich
Denn ich fürchte, meine Seele findet
Keinen Frieden mehr, der diesem gleicht
In dem was kommen wird.

DESDEMONA   Die Himmel mögen
Hindern, daß die Liebe und das Glück
Uns nicht mit unsern Tagen wachsen.

OTHELLO   Amen.
Ihr süßen Himmelsmächte! Ich vermag
Nicht mehr von diesem Hochgefühl zu sprechen
Es macht mich stumm, die Freude ist zu groß:
Und dies und dies sei noch der schrillste Mißton

Iago. Oh you are well tun'd now: But Ile set downe
    the peggs that make this Musicke, as honest as I am.

Othe. Come: let vs to the Castle.
    Newes (Friends) our Warres are done:
    The Turkes are drown'd.
    How do's my old Acquaintance of this Isle?
    (Hony) you shall be well desir'd in Cyprus,
    I haue found great loue among'st them. Oh my Sweet,
    I prattle out of fashion, and I doate
    In mine owne comforts. I prythee, good *Iago*,
    Go to the Bay, and disimbarke my Coffers:
    Bring thou the Master to the Cittadell,
    He is a good one, and his worthynesse
    Do's challenge much respect. Come *Desdemona*,
    Once more well met at Cyprus.

Exit Othello and Desdemona.

Iago. Do thou meet me presently at the Harbour.
    Come thither, if thou be'st Valiant, (as they say base men
    being in Loue, haue then a Nobilitie in their Natures,
    more then is natiue to them) list-me; the Lieutenant to
    night watches on the Court of Guard. First, I must tell
    thee this: *Desdemona*, is directly in loue with him.
Rod. With him? Why, 'tis not possible.
Iago. Lay thy finger thus: and let thy soule be in-
    structed. Marke me with what violence she first lou'd
    the Moore, but for bragging, and telling her fantasticall
    lies. To loue him still for prating, let not thy discreet
    heart thinke it. Her eye must be fed. And what delight
    shall she haue to looke on the diuell? When the Blood

Den unsre Herzen jemals von sich geben.

IAGO O ihr seid fein gestimmt jetzt, doch ich spann euch
Die Saiten eurer Liebesgeige ab
So wahr auf mich Verlaß ist.

OTHELLO   Auf zur Burg.
Neuigkeiten, Freunde, unser Krieg
Ist aus. Der Türke ist ersoffen. Und?
Wie geht's den alten Freunden auf der Insel?
Die Zyprer werden dir zu Füßen liegen
Geliebte, ich genieße unter ihnen
Hohes Ansehn: o mein Herz, ich prahle
Mit Nebensächlichem, ich bade eitel
Im eignen Wohlgefühl. Mein guter Iago
Zum Hafen geh, schiff meine Kisten aus.
Geleite du den Kapitän zur Burg
Er ist ein ganzer Kerl, sein Können zwang
Uns viel Respekt ab. Desdemona, komm.
Noch einmal: sei mir gegrüßt auf Zypern.

IAGO *zu Roderigo* Begleite mich zum Hafen, komm schon.
Wenn du Mumm hast (denn es heißt ja, einfache Gemüter,
wenn sie verliebt sind, nehmen einen Adel an, der ihnen
nicht in die Wiege gelegt wurde) hör mir zu. Der Leutnant
hat heut Nacht das Kommando über die Wache: als erstes
sag ich dir, Desdemona ist hoffnungslos in ihn verliebt.

RODRIGO In ihn? Unmöglich.

IAGO Leg den Finger dahin und laß deine Seele die Ohren
aufsperrn: denk dran, wie ungestüm sie sich in den Mohr
verknallte wegen nichts seiner Aufschneidereien und
phantastischen Lügengeschichten. Und daß die Liebe zu
dem Angeber von Dauer sein wird, das lasse dein tiefstes
Herz nicht wünschen! Ihr Auge verlangt Fütterung, und

is made dull with the Act of Sport, there should be a
game to enflame it, and to giue Satiety a fresh appetite.
Louelinesse in fauour, simpathy in yeares, Manners,
and Beauties: all which the Moore is defectiue in. Now
for want of these requir'd Conueniences, her delicate
tendernesse wil finde it selfe abus'd, begin to heaue the,
gorge, disrellish and abhorre the Moore, very Nature wil
instruct her in it, and compell her to some second choice.
Now Sir, this granted (as it is a most pregnant and vn-
forc'd position) who stands so eminent in the degree of
this Fortune, as *Cassio* do's: a knaue very voluble: no
further conscionable, then in putting on the meere forme
of Ciuill, and Humaine seeming, for the better compasse
of his salt, and most hidden loose Affection? Why none,
why none: A slipper, and subtle knaue, a finder of occasion: that he's an eye can stampe, and counterfeit Ad-
uantages, though true Aduantage neuer present it selfe.
A diuelish knaue: besides, the knaue is handsome, young:
and hath all those requisites in him, that folly and greene
mindes looke after. A pestilent compleat knaue, and the
woman hath found him already.

Rodo. I cannot beleeue that in her, she's full of most
    bless'd condition.
Iago. Bless'd figges-end. The Wine she drinkes is
    made of grapes. If shee had beene bless'd, shee would
    neuer haue lou'd the Moore: Bless'd pudding. Didst thou
    not see her paddle with the palme of his hand? Didst not
    marke that?
Rod. Yes, that I did: but that was but curtesie.
Iago. Leacherie by this hand: an Index, and obscure

welches Vergnügen kann es ihr bereiten, den Teufel anzusehn? Wenn erst der Lakensport ihr Blut nicht mehr in Wallung bringt, dann bedarf es, um sie neu zu entflammen und ihr Sättigung zu verschaffen, frischer Eindrücke, Anmut der Gestalt, Einklang des Alters, der Sitten und Vorlieben, welches alles bei dem Mohren nicht zu holen ist. Nun, vor lauter Entbehrung dieser ersehnten Annehmlichkeiten wird ihr Zartgefühl sich mißbraucht fühlen; ihr wird übel, sie fühlt Abneigung und schließlich Abscheu gegen den Mohren, die Natur selbst wird ihre Lehrerin sein und sie zu einer zweiten Wahl aufstacheln. Nun, Sir, dies vorausgesetzt – absehbar und einleuchtend, wie es ist – wer paßt wohl so ins Bild wie Leutnant Cassio? Ein schönschwätzender Hallodri, gerade zurechnungsfähig genug, nach außen hin zivil und menschenähnlich aufzutreten, um seine verborgene Affengeilheit zu tarnen. Ein aalglatter, raffinierter Hallodri, ein Gelegenheitsmacher, dem sein Auftreten Vorzüge mit einer Frechheit falschmünzt, zu der echte Vorzüge niemals fähig wären. Nebenbei ist der Hallodri hübsch, jung, und steckt voller Zutaten, auf die törichte und grüne Frauenherzen fliegen. Ein pestilenzialisch perfekter Hallodri, und das Weib ist schon auf ihn abgefahren.

RODERIGO Das traue ich ihr nicht zu, sie ist doch so brav.

IAGO Brave Pflaume! Der Wein, den sie trinkt, ist aus Trauben gemacht: wäre sie brav, sie hätte sich nie im Leben dem Mohren an den Hals geschmissen: eine brave Torte. Hast du nicht gesehen, wie sie seine Hand kraulte?

RODERIGO Ja, aber das war im Spaß.
IAGO Geil wars, bei dieser Hand: Aufriß der und Einführung

prologue to the History of Lust and foule Thoughts.
They met so neere with their lippes, that their breathes
embrac'd together. Villanous thoughts *Rodorigo*, when
these mutabilities so marshall the way, hard at hand
comes the Master, and maine exercise, th'incorporate
conclusion: Pish. But Sir, be you rul'd by me. I haue
brought you from Venice. Watch you to night: for
the Command, Ile lay't vpon you. *Cassio* knowes you
not: Ile not be farre from you. Do you finde some occasion to anger *Cassio*, either by speaking too loud, or
tainting his discipline, or from what other course
you please, which the time shall more fauorably minister.

Rod. Well.

Iago. Sir, he's rash, and very sodaine in Choller: and
happely may strike at you, prouoke him that he may: for
euen out of that will I cause these of Cyprus to Mutiny.
Whose qualification shall come into no true taste a-
gaine, but by the displanting of *Cassio.* So shall you
haue a shorter iourney to your desires, by the meanes I
shall then haue to preferre them. And the impediment
most profitably remoued, without the which there were
no expectation of our prosperitie.

Rodo. I will do this, if you can bring it to any opportunity.

Iago. I warrant thee. Meete me by and by at the
Cittadell. I must fetch his Necessaries a Shore. Farewell.

Rodo. Adieu. *Exit.*

Iago. That *Cassio* loues her, I do well beleeu't:
That she loues him, 'tis apt, and of great Credite.
The Moore (how beit that I endure him not)

in die Geschichte der Fleischeslust und der unsittlichen
Wünsche: ihre Lippen waren sich so nah, daß ihr Atem
kopulierte. Wenn solche Techteleien den Weg bahnen,
dann wartet die Hauptübung schon um die Ecke, der
leibhaftige Verschluß. Aber, Sir, haltet Euch an mich,
wozu hab ich Euch aus Venedig gelotst: seid heut
Nacht auf dem Posten, ich legs in Eure Hand, Cassio
kennt Euch nicht, ich werde nicht weit sein, sucht
Mittel und Wege, ihn, ist der Zeitpunkt günstig, aus
der Reserve zu locken, entweder durch lautes Reden,
oder Ihr macht ihn als Soldat runter oder was Euch
sonst beifällt, wenn es soweit ist.

RODERIGO Gut.

IAGO Sir, er ist unberechenbar und sehr jähzornig und
schlägt hoffentlich nach Euch: fordert ihn dazu heraus,
denn selbst mit dem Bißchen entfache ich unter diesen
Zyprern einen Aufstand, der sich erst wieder legen soll,
wenn Cassio abgesetzt ist. So wird das Hemmnis, welches uns den Weg zum Erfolg verlegt, aufs Schönste
beseitigt, und ab da gestaltet sich die Reise ans Ziel unserer Wünsche kürzer, dafür kann und werde ich sorgen.

RODERIGO Wenn dus irgendwie hinbekommst, ich bin
dabei.

IAGO Versprochen. Wir treffen uns auf der Burg: ich muß
jetzt sein Zeug an Land schaffen.

RODRIGO Adieu!

IAGO Daß Cassio sie liebt, ich glaubs bald selber
Daß sie ihn liebt, paßt und ist auch höchst glaublich.
Der Schwarze ist, obgleich ich ihn nicht abkann

Is of a constant, louing, Noble Nature,
And I dare thinke, he'le proue to *Desdemona*
A most deere husband. Now I do loue her too,
Not out of absolute Lust, (though peraduenture
I stand accomptant for as great a sin)
But partely led to dyet my Reuenge,
For that I do suspect the lustie Moore
Hath leap'd into my Seate. The thought whereof,
Doth (like a poysonous Minerall) gnaw my Inwardes:
And nothing can, or shall content my Soule
Till I am eeuen'd with him, wife, for wife.
Or fayling so, yet that I put the Moore,
At least into a Ielouzie so strong
That iudgement cannot cure. Which thing to do,
If this poore Trash of Venice, whom I trace
For his quicke hunting, stand the putting on,
Ile haue our *Michael Cassio* on the hip,
Abuse him to the Moore, in the right garbe
(For I feare *Cassio* with my Night-Cape too)
Make the Moore thanke me, loue me, and reward me,
For making him egregiously an Asse,
And practising vpon his peace, and quiet,
Euen to madnesse. 'Tis heere: but yet confus'd,
Knaueries plaine face, is neuer seene, till vs'd.   *Exit.*

'ne treuherzige, liebevolle Seele
Und wird, da bin ich sicher, Desdemona
Ein fabelhafter Ehemann sein. Ich
Hab mich jetzt auch in sie verguckt, nicht weil ich
Besonders scharf drauf wäre, sie zu stopfen
(Obwohl notfalls auch diese große Sünde
Eingang in mein Himmelsschuldbuch fände)
Nein, mehr um meine Rachsucht zu befrieden
Denn ständig stichelts, der potente Mohr
Auch meinen Acker hätte er gepflügt
Das bloß zu denken frißt mir schon im Innern
Wie Gift, und nichts kann und nichts wird das abstelln
Als mit ihm gleichzuziehen, Weib um Weib:
Klappt das nicht, dann beförder ich den Schwarzen
In eine Eifersucht von solcher Güte
Daß jegliche Vernunft zerschellt. Zu dem Zweck
(Falls nicht der arme Hund mir aus Venedig
Den ich kurz angeleint zum Jagen zerre
Noch schlapp macht) pack ich unsern Michael Cassio
Im Nacken, schwärz ihn bei dem Schwarzen an
(Ich sähe Cassio schon in meinem Nachthemd)
Und sorg dafür, daß der mir dankt, mich hoch schätzt
Und mich belohnt, dafür, daß ich es bin, der ihn
Zu einem ungeheuren Esel macht
Und ihm die Ruhe anbohrt und den Frieden
Bis Wahn eindringt: 's ist da, fast ausgereift
Nichts Böses gibts, bis es zu Taten greift.

Scena Secunda.

Enter Othello's Herald with a Proclamation.

Herald. It is *Othello's* pleasure, our Noble and Valiant Generall. That vpon certaine tydings now arriu'd,
importing the meere perdition of the Turkish Fleete:
euery man put himselfe into Triumph. Some to daunce,
some to make Bonfires, each man, to what Sport and
Reuels his addition leads him. For besides these bene-
ficiall Newes, it is the Celebration of his Nuptiall. So
much was his pleasure should be proclaimed. All offi-
ces are open, & there is full libertie of Feasting from this
present houre of fiue, till the Bell haue told eleuen.
Blesse the Isle of Cyprus, and our Noble Generall *Othello.* *Exit.*

Enter Othello, Desdemona, Cassio, and Attendants.

Othe. Good *Michael*, looke you to the guard to night.
Let's teach our selues that Honourable stop,
Not to out-sport discretion.
Cas. *Iago*, hath direction what to do.
But notwithstanding with my personall eye
Will I looke to't.
Othe. *Iago*, is most honest:
Michael, goodnight. To morrow with your earliest,
Let me haue speech with you. Come my deere Loue,
The purchase made, the fruites are to ensue,
That profit's yet to come 'tweene me, and you.
Goodnight. *Exit.*

EDELMANN Es ist Othellos, unseres edlen und tapferen Generals, Wunsch und Wille, daß, auf die soeben einge-
troffene gewißliche Nachricht vom völligen Untergang
der türkischen Flotte hin, jedermann zu der Siegesfeier
beitrage: durch Tänze, durch Freudenfeuer, ein jegli-
cher durch die Aufführungen und Festlichkeiten, zu
denen es ihn treibt. Denn über diese Freudenbotschaft
hinaus finden heute seine Hochzeitsfeierlichkeiten statt.
Soweit die Proklamation seines Wunsches und Willens.
Alle Küchen und Speisesäle der Zitadelle sind geöffnet,
es herrscht freie Verköstigung, von jetzt fünf Uhr bis
die Glocke elf geschlagen hat. Der Himmel segne die
Insel Zypern und unsern edlen General Othello!

OTHELLO Michael, habt ein Auge auf die Mannschaft
Wir müssen lernen, uns zurückzunehmen
Und Sitten und Gebräuchen nicht zu schaden.
CASSIO Fähnrich Iago gab entsprechend Order.
Nichtsdestotrotz will ich mit eignen Augen
Darauf sehen.
OTHELLO   Iago ist grundehrlich.
Michael, gut Nacht, morgen bei Dienstbeginn
Will ich Euch sprechen. Komm, geliebtes Herz
Der Handel steht, die Früchte zeigen sich
Und ihr Genuß, ihn teilen du und ich.

Enter Iago.

Cas. Welcome *Iago*: we must to the Watch.

Iago. Not this houre Lieutenant: 'tis not yet ten
o'th'clocke. Our Generall cast vs thus earely for the
loue of his *Desdemona*: Who, let vs not therefore blame;
he hath not yet made wanton the night with her: and
she is sport for *Ioue*.

Cas. She's a most exquisite Lady.

Iago. And Ile warrant her, full of Game.

Cas. Indeed shes a most fresh and delicate creature.

Iago. What an eye she ha's?
Methinkes it sounds a parley to prouocation.

Cas. An inuiting eye:
And yet me thinkes right modest.

Iago. And when she speakes,
Is it not an Alarum to Loue?

Cas. She is indeed perfection.

Iago. Well: happinesse to their Sheetes. Come Lieutenant, I haue a stope of Wine, and heere without are a
brace of Cyprus Gallants, that would faine haue a mea-
sure to the health of blacke *Othello*.

Cas. Not to night, good *Iago*, I haue very poore,
and vnhappie Braines for drinking. I could well wish
Curtesie would inuent some other Custome of enter-
tainment.

Iago. Oh, they are our Friends: but one Cup, Ile
drinke for you.

Cassio. I haue drunke but one Cup to night, and that
was craftily qualified too: and behold what inouation
it makes heere. I am infortunate in the infirmity, and

CASSIO Willkommen, Iago. Wir müssen auf die Wache.

IAGO In einer Stunde, Leutnant, es ist noch nicht mal zehn. Unser General will uns der reizenden Desdemona zuliebe so früh los haben, was wir ihm durchaus nicht verübeln wollen: schließlich fand die Nacht der Nächte noch nicht statt, und sie ist ein Gerät, auf dem Jupiter turnen kann.

CASSIO Sie ist eine unvergleichliche Lady.

IAGO Und hat es garantiert in sich.

CASSIO In der Tat, ein properes und delikates Geschöpf.

IAGO Und was für ein Blick! Kommt mir vor wie ein Aufruf zum Einmarsch.

CASSIO Ein einladender Blick, und doch ganz sittsam, scheint mir.

IAGO Und tut sie den Mund auf, herrscht Liebesalarm.

CASSIO Perfekt, in der Tat.

IAGO Na dann, Lust ihren Laken! Kommt, Herr Leutnant, ich beherberge eine Kanne cyprischen Weins. Und mit dabei ist eine Rasselbande von zyprischen Mannskerlen, die auf das Wohl des schwarzen Othello dringend einen heben wollen.

CASSIO Heute Abend nicht, bester Iago. Ich bin nicht sonderlich trinkfest. Ich wünschte mir, die Festesfreude erfände eine alternative Form des Vergnügens.

IAGO Ach was, sie sind uns gut Freund: nur eine Tasse, ich trink für Euch mit.

CASSIO Ich hatte heute Abend bereits eine Tasse, und die war überdies stark verdünnt, und sieh bloß, was die mit mir angestellt hat: ich leide unter starker Trinkschwäche

dare not taske my weakenesse with any more.

Iago. What man? 'Tis a night of Reuels, the Gallants desire it.

Cas. Where are they?

Iago. Heere, at the doore: I pray you call them in.

Cas. Ile do't, but it dislikes me.   *Exit.*

Iago. If I can fasten but one Cup vpon him
With that which he hath drunke to night alreadie,
He'l be as full of Quarrell, and offence
As my yong Mistris dogge.
Now my sicke Foole *Rodorigo*,
Whom Loue hath turn'd almost the wrong side out,
To *Desdemona* hath to night Carrows'd.
Potations, pottle-deepe; and he's to watch.
Three else of Cyprus, Noble swelling Spirites,
(That hold their Honours in a wary distance,
The very Elements of this Warrelike Isle)
Haue I to night fluster'd with flowing Cups,
And they Watch too.
Now 'mongst this Flocke of drunkards
Am I put to our *Cassio* in some Action
That may offend the Isle. But here they come.

     Enter Cassio, Montano, and Gentlemen.

If Consequence do but approue my dreame,
My Boate sailes freely, both with winde and Streame.

Cas. 'Fore heauen, they haue giuen me a rowse already.

Mon. Good-faith a litle one: not past a pint, as I am a
Souldier.

Iago. Some Wine hoa.
    And let me the Cannakin clinke, clinke:
    And let me the Cannakin clinke.
    A Souldiers a man: Oh, mans life's but a span,

und traue mich nicht, ihr noch mehr aufzupacken.

IAGO Was, Mann, heute Nacht ist Party, die Mannskerle
sind ganz heiß darauf.

CASSIO Wo stecken sie?

IAGO Am Tor. Laßt sie rein, ich flehe Euch an.

CASSIO Ich tus, aber widerwillig.

IAGO Kann ich ihm nur noch eine Tasse andrehn
Über die, die er schon zu sich nahm
Wird er so angriffig und rappelig
Wie meiner Lady Hündchen. Nun, Rodrigo
Mein kranker Blödmann, dem die Liebe fast schon
Die Naht nach außen kehrte, trinkt seit Stunden
Glas um Glas auf Desdemonas Wohl
Und muß sich vorsehn: meine Zyprer nämlich
Hochgemute Schnösel, die empfindlich
In Ehrensachen sind, waschechte Söhne
Ihrer kriegerischen Heimat, die
Hab ich mit vollen Tassen aufgeheizt
Und sie sind heiß: in der betrunknen Horde
Laß ich unsern Cassio was machen
Das diese Insel ärgert. Und da sind sie.

Wenn meine Träume mehr als Träume sind
Dann folgt mein Schiff dem Strom und liegt am Wind.

CASSIO Behüte Gott, mich haben sie schon abgefüllt.

MONTANO Lieber Himmel, das eine Schlückchen, nicht mal
ein Viertel, so wahr ich ein Soldat bin.

IAGO Mehr Wein!
Und sorgt, daß der Becher mir kling-klingt
Und sorgt, daß der Becher mir klingt
    Ein Soldat sieht den Tod

Why then let a Souldier drinke.

Some Wine Boyes.

Cas. 'Fore Heauen: an excellent Song.

Iago. I learn'd it in England: where indeed they are
most potent in Potting. Your Dane, your Germaine,
and your swag-belly'd Hollander, (drinke hoa) are
nothing to your English.

Cassio. Is your Englishmen so exquisite in his drinking?

Iago. Why, he drinkes you with facillitie, your Dane
dead drunke. He sweates not to ouerthrow your Al-
maine. He giues your Hollander a vomit, ere the next
Pottle can be fill'd.

Cas. To the health of our Generall.

Mon. I am for it Lieutenant: and Ile do you Iustice.

Iago. Oh sweet England.
King Stephen was and-a worthy Peere,
His Breeches cost him but a Crowne,
He held them Six pence all to deere,
With that he cal'd the Tailor Lowne:
He was a wight of high Renowne,
And thou art but of low degree:
'Tis Pride that pulls the Country downe,
And take thy awl'd Cloake about thee.
Some Wine hoa.

Cassio. Why this is a more exquisite Song then the o-
ther.

Iago. Will you heare't againe?

Cas. No: for I hold him to be vnworthy of his Place,
that do's those things. Well: heau'ns aboue all: and

O sein Leben ist Not
Drum braucht ein Soldat, daß er trinkt.
Wein her, Jungs.

CASSIO Bei Gott, ein exzellentes Lied.

IAGO Hab ich in England gelernt, wo sie echt brutal am Bechern sind: der Däne, der Deutsche, und der hängebäuchige Holländer – sauf, Mann! – die sind dir nix gegen den Engländer.

CASSIO Ist der Engländer so ein Fachmann im Saufen?

IAGO Aber hallo! Der trinkt dir den Dänen unter den Tisch wie nichts, den Deutschen putzt er schweißfrei weg, und den Holländer läßt er schneller kotzen, als die nächste Kanne voll ist.

CASSIO Auf die Gesundheit unseres Generals!

MONTANO Leutnant, dafür bin ich auch und halte mit Euch mit.

IAGO O liebliches England!
Der König Steff, ein großer Herr
Bestellte sich neue Kleider
Doch das Bezahlen fiel ihm schwer
Am Galgen hing der Schneider
Steff war ein Mann von vieler Macht
Und du bist nur ein Wicht
Hochmut hats Reich zu Fall gebracht
Drum neue Hosen wünsch dir nicht.
Mehr Wein, heda!

CASSIO Das war bei Gott ein noch exquisiteres Lied als das erste.

IAGO Wollt Ihrs noch mal hören?

CASSIO Nein, denn ich halte den für seiner Stellung unwert, der sich so aufführt: ja, Gott ist über allem, und es gibt

there be soules must be saued, and there be soules must
not be saued.

Iago. It's true, good Lieutenant.

Cas. For mine owne part, no offence to the Generall,
nor any man of qualitie: I hope to be saued.

Iago. And so do I too Lieutenant.

Cassio. I: (but by your leaue) not before me. The
Lieutenant is to be saued before the Ancient. Let's haue
no more of this: let's to our Affaires. Forgiue vs our
sinnes: Gentlemen let's looke to our businesse. Do not
thinke Gentlemen, I am drunke: this is my Ancient, this
is my right hand, and this is my left. I am not drunke
now: I can stand well enough, and I speake well enough.

Gent. Excellent well.

Cas. Why very well then: you must not thinke then,
that I am drunke.   *Exit.*

Monta. To th'Platforme (Masters) come, let's set the
Watch.

Iago. You see this Fellow, that is gone before,
He's a Souldier, fit to stand by *Cæsar,*
And giue direction. And do but see his vice,
'Tis to his vertue, a iust Equinox,
The one as long as th'other. 'Tis pittie of him:
I feare the trust *Othello* puts him in,
On some odde time of his infirmitie
Will shake this Island.

Mont. But is he often thus?

Iago. 'Tis euermore his prologue to his sleepe,

Seelen, die müssen gerettet werden, und es gibt Seelen, die müssen nicht gerettet werden.

IAGO Wohl wahr, bester Herr Leutnant.

CASSIO Was mich angeht, so hoffe ich, ohne dem General oder sonst einer Größe zu nahe treten zu wollen, daß ich gerettet werde.

IAGO Ganz meinerseits, Leutnant.

CASSIO Gewiß, aber wenn Sie gestatten, nach mir: vor dem Fähnrich hat der Leutnant gerettet zu werden. Genug davon, an die Arbeit, Gott vergebe uns unsere Sünden! Ihr Hcrrn, wir sollten unsern Dienst versehn. Denkt nicht, ihr Herrn, ich sei trunken, dies ist mein Fähnrich, dies ist meine rechte Hand, und dies ist meine linke Hand: noch bin ich nicht trunken und aufrecht stehn kann ich ganz gut und kann ganz gut sprechen.

ALLE Sehr gut.

CASSIO Also alles bestens. Denkt bloß nicht, ich sei trunken.

MONTANO Auf Posten, Meister. Kommt, die Wache ruft.

IAGO Der Friedensfreund, wißt ihr, der da just abschwamm
Das ist ein Krieger, wert, an Caesars Seite
Zu stehen und Befehle zu erteilen:
Und nun seht sein Laster! Zwischen dem
Und seinem Genius herrscht Tag- und Nacht-
Gleiche, das eine dehnt sich grad so wie
Das andere: 's ist schad um ihn. Ich fürchte
Das Vertrauen, das Othello in ihn setzt
Wird, überfällt ihn diese Schwäche, uns
Die Insel schwer erschüttern.

MONTANO   Ist er oft so?

IAGO Das ist stets der Prolog zu seinem Schlaf:

He'le watch the Horologe a double Set,
If Drinke rocke not his Cradle.

Mont. It were well
The Generall were put in mind of it:
Perhaps he sees it not, or his good nature
Prizes the vertue that appeares in *Cassio*,
And lookes not on his euills: is not this true?

Enter Rodorigo.

Iago. How now *Rodorigo*?
I pray you after the Lieutenant, go.

Mon. And 'tis great pitty, that the Noble Moore
Should hazard such a Place, as his owne Second
With one of an ingraft Infirmitie,
It were an honest Action, to say so
To the Moore.

Iago. Not I, for this faire Island,
I do loue *Cassio* well: and would do much
To cure him of this euill, But hearke, what noise?

Enter Cassio pursuing Rodorigo.

Cas. You Rogue: you Rascall.

Mon. What's the matter Lieutenant?

Caz. A Knaue teach me my dutie? Ile beate the
Knaue into a Twiggen-Bottle.

Rod. Beate me?

Cas. Dost thou prate, Rogue?

Mon. Nay, good Lieutenant:
I pray you Sir, hold your hand.

Cassio. Let me go (Sir)
Or Ile knocke you o're the Mazard.

Mon. Come, come: you're drunke.

Er liest er zweimal zwölf Stunden euch die Uhr ab
Wenn ihm der Suff nicht seine Wiege schaukelt.
MONTANO 's wär besser, wenn der General das wüßte
    Vielleicht sieht er es nicht, oder gutgläubig
    Wie er ist, baut er auf Cassios Können
    Und übersieht sein Übel: kann das sein?

IAGO Was willst denn du hier, Roderigo
    Häng dich an den Leutnant, sag ich, geh.
MONTANO 's ist ziemlich happig, daß der edle Mohr
    Als seinen Stellvertreter hier wen einsetzt
    Der innerlich so ungefestigt ist:
    's wär angebracht, ihm davon zu berichten
    Dem Mohren, mein ich.
IAGO   Nein, ich nicht, nicht für
    Ganz Zypern! Ich verehre Cassio und gäbe
    Viel darum, sein Übel zu kurieren.
    Nur still: was für ein Lärm?

CASSIO   Verdammter!
    Hund! Du Sausack!
MONTANO   Leutnant, was ist los?
CASSIO Das Arschloch will mir Dienstanweisung geben!
    Ich prügle ihn durch einen Flaschenhals!
RODERIGO Prügeln? Mich?
CASSIO   Du maulst noch, Vieh?
MONTANO   Herr Leutnant
    Haltet Euch zurück.
CASSIO   Die Pfoten weg, Sir
    Sonst gibts was auf die Glocke.
MONTANO   Kommt, Ihr seid

Cassio. Drunke?

Iago. Away I say: go out and cry a Mutinie.
   Nay good Lieutenant. Alas Gentlemen:
   Helpe hoa. Lieutenant. Sir *Montano*:
   Helpe Masters. Heere's a goodly Watch indeed.
   Who's that which rings the Bell: Diablo, hoa:
   The Towne will rise. Fie, fie Lieutenant,
   You'le be asham'd for euer.

   Enter Othello, and Attendants.

Othe. What is the matter heere?

Mon. I bleed still, I am hurt to th'death. He dies.

Othe. Hold for your liues.

Iag. Hold hoa: Lieutenant, Sir *Montano*, Gentlemen:
   Haue you forgot all place of sense and dutie?
   Hold. The Generall speaks to you: hold for shame.

Oth. Why how now hoa? From whence ariseth this?
   Are we turn'd Turkes? and to our selues do that
   Which Heauen hath forbid the *Ottamittes*.
   For Christian shame, put by this barbarous Brawle:
   He that stirs next, to carue for his owne rage,
   Holds his soule light: He dies vpon his Motion.
   Silence that dreadfull Bell, it frights the Isle,
   From her propriety. What is the matter, Masters?
   Honest *Iago*, that lookes dead with greeuing,
   Speake: who began this? On thy loue I charge thee?

Iago. I do not know: Friends all, but now, euen now.

Betrunken!

CASSIO   Ich betrunken?

IAGO *zu Roderigo* Hau ab, sag ich, schrei draußen Rebellion!
    Nicht doch, Herr Leutnant. Gotteswilln, ihr Herrn!
    Zu Hilfe! Sir! Herr Leutnant! Sir Montano! Sir!
    Zu Hilfe, ihr! Das ist mir eine Wache!
    Wer läutet da die Glocke? Teufel auch!
    Die ganze Stadt wird wach, um Gottes Willen!
    Leutnant, haltet ein, Ihr macht Euch Schande
    Bis zum jüngsten Tag!

OTHELLO Was geht hier vor?

MONTANO   Ich blute, er hat mich
    Zu Tod getroffen. Er muß sterben.

OTHELLO   Schluß
    Wenn euch das Leben lieb ist.

IAGO   Schluß! Schluß!
    Leutnant! Sir Montano! Meine Herren:
    Habt Ihr vergessen, wo und wer Ihr seid?
    Schluß! Der General spricht. Schluß! Und schämt euch!

OTHELLO Was soll das sein? Wie hat das angefangen?
    Sind wir jetzt Türken, daß wir uns das antun
    Was der Himmel den Osmanen wehrte?
    In Christi Namen, weg die Barbarei!
    Wer sich noch rührt und seiner Wut den Weg hackt
    Schätzt seine Seele wenig, denn er stirbt
    Kaum daß er zuckt. Beendet das Gebimmel
    Aus ihrem Frieden schreckt es mir die Insel.
    Meine Herren, um was geht es hier?
    Mein guter Iago, du siehst totenblaß aus
    Wenn du mich ehrst, dann sag, wer anfing. Los doch.

IAGO Ich weiß nicht, eben warns noch Freunde, eben

In Quarter, and in termes like Bride, and Groome
Deuesting them for Bed: and then, but now:
(As if some Planet had vnwitted men)
Swords out, and tilting one at others breastes,
In opposition bloody. I cannot speake
Any begining to this peeuish oddes.
And would, in Action glorious, I had lost
Those legges, that brought me to a part of it.
Othe. How comes it (*Michaell*) you are thus forgot?
Cas. I pray you pardon me, I cannot speake.
Othe. Worthy *Montano*, you were wont to be ciuill:
The grauitie, and stillnesse of your youth
The world hath noted. And your name is great
In mouthes of wisest Censure. What's the matter
That you vnlace your reputation thus,
And spend your rich opinion, for the name
Of a night-brawler? Giue me answer to it.

Mon. Worthy *Othello*, I am hurt to danger,
Your Officer *Iago*, can informe you,
While I spare speech which something now offends me.
Of all that I do know, nor know I ought
By me, that's said, or done amisse this night,
Vnlesse selfe-charitie be sometimes a vice,
And to defend our selues, it be a sinne
When violence assailes vs.

Othe. Now by Heauen,
My blood begins my safer Guides to rule,
And passion (hauing my best iudgement collied)
Assaies to leade the way. If I once stir,
Or do but lift this Arme, the best of you

Noch eins und gut wie Braut und Bräutigam
Die sich fürs Bett auskleiden, und dann plötzlich
(Als hätte sie ein Unstern toll gemacht)
Degen raus und auf die Brust gezielt
In blutigem Gezänk. Ich kann von keinem
Anfang dieses dummen Streites sprechen
Und lieber hätt ich diese meine Beine
Im Krieg verloren, als hier drauf zu stehn.

OTHELLO Wie konntet Ihr Euch, Michael, so vergessen?

CASSIO Ich bitte um Pardon, ich kann nicht sprechen.

OTHELLO Werter Montano, als besonnen geltet
Ihr, trotz Eurer Jugend hält die Welt Euch
Für überlegt und ernsthaft, Euer Name
Genießt im Urteil selbst der Weisesten
Respekt: was ist in Euch gefahren, daß Ihr
Euch Eures guten Rufs derart entledigt
Und Euren reichen Leumund gegen den
Eines Kneipenraufbolds tauscht? Gebt Antwort.

MONTANO Othello, ich bin ziemlich schwer verletzt
Eur Fähnrich Iago kann Euch unterrichten
(Mir fehlt die Luft, das Sprechen macht mir Schmerzen)
Ich weiß nicht mehr als er: noch wen'ger weiß ich
Was ich heut Nacht in Worten oder Taten
Begangen habe, es sei denn, es gilt
Der Selbsterhaltungstrieb als ein Verbrechen
Und sich, fällt man uns an, zur Wehr zu setzen
Neuerdings als sündhaft.

OTHELLO   Bei den Himmeln
Mein Blut bestürmt die Mauern der Beherrschung
Und Zorn verfinstert mir die Sicht und drängt
Nach vorn. Laß ich mich davon übermannen
Und hebe diesen Arm, dann fällt der Beste

Shall sinke in my rebuke. Giue me to know
How this foule Rout began: Who set it on,
And he that is approu'd in this offence,
Though he had twinn'd with me, both at a birth,
Shall loose me. What in a Towne of warre,
Yet wilde, the peoples hearts brim–full of feare,
To Manage priuate, and domesticke Quarrell?
In night, and on the Court and Guard of safetie?
'Tis monstrous: *Iago*, who began't?

Mon. If partially Affin'd, or league in office,
Thou dost deliuer more, or lesse then Truth,
Thou art no Souldier.
Iago. Touch me not so neere,
I had rather haue this tongue cut from my mouth,
Then it should do offence to *Michaell Cassio*.
Yet I perswade my selfe, to speake the truth
Shall nothing wrong him. This it is Generall:
Montano and my selfe being in speech,
There comes a Fellow, crying out for helpe,
And *Cassio* following him with determin'd Sword
To execute vpon him. Sir, this Gentleman,
Steppes in to *Cassio,* and entreats his pause;
My selfe, the crying Fellow did pursue,
Least by his clamour (as it so fell out)
The Towne might fall in fright. He, (swift of foote)
Out-ran my purpose: and I return'd then rather
For that I heard the clinke, and fall of Swords,
And *Cassio* high in oath: Which till to night
I nere might say before. When I came backe
(For this was briefe) I found them close together

Von euch vom bloßen Luftzug um:
Auf der Stelle sagt mir, wie das Raufen
Begann, wer damit anfing, und ich werde
Dem, der sich als Anstifter erweist
Und wär er auch mein Zwillingsbruder, zeitgleich
Geboren, meine Gunst entziehen: was denn!
In einer Stadt im Krieg, noch aufgewühlt
Die Herzen ihrer Bürger voller Furcht,
Tragt ihr private Streitigkeiten aus?
Noch dazu nachts und dazu noch auf Wache?
's ist ungeheuerlich. Iago, wer wars?

MONTANO Nimmst du in Schutz, machst du in Kameradschaft
Kürzt du die Wahrheit oder streckst sie, bist du
Kein Soldat.

IAGO   Kommt mir nicht so, viel lieber
Ließ ich die Zunge aus dem Mund mir säbeln
Bevor sie Klage gegen Cassio führte.
Doch rede ich mir ein, daß ihm die Wahrheit
Nicht schaden wird. So war es, General:
Ich und Montano unterhalten uns
Da kommt ein Mann herein, um Hilfe rufend
Und Cassio folgt ihm mit gezogner Waffe
Als wollt er ihm was antun. Sir, der Herr hier
Tritt Cassio in den Weg und hält ihn ab
Ich hefte mich dem Schreihals an die Fersen
Damit sein Lärmen, wies dann leider kam
Uns nicht die ganze Stadt aufscheucht, doch er
Recht sportlich, lief vor mir davon, woraufhin
Ich es vorzog, umzukehren, denn
Ich hörte ein Geklirr von Degen und
Cassio Dinge schreien, wie ich sie
Noch nie zuvor von ihm gehört hab, kurz

At blow, and thrust, euen as againe they were
When you your selfe did part them.
More of this matter cannot I report,
But Men are Men: The best sometimes forget,
Though *Cassio* did some little wrong to him,
As men in rage strike those that wish them best,
Yet surely *Cassio*, I beleeue receiu'd
From him that fled, some strange Indignitie,
Which patience could not passe.

Othe. I know *Iago*
Thy honestie, and loue doth mince this matter,
Making it light to *Cassio: Cassio*, I loue thee,
But neuer more be Officer of mine.

Enter Desdemona attended.
Looke if my gentle Loue be not rais'd vp:
Ile make thee an example.
Des. What is the matter (Deere?)
Othe. All's well, Sweeting:
Come away to bed. Sir for your hurts,
My selfe will be your Surgeon. Lead him off:
Iago, looke with care about the Towne,
And silence those whom this vil'd brawle distracted.
Come *Desdemona*, 'tis the Soldiers life,
To haue their Balmy slumbers wak'd with strife.   *Exit.*
Iago. What are you hurt Lieutenant?
Cas. I, past all Surgery.
Iago. Marry Heauen forbid.
Cas. Reputation, Reputation, Reputation: Oh I haue
lost my Reputation. I haue lost the immortall part of

Ich kam zurück, da warn sie aneinander
Mit Stoß und Stich, just wie sies wieder waren
Als Ihr höchstselbst dazwischenfuhrt. Mehr kann ich
Von dieser Sache nicht berichten, aber
Männer sind Männer, selbst der beste Mann
Verliert schon mal die Fassung und greift den an
Der nur sein Bestes will. Tat Cassio ihm
Insoweit auch was Unrecht, ich bin sicher
Cassio selbst bekam von dem der weglief
Beleidigendes an den Kopf, so heftig
Daß die Geduld ihm riß.

OTHELLO   Ich kenne dich
Iago, deine Ehrlichkeit und Freundschaft
Mildern die Sache ab, entlasten Cassio.
Cassio, ich respektiere dich
Mein Offizier jedoch wirst du nie wieder.

Jetzt ist auch meine Frau noch aufgewacht.
Ich mache dich zum warnenden Exempel.

DESDEMONA Was ist denn?

OTHELLO   Alles gut, Geliebte,
Komm zu Bett. Sir, für Eure Wunden
Weiß ich Mittel. Helft ihm von hier weg.
Iago, sorg für Ruhe in der Stadt.
Beschwichtge die, die dieser Streit verstört.
Komm, Desdemona: dem Soldatenleben
Ist sorglos süßer Schlummer nicht gegeben.

IAGO Was, Ihr seid verwundet, Leutnant?

CASSIO Und wie! Da hilft kein Arzt mehr was.

IAGO Gott behüte!

CASSIO Reputation, ich habe meine Reputation verloren!
Ich habe den unsterblichen Teil von mir verloren, und

myselfe, and what remaines is bestiall. My Reputation,
Iago, my Reputation.

Iago. As I am an honest man I had thought you had
receiued some bodily wound; there is more sence in that
then in Reputation. Reputation is an idle, and most false
imposition; oft got without merit, aud lost without deseruing. You haue lost no Reputation at all, vnlesse you
repute your selfe such a looser. What man, there are
more wayes to recouer the Generall againe. You are
but now cast in his moode, (a punishment more in poli-
cie, then in malice) euen so as one would beate his of-
fencelesse dogge, ro affright an Imperious Lyon. Sue to
him againe, and he's yours.

Cas. I will rather sue to be despis'd, then to deceiue
so good a Commander, with so slight, so drunken, and so
indiscreet an Officer. Drunke? And speake Parrat? And
squabble? Swagger? Sweare? And discourse Fustian
with ones owne shadow? Oh thou invisible spirit of
Wine, if thou hast no name to be knowne by, let vs call
thee Diuell.

Iago. What was he that you follow'd with your
Sword? What had he done to you?

Cas. I know not.

Iago. Is't possible?

Cas. I remember a masse of things, but nothing distinctly: a Quarrell, but nothing wherefore. Oh, that
men should put an Enemie in their mouthes, to steale a-
way their Braines? that we should with ioy, pleasance,
reuell and applause, transforme our selues into Beasts.

Iago. Why? But you are now well enough: how
came you thus recouered?

was übrig bleibt, ist bestialisch. Meine Reputation, Iago, meine Reputation!

IAGO Bei meiner Ehrlichkeit, ich dachte schon, es wäre körperlich, so was schmerzt mehr als die Reputation: Reputation ist eine wacklige und trügerische Zuschreibung, man erwirbt sie unverdient und verliert sie unverdient. Ihr verliert nichts an Reputation, solang Ihr selbst Euch nicht unreputierlich macht und zu ihrem Verlierer erklärt. Kopf hoch, Mann, es gibt Mittel und Wege, den General zurück zu gewinnen: jetzt hat er Euch, in seiner Verstimmung, degradiert, mehr eine politische Abschreckung als eine persönlich gemeinte Strafe, so, wie man den braven Hund schlägt um den grimmigen Löwen einzuschüchtern. Fallt ihm zu Füßen, und er hebt Euch auf.

CASSIO Ich fall ihm lieber zu Füßen, damit er mich tritt, als einen so anständigen Kommandeur mit einem so unverantwortlichen, trunksüchtigen und unbesonnenen Offizier zu betrügen. Säuft! Plappert wie ein Papagei! Prügelt sich! Räsoniert! Spuckt große Bögen! Und schreit den eignen Schatten an! O du unsichtbarer Geist des Weins, wenn du noch keinen Namen hast, wolln wir dich Fliegenfürst nennen!

IAGO Wen habt Ihr denn da mit dem Degen verfolgt? Was hat er Euch getan?

CASSIO Keine Ahnung.

IAGO Wie beliebt?

CASSIO Ich erinnre mich an tausend Dinge, aber nichts Klares, einen Streit, aber nicht, um was. O Gott, daß die Menschen sich einen Feind in den Mund tun, der ihnen das Hirn stiehlt! Daß wir durch Jux, Feierei, Ausgelassenheit und Beifall uns zu Bestien wandeln können!

IAGO Wieso denn, Ihr seid doch schon wieder ziemlich klar: wie habt Ihr Euch so fix eingekriegt?

Cas. It hath pleas'd the diuell drunkennesse, to giue
   place to the diuell wrath, one vnperfectnesse, shewes me
   another to make me frankly despise my selfe.
Iago. Come, you are too seuere a Moraller. As the
   Time, the Place, & the Condition of this Country stands
   I could hartily wish this had not befalne: but since it is, as
   it is, mend it for your owne good.
Cas. I will aske him for my Place againe, he shall tell
   me, I am a drunkard: had I as many mouthes as *Hydra*,
   such an answer would stop them all. To be now a sen-
   sible man, by and by a Foole, and presently a Beast. Oh
   strange! Euery inordinate cup is vnbless'd, and the Ingre-
   dient is a diuell.

Iago. Come, come: good wine, is a good famillar
   Creature, if it be well vs'd: exclaime no more against it.
   And good Lieutenant, I thinke, you thinke I loue
   you.
Cassio. I haue well approued it, Sir. I drunke?
Iago. You, or any man liuing, may be drunke at a
   time man. I tell you what you shall do: Our General's
   Wife, is now the Generall. I may say so, in this respect,
   for that he hath deuoted, and giuen vp himselfe to the
   Contemplation, marke: and deuotement of her parts
   and Graces. Confesse your selfe freely to her: Impor-
   tune her helpe to put you in your place againe. She is
   of so free, so kinde, so apt, so blessed a disposition,
   she holds it a vice in her goodnesse, not to do more
   then she is requested. This broken ioynt betweene
   you, and her husband, entreat her to splinter. And my
   Fortunes against any lay worth naming, this cracke of
   your Loue, shall grow stronger, then it was before.

CASSIO Der Suffteufel war so gütig, dem Wutteufel Platz zu machen: ein Charaktermangel tritt dem andern auf die Hacken bis jede Selbstachtung futsch ist.

IAGO Kommt, kommt, seid nicht so streng mit Euch. Zeit, Ort und Umstände auf dieser Insel lassen mich wünschen, es wäre nicht so gekommen, aber da es ist, wie es ist, seht zu, in Eurem eigenen Interesse.

CASSIO Ich bau mich vor ihm auf und will meinen Posten wiederhaben, und er teilt mir mit, ich sei ein Suffkopp. Und hätte ich so viele Mäuler wie die Hydra, die Antwort stopft sie alle. Eben noch ein Mensch, nach und nach ein Idiot und jetzt ein Untier! Jede Tasse ungeweihter Wein ist ohne Segen und eingeschenkt hat sie der Teufel.

IAGO Kommt, kommt, guter Wein ist, in Maßen genossen, ein liebes, geselliges Gotteswerk. Geht nicht länger dagegen an. Und, bester Leutnant, ich meine, Ihr meint, ich hätte Euch ins Herz geschlossen.

CASSIO Ich stand im Wahn, Sir. Mich betrunken machen!

IAGO Auch Ihr dürft, wie jeder lebende Mensch, irgendwann mal betrunken sein, Mann. Ich sag Euch, was Ihr tun müßt: die Frau unseres Generals ist jetzt General. Ich darf das anmerken in Hinsicht auf das Faktum, daß er sich mit Haut und Haar der Betrachtung und, nota bene, Beschmachtung ihrer Kurven und Reize verschrieben und verschworen hat. Ihr vertraut Euch an, ihr liegt an, sie wird Euch helfen, Euren Posten wiederzukriegen. Sie ist so ein offenherziges, liebliches, zutrauliches, segensvolles Wesen, daß sie es in ihrer Güte für bösartig hält, weniger zu tun, als das, worum man sie bittet. Dieser Knacks zwischen Euch und ihrem Gatten, bekniet sie, ihn einzurenken, und ich halte jede Wette, seine Wertschätzung wird,

Cassio. You aduise me well.

Iago. I protest in the sinceritie of Loue, and honest
   kindnesse.

Cassio. I thinke it freely: and betimes in the morning, I will beseech the vertuous *Desdemona* to vndertake
   for me: I am desperate of my Fortunes if they check me.

Iago. You are in the right: good night Lieutenant, I
   must to the Watch.

Cassio. Good night, honest *Iago.*

Exit Cassio.

Iago. And what's he then,
   That saies I play the Villaine?
   When this aduise is free I giue, and honest,
   Proball to thinking, and indeed the course
   To win the Moore againe.
   For 'tis most easie
   Th'inclyning *Desdemona* to subdue
   In any honest Suite. She's fram'd as fruitefull
   As the free Elements. And then for her
   To win the Moore, were to renownce his Baptisme,
   All Seales, and Simbols of redeemed sin:
   His Soule is so enfetter'd to her Loue,
   That she may make, vnmake, do what she list,
   Euen as her Appetite shall play the God,
   With his weake Function. How am I then a Villaine,
   To Counsell *Cassio* to this paralell course,
   Directly to his good? Diuinitie of hell,

   When diuels will the blackest sinnes put on,
   They do suggest at first with heauenly shewes,

so gekittet, größer sein als zuvor.

CASSIO Kein schlechter Rat.

IAGO Das haben Treu und Redlichkeit so an sich.

CASSIO Das weiß ich doch, und gleich morgen früh beknie
ich die gute Desdemona, sich für mich zu verwenden: ich
kann mir nicht vorstellen, daß ich auf diesem Weg kein
Glück habe.

IAGO Völlig richtig. Gute Nacht, Herr Leutnant, die Wache
ruft.

CASSIO Gute Nacht, mein treuer Iago.

IAGO Wer kommt nun an und meint, ich spiel den Bösen
Nach solchem Ratschlag? Ohne Gegenleistung
Treue wahrend, nachvollziehbar und
In der Tat der Weg, den Schwarzen wieder
Zu gewinnen. 's ist ein Kinderspiel
Die geneigte Desdemona zu erweichen
Für jede gute Sache, sie gibt frischweg
Wie die Elemente, und nichts fällt ihr
Leichter, als den Schwarzen zu umgarnen:
Und gält es, seiner Taufe abzuschwören
Den Siegeln und Symbolen der Erlösung
Seine Seele klebt so fest an ihrer Liebe
Daß sie ihn nach Belieben auf- und abbaut
Sein Appetit auf sie herrscht wie ein Gott
Über seine schwächelnden Instinkte.
Wieso bin ich der Böse, wenn ich Cassio
Zu dem Manöver rate, das ihn direkt
Zu seinem Ziel führt? Himmelsglanz der Hölle!
Heckt der Teufel Schwärzestes uns aus
Dann naht er mit erlösender Gebärde

As I do now. For whiles this honest Foole
Plies *Desdemona*, to repaire his Fortune,
And she for him, pleades strongly to the Moore,
Ile powre this pestilence into his eare:
That she repeales him, for her bodies Lust'
And by how much she striues to do him good,
She shall vndo her Credite with the Moore.
So will I turne her vertue into pitch,
And out of her owne goodnesse make the Net,
That shall en-mash them all.
How now *Rodorigo?*

Enter Rodorigo.

Rodorigo. I do follow heere in the Chace, not
like a Hound that hunts, but one that filles vp the
Crie. My Money is almost spent; I haue bin to night
exceedingly well Cudgell'd: And I thinke the issue
will bee, I shall haue so much experience for my paines;
And so, with no money at all, and a little more Wit, returne againe to Venice.

Iago. How poore are they that haue not Patience?
What wound did euer heale but by degrees?
Thou know'st we worke by Wit, and not by Witchcraft
And Wit depends on dilatory time:
Dos't not go well? *Cassio* hath beaten thee,
And thou by that small hurt hath casheer'd *Cassio:*
Though other things grow faire against the Sun,
Yet Fruites that blossome first, will first be ripe:
Content thy selfe, a-while. Introth 'tis Morning;
Pleasure, and Action, make the houres seeme short.
Retire thee, go where thou art Billited:
Away, I say, thou shalt know more heereafter:
Nay get thee gone.   *Exit Roderigo.*

Wie ich es tue: derweil unser Tropf
Vor Desdemona kniet, der Schicksalsgöttin
Und sie dem Schwarzen seinethalb hart anliegt
Entzünde ich sein Ohr mit Pestilenz
Von der Art, daß sie sich bloß für ihn einsetzt
Weil Fleischeslust sie prickt, und je entschlossner
Sie sich ins Zeug legt, Cassio aufzuhelfen
Desto mehr verdirbt sies mit dem Schwarzen.
So mach ich Teer aus ihrem Edelmut
Und knüpf aus ihrer Güte mir das Netz
In dessen Maschen alle zappeln solln. Rodrigo!

RODERIGO Ich renne nach dem Fuchs, nicht wie ein Jagd-
    hund, eher wie ein Kettenhund. Mein Geld ist fast alle,
    heute Nacht bin ich sehr anständig verdroschen worden,
    und der Sinn der Übung, denke ich, besteht darin, daß
    ich genau die Erfahrungen mache, die ich mache, mein
    ganzes Geld dabei draufgeht, und ich eine Nummer
    schlauer wieder in Venedig lande.
IAGO Wie arm ist der, dem die Geduld ermangelt!
    Welche Wunde heilt auf einen Schlag?
    Der Kopf ist und nicht Hexenkunst hier Werkzeug
    Und Kopf will Weile haben. Läufts nicht bestens?
    Cassio haut nach dir, und mit dem Kratzer
    Kassierst du Cassio. Keimt da auch manches
    Ganz ohne Sonnenlicht, steht eins doch fest:
    Der Strauch, der früh blüht, trägt die frühsten Früchte.
    Geduld dich noch ein Weilchen. Mann, es tagt schon.
    Spaß und action kürzen uns die Stunden:
    Zieh dich zurück in deine Unterkunft
    Geh, sag ich dir, hernach erfährst du mehr.
    Nein, geh jetzt. Und nun los. Emilia muß

Two things are to be done:
My Wife must moue for *Cassio* to her Mistris:
Ile set her on my selfe, a while, to draw the Moor apart,
And bring him iumpe, when he may *Cassio* finde
Soliciting his wife: I, that's the way:
Dull not Deuice, by coldnesse, and delay.   *Exit.*

Actus Tertius. Scena Prima.

Enter Cassio, Musitians, and Clowne.

Cassio. Masters, play heere, I wil content your paines,
   Something that's briefe: and bid, goodmorrow General.
Clo. Why Masters, haue your Instruments bin in Na-
   ples, that they speake i'th'Nose thus?
Mus. How Sir? how?
Clo. Are these I pray you, winde Instruments?
Mus. I marry are they sir.
Clo. Oh, thereby hangs a tale.
Mus. Whereby hangs a tale, sir?

Clow. Marry sir, by many a winde Instrument that I
   know. But Masters, heere's money for you: and the Generall so likes your Musick, that he desires you for loues
   sake to make no more noise with it.
Mus. Well Sir, we will not.
Clo. If you haue any Musicke that may not be heard,
   too't againe. But (as they say) to heare Musicke, the Generall do's not greatly care.
Mus. We haue none such, sir.

Bei ihrer Herrin dafür sorgen, daß sie
Mit Cassio spricht, ich nehm derweil den Schwarzen
Zur Seite, und ich fädle es so ein
Daß er just dann hinzukommt, wenn ihm Cassio
Sein Weib belatschert. Ja, so wird es gehen:
Was geschehen soll, muß schnell geschehen.

III, 1

CASSIO Meisters, hier spielt auf, ich lohn euch das
　　Was Kurzes nur, dem General als Morgengruß.
CLOWN Was ist, Meisters, sind eure Instrumente Franzosen,
　　daß sie so durch die Nase sprechen?
MUSIKER 1 Wie, Mann, was, Mann?
CLOWN Nennt man das Windinstrumente?
MUSIKER 1 Aber gewiß doch, Mann.
CLOWN Und das sind die Löcher?
MUSIKER 1 Das sind die Löcher.
CLOWN Für die Winde?
MUSIKER 1 Für die Winde, Mann.
CLOWN Dann ist hier Geld für euch, und dem General gefällt
　　eure Musik so, daß er in aller Freundschaft begehrt, ihr
　　sollt eure Löcher zuhalten und keine Winde mehr aus ih-
　　nen lassen.
MUSIKER 1 Schön, Mann, dann eben nicht.
CLOWN Wenn ihr Musik habt, die man nicht hört, nur zu,
　　ansonsten schert der General sich nicht viel um Winde,
　　die man hört.
MUSIKER 1 Solche haben wir keine, Mann.

Clow. Then put vp your Pipes in your bagge, for Ile
   away. Go, vanish into ayre, away.   *Exit Mu.*
Cassio. Dost thou heare me, mine honest Friend?
Clo. No, I heare not your honest Friend:
   I heare you.
Cassio. Prythee keepe vp thy Quillets, ther's a poore
   peece of Gold for thee: if the Gentlewoman that attends
   the Generall be stirring, tell her, there's one *Cassio* entreats her a little fauour of Speech. Wilt thou do this?
Clo. She is stirring sir: if she will stirre hither, I shall
   seeme to notifie vnto her.   *Exit Clo.*

                    Enter Iago.
   In happy time, *Iago.*

Iago. You haue not bin a-bed then?
Cassio. Why no: the day had broke before we parted.
   I haue made bold *(Iago)* to send in to your wife:
   My suite to her is, that she will to vertuous *Desdemona*
   Procure me some accesse.

Iago. Ile send her to you presently:
   And Ile deuise a meane to draw the Moore
   Out of the way, that your conuerse and businesse
   May be more free.   *Exit*
Cassio. I humbly thanke you for't. I neuer knew
   A Florentine more kinde, and honest.
                    Enter Æmilia.
Æmil. Goodmorrow (good Lieutenant) I am sorrie
   For your displeasure: but all will sure be well.
   The Generall and his wife are talking of it,
   And she speakes for you stoutly. The Moore replies,

CLOWN Dann packt eure Löcher ein, denn ich muß los.
Macht hin, zerstreut euch in alle Winde.

CASSIO Hörst du, mein gutes Herz?

CLOWN Nee, Euer gutes Herz hör ich nicht, ich hör
Euch.

CASSIO Wolle bitte deine Wortspiele unterlassen, hier hast
du ein Goldmünzchen. Wenn die Kammerfrau der
Gattin des Generals schon auf ist, sag ihr, hier sei ein
gewisser Cassio, der sie gern sprechen würde: Willst du
das tun?

CLOWN Auf ist sie, Herr, und macht sie mir auf, dann
kreuzt sie auch auf!

CASSIO Sehr schön, mein lieber Freund. Das trifft sich,
Iago.

IAGO Wart Ihr denn überhaupt nicht im Bett?

CASSIO Nein, wie denn auch, der Morgen graute schon
Als wir uns trennten. Ich besaß die Kühnheit
Iago, ins Haus nach Eurer Frau zu schicken:
Worum ich sie bitten will, ist, daß sie
Zugang zu Desdemona mir ermöglicht.

IAGO Ich schick sie schnellstens zu Euch, und ich schaffe
Irgendwie den Mohren aus dem Weg
Damit Ihr für Eure Unterredung
Den Rücken frei habt.

CASSIO   Heißen Dank. So einer
Findet sich in ganz Florenz nicht.

EMILIA Guten Morgen, Leutnant. Ich bedaure
Euren Fall, doch bald ist alles gut
Der General und seine Frau besprechen ihn
Und sie setzt sich nach Kräften für Euch ein.

That he you hurt is of great Fame in Cyprus,
And great Affinitie: and that in wholsome Wisedome
He might not but refuse you. But he protests he loues you
And needs no other Suitor, but his likings
To bring you in againe.

Cassio. Yet I beseech you,
If you thinke fit, or that it may be done,
Giue me aduantage of some breefe Discourse
With *Desdemon* alone.
Æmil. Pray you come in:
I will bestow you where you shall haue time
To speake your bosome freely.
Cassio. I am much bound to you.

Scœna Secunda.

Enter Othello, Iago, and Gentlemen.

Othe. These Letters giue (*Iago*) to the Pylot,
And by him do my duties to the Senate:
That done, I will be walking on the Workes,
Repaire there to mee.
Iago. Well, my good Lord, Ile doo't.
Oth. This Fortification (Gentlemen) shall we see't?
Gent. Well waite vpon your Lordship.   *Exeunt*

Der Mohr entgegnet, er, den Ihr verletzt habt
Sei sehr beliebt auf Zypern und er habe
Viel Verwandtschaft hier, mit Rücksicht darauf
Blieb ihm nichts übrig, als Euch zu entfernen
Doch, sagt er, schätzt er Euch und braucht daher
Keinen zweiten Anwalt, um die nächste
Gelegenheit beim Schopf zu packen und
Euch wieder einzusetzen.

CASSIO   Dennoch, bitte
Wenn Ihr seht, wie es sich machen ließe
Gebt mir die Chance einer kurzen Unterredung
Mit Desdemona selbst.

EMILIA   Kommt gleich herein
Ich sorg dafür, daß Ihr genügend Zeit habt
Eu'r Herz ihr auszuschütten.

III, 2

OTHELLO Diese Schreiben gib dem Kapitän mit
Iago, der Senat erwartet sie.
Ich werde die Befestigungen mustern
Dort triffst du mich.

IAGO   So soll es sein, Mylord.

OTHELLO Gentlemen, sehn wir uns die Burg an?

HERREN Wir harren Eurer Lordschaft.

Scœna Tertia.

Enter Desdemona, Cassio, and Æmilia.

Des. Be thou assur'd (good *Cassio*) I will do
    All my abilities in thy behalfe.
Æmil. Good Madam do:
    I warrant it greeues my Husband,
    As if the cause were his.
Des. Oh that's an honest Fellow, Do not doubt *Cassio*
    But I will haue my Lord, and you againe
    As friendly as you were.
Cassio. Bounteous Madam,
    What euer shall become of *Michael Cassio*,
    He's neuer any thing but your true Seruant.
Des. I know't: I thanke you: you do loue my Lord:
    You haue knowne him long, and be you well assur'd
    He shall in strangenesse stand no farther off,
    Then in a politique distance.
Cassio. I, but Lady,
    That policie may either last so long,
    Or feede vpon such nice and waterish diet,
    Or breede it selfe so out of Circumstances,
    That I being absent, and my place supply'd,
    My Generall will forget my Loue, and Seruice.
Des. Do not doubt that: before *Æmilia* here,
    I giue thee warrant of thy place. Assure thee,
    If I do vow a friendship, Ile performe it
    To the last Article. My Lord shall neuer rest,
    Ile watch him tame, and talke him out of patience;
    His Bed shall seeme a Schoole, his Boord a Shrift,
    Ile intermingle euery thing he do's

DESDEMONA Sei sicher, lieber Cassio, ich tue
  Was in meiner Macht steht Euretwegen.
EMILIA Madam, das tut, mein Mann ist so bekümmert
  Als ginge es um ihn.

DESDEMONA O, ein braver Kerl! Seid sicher, Cassio
  Ich mache meinen Mann und Euch zu eben
  Den Freunden, die ihr wart.
CASSIO   Gnädige Frau
  Was auch aus Michael Cassio werden mag, fest steht:
  Er wird nichts sein als Euer treuster Diener.
DESDEMONA O, Sir, habt Dank: Ihr achtet meinen Mann
  Ihr kennt ihn lange, und nicht weiter stellt er
  Sich von Euch weg, da könnt Ihr sicher sein
  Als es politisch nottut.
CASSIO   Ja, nur, Lady
  Die Politik, sie nimmt viel Zeit in Anspruch
  Oder sie ernährt sich falsch und wässrig
  Oder läßt vom Zufall sich bebrüten
  Bis, weil ich weg bin und mein Platz vergeben
  Mein General vergißt, wie ich ihn achte.
DESDEMONA Da zweifelt nicht: Emilia ist mir Zeugin
  Ich sage Euch für Euren Posten gut
  Versichre Euch, daß, wenn ich Freundschaft schwor
  Ich diesen Schwur auf Punkt und Komma halte.
  Othello soll mir nicht zur Ruhe kommen
  Mein Blick ermahnt, mein Wort erinnert ihn
  Sein Bett wird Schulbank und sein Tisch ein Beichtstuhl

With *Cassio's* suite: Therefore be merry *Cassio*,
For thy Solicitor shall rather dye,
Then giue thy cause away.

      Enter Othello, and Iago.

Æmil. Madam, heere comes my Lord.
Cassio. Madam, Ile take my leaue.

Des. Why stay, and heare me speake.

Cassio. Madam, not now: I am very ill at ease,
 Vnfit for mine owne purposes.
Des. Well, do your discretion.   *Exit Cassio.*
Iago. Hah? I like not that.
Othel. What dost thou say?
Iago. Nothing my Lord; or if —— I know not what.

Othel. Was not that *Cassio* parted from my wife?

Iago. *Cassio* my Lord? No sure, I cannot thinke it
 That he would steale away so guilty-like,
 Seeing your comming.
Oth. I do beleeue 'twas he.

Des. How now my Lord?
 I haue bin talking with a Suitor heere,
 A man that languishes in your displeasure.
Oth. Who is't you meane?
Des. Why your Lieutenant *Cassio*: Good my Lord,
 If I haue any grace, or power to moue you,
 His present reconciliation take.
 For if he be not one, that truly loues you,
 That erres in Ignorance, and not in Cunning,

Ich misch in alles, was er tut, Cassios Gesuch:
Darum seid fröhlich, Cassio, Euer Anwalt
Stirbt eher, als daß er den Fall verliert.

EMILIA Madam, Euer Mann kommt.
CASSIO   Madam, ich
  Entferne mich.
DESDEMONA   Weshalb? Bleibt nur und hört
  Mich für Euch sprechen.
CASSIO   Madam, nicht grad jetzt
  Ich bin zu unfrei in der eignen Sache.
DESDEMONA Schön, wie Ihr wollt.
IAGO   Ha, das gefällt mir nicht.
OTHELLO Was sagst du da?
IAGO   Ich? Nichts, Herr, oder wenn –
  Ich weiß nicht was.
OTHELLO   War das nicht Cassio da
  Bei meiner Frau?
IAGO   Cassio, Herr? Nein, schwerlich
  Ich wüßte nicht, warum der wie ein Dieb
  Sich schleichen sollte, sieht er Euch.
OTHELLO   Ich meine
  Er wars.
DESDEMONA Wie geht es, mein Gebieter? Ich
  Sprach hier eben einen Untergebnen
  Einen Mann, ganz krank von Eurer Ungunst.
OTHELLO Wen meint Ihr?
DESDEMONA   Wen? Den Leutnant Cassio
  Mein Gebieter. Habe ich die Kraft
  Auf Euch zu wirken, heilt ihn unverzüglich
  Denn zählt er nicht zu denen, die Euch ehren
  Und aus Versehn nur fehl gehn, nicht mit Vorsatz

I haue no iudgement in an honest face.
I prythee call him backe.

Oth. Went he hence now?

Des. I sooth; so humbled,
That he hath left part of his greefe with mee
To suffer with him. Good Loue, call him backe.

Othel. Not now (sweet *Desdemon*) some other time.

Des. But shall't be shortly?

Oth. The sooner (Sweet) for you.

Des. Shall't be to night, at Supper?

Oth. No, not to night.

Des. To morrow Dinner then?

Oth. I shall not dine at home:
I meete the Captaines at the Cittadell.

Des. Why then to morrow night, on Tuesday morne,
On Tuesday noone, or night; on Wensday Morne.
I prythee name the time, but let it not
Exceed three dayes. Infaith hee's penitent:
And yet his Trespasse, in our common reason
(Saue that they say the warres must make example)
Out of her best, is not almost a fault
T'encurre a priuate checke. When shall he come?
Tell me *Othello*. I wonder in my Soule
What you would aske me, that I should deny,
Or stand so mam'ring on? What? *Michael Cassio*,
That came a woing with you? and so many a time
(When I haue spoke of you dispraisingly)
Hath tane your part, to haue so much to do
To bring him in? Trust me, I could do much.

Bin ich nicht fähig, ein Gesicht zu lesen.
Ruft ihn zurück, ich bitte Euch.

OTHELLO   War er das?

DESDEMONA Ja, und so zerschmettert, daß ein Splitter
Seines Grams noch an mir haftet, ich
Leide mit ihm. Liebster, ruf ihn wieder.

OTHELLO Nicht, liebe Desdemona, später.

DESDEMONA   Doch
In Kürze?

OTHELLO   Früher, Liebste, weil Ihrs wollt.

DESDEMONA Beim Abendessen dann?

OTHELLO   Nein, nicht heut Abend.

DESDEMONA Zum Dinner morgen?

OTHELLO   Morgen Mittag esse
Ich mit den Offizieren auf der Burg.

DESDEMONA Nun, dann morgen Abend, oder Dienstag
Morgen oder Mittag oder Abend
Oder Mittwochmorgen: nenn den Zeitpunkt
Doch schiebt ihn länger als drei Tage nicht
Hinaus; bei meiner Seele, er bereut ja
Wo doch sein Frevel für normale Menschen
(Wenn auch im Krieg, ich weiß, allein der Beste
Das Beispiel gibt) nichts ist, das man sich derart
Zu Herzen nehmen muß: wann darf er kommen?
Sagt es mir, Othello! Langsam frag ich mich
Was Ihr mich bitten müßtet, damit ich
Es Euch so weigern dürfte, oder mich
Aufs Zaudern so verlegen wie jetzt Ihr?
Wie? Michael Cassio, der für Euch warb
Und mehr als einmal, wenn ich Euren Antrag
In Zweifel zog, Partei für Euch ergriff
Dem macht Ihr es so schwer? Ich täte alles –

Oth. Prythee no more: Let him come when he will:
  I will deny thee nothing.
Des. Why, this is not a Boone:
  'Tis as I should entreate you weare your Gloues,
  Or feede on nourishing dishes, or keepe you warme,
  Or sue to you, to do a peculiar profit
  To your owne person. Nay, when I haue a suite
  Wherein I meane to touch your Loue indeed,
  It shall be full of poize, and difficult waight,
  And fearefull to be granted.
Oth. I will deny thee nothing.
  Whereon, I do beseech thee, grant me this,
  To leaue me but a little to my selfe.
Des. Shall I deny you? No: farewell my Lord.
Oth. Farewell my *Desdemona*, Ile come to thee strait.
Des. *Æmilia* come; be as your Fancies teach you:
  What ere you be, I am obedient.   *Exit.*
Oth. Excellent wretch: Perdition catch my Soule
  But I do loue thee: and when I loue thee not,
  Chaos is come againe.
Iago. My Noble Lord.
Oth. What dost thou say, *Iago*?
Iago. Did *Michael Cassio*
  When he woo'd my Lady, know of your loue?

Oth. He did, from first to last:
  Why dost thou aske?
Iago. But for a satisfaction of my Thought,
  No further harme.
Oth. Why of thy thought, *Iago*?

Iago. I did not thinke he had bin acquainted with hir.

OTHELLO Hör bitte auf. Er komme, wann er will.
  Ich weigere dir nichts.
DESDEMONA   Dies ist nichts Kleines.
  Ihr tut, als wollt ich, daß Ihr Handschuh tragt
  Und mehr Gemüse eßt und Euch warm anzieht
  Und besser aufpaßt: nein, wenn ich an Euch
  Einen Antrag richte und dabei
  Auf Eure Liebe mich berufe, hat es
  Schwer zu sein und schwierig und riskant
  Mir zu willfahren.
OTHELLO   Ich verweigre nichts
  Und bitte meinerseits, mir zu willfahren
  Und mich kurz mir selbst zu überlassen.
DESDEMONA Kann ichs Euch weigern? Nein, lebt wohl, Gemahl.
OTHELLO Gleich bin ich wieder bei dir, Desdemona.
DESDEMONA Emilia, komm. Tu du, was du tun mußt
  Was es auch sein mag, ich gehorche dir.
OTHELLO Welch eine Frau. Schluck meine Seele, Hölle
  Ich liebe sie, und darf ich sie nicht lieben
  Kehrt uns das Chaos wieder.
IAGO   Edler Herr –
OTHELLO Was willst du sagen, Iago?
IAGO   Michael Cassio,
  Als Ihr Mylady warbt, war in die Liebe
  Eingeweiht?
OTHELLO   Vom Anfang bis zum Schluß.
  Was fragst du das?
IAGO   Nur weil da etwas mich
  Beschäftigt, Sir, nichts weiter Schlimmes.
OTHELLO   Was
  Beschäftigt, Iago?
IAGO   Ich hätte nicht gedacht,

Oth. O yes, and went betweene vs very oft.

Iago. Indeed?
Oth. Indeed? I indeed. Discern'st thou ought in that?
  Is he not honest?

Iago. Honest, my Lord?
Oth. Honest? I, Honest.
Iago. My Lord, for ought I know.
Oth. What do'st thou thinke?
Iago. Thinke, my Lord?
Oth. Thinke, my Lord? Alas, thou ecchos't me;
  As if there were some Monster in thy thought
  Too hideous to be shewne. Thou dost mean something:
  I heard thee say euen now, thou lik'st not that,
  When *Cassio* left my wife. What didd'st not like?
  And when I told thee, he was of my Counsaile,
  Of my whole course of wooing; thou cried'st, Indeede?
  And didd'st contract, and purse thy brow together,
  As if thou then hadd'st shut vp in thy Braine
  Some horrible Conceite. If thou do'st loue me,
  Shew me thy thought.

Iago. My Lord, you know I loue you.
Oth. I thinke thou do'st:
  And for I know thou'rt full of Loue, and Honestie,
  And weigh'st thy words before thou giu'st them breath,
  Therefore these stops of thine, fright me the more:
  For such things in a false disloyall Knaue
  Are trickes of Custome: but in a man that's iust,

Daß er sie kennt.

OTHELLO   O doch, er war für uns
Der Liebesbote.

IAGO   Echt jetzt?

OTHELLO   Echt jetzt? Echt:
Hast du was auszusetzen? Ist er
Kein Ehrenmann?

IAGO   Kein Ehrenmann, Mylord?

OTHELLO Jawohl, kein Ehrenmann.

IAGO   Herr, was weiß ich.

OTHELLO Was aber denkst du?

IAGO   Was ich denke, Herr?

OTHELLO Was ich denke, Herr? Bei allen Himmeln
Du echost mich, als säß ein Monster dir
Im Hirn, zu scheußlich, sich zu zeigen: du
Willst auf was hinaus, ich hörte dich
Murmeln Das gefällt mir nicht als du
Cassio weggehn sahst von meiner Frau.
Was gefiel dir nicht? Und als ich dir
Erzählte, daß er während meiner Werbung
Mein Vertrauter war, da riefst du Echt jetzt
Und zogst mir deine Stirn derart in Falten
Als wolltst du eine sehr unschöne Ahnung
In deinen Schädel gattern: schätzt du mich
Laß sie mich wissen.

IAGO Mylord, Ihr wißt, ich schätze Euch.

OTHELLO   Das tu ich
Und weil ich weiß, daß du mich schätzt und ehrst
Und deine Worte wägst, eh du sie aussprichst
Beunruhigt mich dein Stocken umso mehr:
Betrüger wenden solche Tricks gern an
Bei einem Ehrenmann jedoch verraten

They're close dilations, working from the heart,
That Passion cannot rule.
Iago. For *Michael Cassio,*
   I dare be sworne, I thinke that he is honest.
Oth. I thinke so too.
Iago. Men should be what they seeme,
   Or those that be not, would they might seeme none.
Oth. Certaine, men should be what they seeme.
Iago. Why then I thinke *Cassio's* an honest man.
Oth. Nay, yet there's more in this?
   I prythee speake to me, as to thy thinkings,
   As thou dost ruminate, and giue thy worst of thoughts
   The worst of words.
Iago. Good my Lord pardon me,
   Though I am bound to euery Acte of dutie,
   I am not bound to that: All Slaues are free:
   Vtter my Thoughts? Why say, they are vild, and falce?
   As where's that Palace, whereinto foule things
   Sometimes intrude not? Who ha's that breast so pure,
   Wherein vncleanly Apprehensions
   Keepe Leetes, and Law-dayes, and in Sessions sit
   With meditations lawfull?
Oth. Thou do'st conspire against thy Friend (*Iago*)
   If thou but think'st him wrong'd, and mak'st his eare
   A stranger to thy Thoughts.
Iago. I do beseech you,
   Though I perchance am vicious in my guesse
   (As I confesse it is my Natures plague
   To spy into Abuses, and of my iealousie
   Shapes faults that are not) that your wisedome
   From one, that so imperfectly conceits,
   Would take no notice, nor build your selfe a trouble

Sie Regungen des Herzens, die er nicht
Beherrschen kann.

IAGO   Was Michael Cassio angeht,
Setz ich voraus, er ist ein Ehrenmann.

OTHELLO Ich auch.

IAGO   Ein Mensch muß der sein, der zu sein
Er vorgibt, und wers nicht ist, ist ein Unmensch.

OTHELLO Genau, der Mensch muß, was er vorgibt, sein.

IAGO Nun, dann ist Cassio ein Ehrenmann.

OTHELLO Nein, da steckt noch mehr dahinter:
Sei so gütig, sag mir, was du denkst
Das dich ins Grübeln bringt und faß den schlimmsten
Gedanken gleich ins schlimmste Wort.

IAGO   Verzeiht, Herr
Mein Diensteid bindet mich in vieler Hinsicht
Nur da nicht, wo die Knechte sämtlich frei sind.
Sagen, was ich denke? Angenommen
Es ist so schlimm wie falsch, wo steht das Traumschloß
In die der Argwohn nicht zu dringen wüßte?
Wer ist so reinen Herzens, daß in ihm
Unsaubre Launen nie Gerichtstag halten
Und richten in dem Wahn, sie sprächen Recht?

OTHELLO Du verschwörst dich gegen deinen Freund
Iago, wenn du denkst, man hintergeht ihn
Und dann sein Ohr von dem Gedanken aussperrst.

IAGO Ich bitte Euch, hört nicht auf wen wie mich
Der immerzu nur mit dem Schlimmsten rechnet:
Ich geb es zu, 's ist ein Charakterfehler
Stets einen Abgrund zu erspähn, und häufig
Riecht mein Mißtraun Unrat, wo er nicht ist.
Insofern fordre ich Euch auf, nehmt nicht
Notiz von einem, der so vorschnell mutmaßt

Out of his scattering, and vnsure obseruance:
It were not for your quiet, nor your good,
Nor for my Manhood, Honesty, and Wisedome,
To let you know my thoughts.

Oth. What dost thou meane?
Iago. Good name in Man, & woman (deere my Lord)
Is the immediate Iewell of their Soules;
Who steales my purse, steales trash:
'Tis something, nothing;
'Twas mine, 'tis his, and has bin slaue to thousands:
But he that filches from me my good Name,
Robs me of that, which not enriches him,
And makes me poore indeed.
Oth. Ile know thy Thoughts.

Iago. You cannot, if my heart were in your hand,
Nor shall not, whil'st 'tis in my custodie.

Oth. Ha?
Iago. Oh, beware my Lord, of iealousie,
It is the greene-ey'd Monster, which doth mocke
The meate it feeds on. That Cuckold liues in blisse,
Who certaine ofhis Fate, loues not his wronger:
But oh, what damned minutes tels he ore,
Who dotes, yet doubts: Suspects, yet soundly loues?

Oth. O miserie.
Iago. Poore, and Content, is rich, and rich enough,
But Riches finelesse, is as poore as Winter,
To him that euer feares he shall be poore:
Good Heauen, the Soules of all my Tribe defend

III, iii, 176-203

Und macht Euch keinen Kopf aus meinen vagen
Und ungewissen Observierungen:
Es dient nicht Eurer Ruhe, Eurem Wohl
Noch meiner Ehre, meinem Ruf und Ansehn
Euch zu sagen, was ich denke.

OTHELLO   Wie?

IAGO Der gute Name ist für Mann und Frau
Das Seelenkleinod, lieber Herr: wer mir
Mein Geld stiehlt, stiehlt mir Dreck, ein Nichts, ein Unding
's war meins, es ist nun seines, und es diente
Schon Tausenden als Sklave. Der hingegen
Der um den guten Namen mich erleichtert
Der raubt mir das, was ihn nicht reicher macht
Und mich wahrhaftig arm.

OTHELLO   Beim Himmel, ich
Muß wissen was du denkst.

IAGO   Ihr könnt es nicht
Hieltet Ihr mein Herz auch in der Faust
Noch sollt Ihrs, solang ich darüber wache.

OTHELLO Ha!

IAGO   O hütet Euch vor Eifersucht
Dem grünäugigen Monster, welches just
Das Fleisch höhnt, das es kaut. Selig der Hahnrei
Der, seiner Schande sicher, die Betrügrin
Hassen darf, doch o wie qualvoll strecken
Sich die Minuten dem, der zwar getraut ist
Jedoch nicht traut, der argwöhnt und doch liebt!

OTHELLO O Elend!

IAGO Arm sein und glücklich heißt wohl reich genug sein
Doch reich sein, grenzenlos, heißt bitter arm sein
Für den, der ständig Angst hat, arm zu werden:
Guter Gott, bewahre meine Leute

From Iealousie.

Oth. Why? why is this?
   Think'st thou, I'ld make a Life of Iealousie;
   To follow still the changes of the Moone
   With fresh suspitions? No: to be once in doubt,
   Is to be resolu'd: Exchange me for a Goat,
   When I shall turne the businesse of my Soule
   To such exufflicate, and blow'd Surmises,
   Matching thy inference. 'Tis not to make me Iealious,
   To say my wife is faire, feeds well, loues company,
   Is free of Speech, Sings, Playes, and Dances:
   Where Vertue is, these are more vertuous.
   Nor from mine owne weake merites, will I draw
   The smallest feare, or doubt of her reuolt,
   For she had eyes, and chose me. No *Iago*,
   Ile see before I doubt; when I doubt, proue;
   And on the proofe, there is no more but this,
   Away at once with Loue, or Iealousie.

Ia. I am glad of this: For now I shall haue reason
   To shew the Loue and Duty that I beare you
   With franker spirit. Therefore (as I am bound)
   Receiue it from me. I speake not yet of proofe:
   Looke to your wife, obserue her well with *Cassio*,
   Weare your eyes, thus: not Iealious, nor Secure:
   I would not haue your free, and Noble Nature,
   Out of selfe-Bounty, be abus'd: Looke too't:
   I know our Country disposition well:

Vor Eifersucht!

OTHELLO   Wozu ist das gut?
Glaubst du, ich wolle so ein Leben führen
In dem die Eifersucht mir wie der Mond
In stetem Wechsel meinen Argwohn auffrischt?
Nein, ein Zweifel und die Sache ist
Entschieden: tausch mich für 'nen Ziegenbock
Wenn ich die Arbeit meiner Seele an
So hergesuchte, blasse Schemen wende
Deinem Vorstoß folgend: eifersüchtig
Macht es mich nicht, sagt man von meiner Frau
Schön sei sie, lebe gern, liebe Gesellschaft
Spräche offen, sänge, spiele, tanze
Gut. Hier steigert Tugend Tugenden.
Und auch das Wenige, das ich für mich
Ins Treffen führen kann, bereitet mir
Nicht die geringste Sorge oder Furcht
Sie könne mich verlassen: denn sie hatte
Augen und sie wählte mich. Nein, Iago
Ich will sehen, ehe ich bezweifle
Bezweifle ich, will ich Beweise haben
Und sind die erst erbracht, dann bleibt nur eins:
Hinweg mit Liebe oder Eifersucht!

IAGO Das hör ich gern, denn nunmehr hab ich Grund
Euch meine Achtung und mein Pflichtgefühl
Offner zu bezeugen. Drum nehmt jetzt
Was ich Euch schuldig bin, von mir entgegen,
Beweis nenn ich es nicht. Habt mir ein Auge
Auf Eure Frau, wie sie mit Cassio umgeht
Seht weder eifersüchtig hin noch sorglos.
Ich duld es nicht, daß Euer Edelsinn
In seiner Güte mir mißbraucht wird. Seid

In Venice, they do let Heauen see the prankes
They dare not shew their Husbands.
Their best Conscience,
Is not to leaue't vndone, but kept vnknowne.
Oth. Dost thou say so?
Iago. She did deceiue her Father, marrying you,
And when she seem'd to shake, and feare your lookes,
She lou'd them most.
Oth. And so she did.
Iago. Why go too then:
Shee that so young could giue out such a Seeming
To seele her Fathers eyes vp, close as Oake,
He thought 'twas Witchcraft.
But I am much too blame:
I humbly do beseech you of your pardon
For too much louing you.

Oth. I am bound to thee for euer.

Iago. I see this hath a little dash'd your Spirits:

Oth. Not a iot, not a iot.
Iago. Trust me, I feare it has:
I hope you will consider what is spoke
Comes from your Loue.
But I do see y'are moou'd:
I am to pray you, not to straine my speech
To grosser issues, nor to larger reach,
Then to Suspition.
Oth. I will not.
Iago. Should you do so (my Lord)
My speech should fall into such vilde successe,

Auf der Hut! Venedigs Sitten kenn ich
Gott lassen sie die Ränke sehn, die sie
Dem Gatten vorenthalten. Unschuld heißt da:
Laß es nicht ungetan, nur ungesagt.
OTHELLO Ist das so?
IAGO Mit Eurer Heirat täuschte sie den Vater
Und als sie Euren Blick zu fürchten vorgab
Genoß sie ihn.
OTHELLO   Das tat sie.
IAGO   Zählt zusammen:
Jung wie sie ist, vermochte sie sich derart
Zu verstellen und des Vaters Auge
Gleich einer Eichentüre zu verrammeln.
Er hielts für Hexenkunst: doch bin ich schon
Bis hierhin schwer zu tadeln und ersuche
Für überschwengliche Ergebenheit
In Demut um Pardon.
OTHELLO   Ich werds dir nie
Vergessen.
IAGO   Wie ich sehe, ist das Ganze
Euch ein wenig aufs Gemüt geschlagen.
OTHELLO Kein Jota, nicht ein Jota.
IAGO   Seid Ihr sicher?
Ich hoffe, Ihr bedenkt, daß das Gesagte
Meiner Wertschätzung entspringt. Ich sehe doch
Ihr seid bewegt und bitte Euch inständig
Meine Worte größer nicht zu machen
Und schwerer nicht zu nehmen als 'nen bloßen
Anfangsverdacht.
OTHELLO   Das will ich nicht.
IAGO   Denn, Herr
Falls Ihr das tätet, hätte meine Rede

Which my Thoughts aym'd not.
Cassio's my worthy Friend:
My Lord, I see y'are mou'd.
Oth. No, not much mou'd:
I do not thinke but *Desdemona*'s honest.

Iago. Long liue she so;
And long liue you to thinke so.
Oth. And yet how Nature erring from it selfe.
Iago. I, there's the point:
As (to be bold with you)
Not to affect many proposed Matches
Of her owne Clime, Complexion, and Degree,
Whereto we see in all things, Nature tends:
Foh, one may smel in such, a will most ranke,
Foule disproportions, Thoughts vnnaturall.
But (pardon me) I do not in position
Distinctly speake of her, though I may feare
Her will, recoyling to her better iudgement,
May fal to match you with her Country formes,
And happily repent.
Oth. Farewell, farewell:
If more thou dost perceiue, let me know more:
Set on thy wife to obserue.
Leaue me *Iago*.
Iago. My Lord, I take my leaue.
Othel. Why did I marry?
This honest Creature (doubtlesse)
Sees, and knowes more, much more then he vnfolds.
Iago. My Lord, I would I might intreat your Honor
To scan this thing no farther: Leaue it to time,
Although 'tis fit that *Cassio* haue his Place;

Trostlosen Erfolg, den, was ich denke
Nie erstrebte: Cassio ist mein Freund.
Mylord, Ihr seid bewegt, ich sehs doch.
OTHELLO   Nein.
Nicht sehr bewegt. Ich glaube unbedingt
An Desdemonas Treue.
IAGO   Möge sie
Lang so leben, lang auch Ihr so gläubig!
OTHELLO Und doch, Natur irrt von sich selber ab.
IAGO Ja, das ist der Punkt. Ich bin so kühn:
Daß sie der Kraft der Anziehung des Gleichen
Im Heimatlichen, Rassischen, Sozialen
Die alle Dinge der Natur durchwirkt
So häufig widerstand: pfui, daß wir darin
Verquere Lüste wittern, aus der Art
Geschlagne Wünsche, unnatürlich Denken.
Erneut Pardon: ich sprach nicht im Speziellen
Von ihr, obschon zu fürchten steht, es könnte
Ihr Gefühl sich ins Gewohnte flüchten
Und Euch dem Landesüblichen vergleichen
Und Reue spüren.
OTHELLO   Leb nun wohl, leb wohl.
Erfährst du mehr davon, laß es mich wissen.
Setz deine Frau drauf an. Verlaß mich, Iago.

IAGO Ich gehe, Herr.
OTHELLO   Warum die Heirat? Er
Weiß ohne Frage mehr, viel mehr, als er
Wohlmeinend wie er ist, mir offenbart.
IAGO Herr, wenn ich Euer Gnaden bitten dürfte
Die Sache weiter nicht bei Euch zu wälzen
Das überlaßt der Zeit. Wärs auch vernünftig

For sure he filles it vp with great Ability;
Yet if you please, to him off a-while:
You shall by that perceiue him, and his meanes:
Note if your Lady straine his Encertainment
With any strong, or vehement importunitie,
Much will be seene in that: In the meane time,
Let me be thought too busie in my feares,
(As worthy cause I haue to feare I am)
And hold her free, I do beseech your Honor.

Oth. Feare not my gouernment.
Iago. I once more take my leaue.   *Exit.*
Oth. This Fellow's of exceeding honesty,
    And knowes all Quantities with a learn'd Spirit
    Of humane dealings. If I do proue her Haggard,
    Though that her Iesses were my deere heart-strings,
    I'ld whistle her off, and let her downe the winde
    To prey at Fortune. Haply, for I am blacke,
    And haue not those soft parts of Conuersation
    That Chamberers haue: Or for I am declin'd
    Into the vale of yeares (yet that's not much)
    Shee's gone. I am abus'd, and my releefe
    Must be to loath her. Oh Curse of Marriage!
    That we can call these delicate Creatures ours,
    And not their Appetites? I had rather be a Toad,
    And liue vpon the vapour of a Dungeon,
    Then keepe a corner in the thing I loue
    For others vses. Yet 'tis the plague to Great-ones,
    Prerogatiu'd are they lesse then the Base,
    'Tis destiny vnshunnable, like death:
    Euen then, this forked plague is Fated to vs,

Cassio wieder einzusetzen, da er
Den Dienst mit hoher Profession versieht
So könnt Ihr, wenn es Euch gefiele, das
Noch aufzuschieben, dadurch ihn und seine
Absichten ermitteln. Nutzt die Lady
Ihr Zusammensein mit Euch beharrlich
Dazu, Euch seinetwegen zu bedrängen
Besagt das viel. Bis dahin haltet mich
Für übereifrig im Befürchten, was ich
Wie ich mit gutem Grund befürchte, bin.
Und ich ersuche Euer Gnaden: nichts zu ihr.
OTHELLO Um meine Selbstbeherrschung sorg dich nicht.
IAGO Ich geh ein zweites Mal.
OTHELLO Der Bursche ist ganz ungewöhnlich ehrsam
Und kennt aus der Erfahrung alle Formen
Des Umgangs unter Menschen: muß ich einsehn
Daß dieser Falke mir verwildert ist
Und gleich auf jede Feder niederstößt
Laß ich ihn los, ich übergebe ihn
An Wind und Beuteglück, und wär sein Riemen
Die Sehne meines Herzens, ich zerschneid ihn.
Wohl weil ich schwarz bin, und den leichten Ton nicht
Der Teppichritter treffe, ging sie weg.
Ich bin getäuscht, mein Trost heißt, sie verachten.
O Fluch des Ehestands! Wir machen diese
Zärtlichen Geschöpfe uns zu eigen
Nicht aber ihr Gelüsten! Besser doch
Als Kröte tief im Kellermodder leben
Als in dem geliebten Ding ein Eckchen
Zum Nießbrauch anderer bereit zu halten:
Das ist die Pest der Großen, sie genießen
Da kein Vorrecht vorm gemeinen Volk

When we do quicken. Looke where she comes:

Enter Desdemona and Æmilia.

If she be false, Heauen mock'd it selfe:
Ile not beleeue't.

Des. How now, my deere *Othello*?
Your dinner, and the generous Islanders
By you inuited, do attend your presence.

Oth. I am too blame.

Des. Why do you speake so faintly?
Are you not well?

Oth. I haue a paine vpon my Forehead, heere.

Des. Why that's with watching, 'twill away againe.
Let me but binde it hard, within this houre
It will be well.

Oth. Your Napkin is too little:
Let it alone: Come, Ile go in with you.   *Exit.*

Des. I am very sorry that you are not well.

Æmil. I am glad I haue found this Napkin:
This was her first remembrance from the Moore,
My wayward Husband hath a hundred times
Woo'd me to steale it. But she so loues the Token,
(For he coniur'd her, she should euer keepe it)
That she reserues it euermore about her,
To kisse, and talke too. Ile haue the worke tane out,
And giu't *Iago:* what he will do with it
Heauen knowes, not I:
I nothing, but to please his Fantasie.

Enter Iago.

Iago. How now? What do you heere alone?

Æmil. Do not you chide: I haue a thing for you.

's ist Schicksal, unabwendbar, wie der Tod.
Bestimmt ist uns die zwiegehörnte Plage
Wenn wir geworfen werden. Seht sie kommen:

O, ist sie falsch, gibt sich der Himmel selbst auf.
Ich wills nicht glauben.
DESDEMONA   Eurer harren, Herr
Ein Abendessen und die Inselgäste
Die Ihr dazu ludet.
OTHELLO   Scham erfüllt mich.
DESDEMONA Ihr sprecht so leise. Geht es Euch nicht gut?

OTHELLO Ich fühle Stiche. Hier, an meiner Stirn.
DESDEMONA Ihr habt zu wenig Schlaf. Ich binde Euch
Mein Tuch fest um die Stirn:
In einer Stunde sind die Schmerzen weg.
OTHELLO Eur Tüchlein ist zu klein, laßt es nur gut sein.
Kommt, ich gehe mit Euch an die Tafel.
DESDEMONA Es tut mir herzlich leid, daß Euch nicht wohl ist.
EMILIA Ich habe Glück, daß ich ihr Tüchlein finde:
Es ist Othellos erste Liebesgabe
Mein unberechenbarer Gatte hat mich
Schon hundertmal bekniet, es ihr zu stehlen
Sie aber liebt ihr Unterpfand dermaßen
Daß sie es immer bei sich trägt und küßt
Und mit ihm spricht: ich sticke eins wie dies
Und geb es Iago. Was er damit will?
Das weiß der Himmel, ich, ich weiß es nicht
Ich bin eh nur der Spielball seiner Launen.

IAGO Wieso treibst du dich hier allein herum?
EMILIA Nun schimpf nicht gleich, ich habe was für dich.

Iago. You haue a thing for me?
  It is a common thing ——
Æmil. Hah?
Iago. To haue a foolish wife.
Æmil. Oh, is that all? What will you giue me now
  For that same Handkerchiefe.
Iago. What Handkerchiefe?
Æmil. What Handkerchiefe?
  Why that the Moore first gaue to *Desdemona*,
  That which so often you did bid me steale.
Iago. Hast stolne it from her?
Æmil. No: but she let it drop by negligence,
  And to th'aduantage, I being heere, took't vp:
  Looke, heere 'tis.
Iago. A good wench, giue it me.
Æmil. What will you do with't, that you haue bene
  so earnest to haue me filch it?
Iago. Why, what is that to you?

Æmil. If it be not for some purpose of import,
  Giu't me againe. Poore Lady, shee'l run mad
  When she shall lacke it.
Iago. Be not acknowne on't:
  I haue vse for it. Go, leaue me.   *Exit Æmil.*
  I will in *Cassio*'s Lodging loose this Napkin,
  And let him finde it. Trifles light as ayre,
  Are to the iealious, confirmations strong,
  As proofes of holy Writ. This may do something.
  The Moore already changes with my poyson:
  Dangerous conceites, are in their Natures poysons,
  Which at the first are scarse found to distaste:
  But with a little acte vpon the blood,

IAGO Du was für mich? Das ist ja ganz was Neues.

EMILIA Häh?
IAGO Daß du was für mich hast, du dummes Weib.
EMILIA O, sehr galant! Was gibst du mir, wenn ich
    Dir das bewußte Taschentuch vermache?
IAGO Was für ein Taschentuch?
EMILIA Was für ein Taschentuch?
    Das einst Othello Desdemona schenkte
    Von dem du immer wolltest, daß ichs stehle.
IAGO Und hast du es gestohlen?
DESDEMONA Sie hat es aus Versehen fallen lassen
    Und ich stand daneben und hobs auf.
    Hier, siehst du.
IAGO   Braves Mädchen. Gib es mir.
EMILIA Was willst du damit machen, daß du mich
    So getriezt hast, es zu klauen?
IAGO   Was
    Geht dich das an?
EMILIA   Wenns nicht so wichtig ist
    Gib es mir wieder. Arme Lady, sie
    Dreht mir durch, wenn sies nicht finden kann.
IAGO Du weißt von nichts: ich kann es gut gebrauchen.
    Geh jetzt.
    In Cassios Unterkunft leg ich dies Tuch aus
    Und sorge, daß ers findet: Kleinigkeiten
    Leicht wie Luft, dem Eifersüchtigen
    Sind sie Beweise, fest wie Bibelworte.
    Dies kann was bewirken. Unser Mohr
    Verwandelt sich bereits durch meine Giftkur
    Böse Phantasien sind wie Gifte
    Die zunächst nicht weiter scheußlich schmecken

Burne like the Mines of Sulphure. I did say so.

Enter Othello.

Looke where he comes: Not Poppy, nor Mandragora,
Nor all the drowsie Syrrups of the world
Shall euer medicine thee to that sweete sleepe
Which thou owd'st yesterday.

Oth. Ha, ha, false to mee?

Iago. Why how now Generall? No more of that.

Oth. Auant, be gone: Thou hast set me on the Racke:
I sweare 'tis better to be much abus'd,
Then but to know't a little.

Iago. How now, my Lord?

Oth. What sense had I, in her stolne houres of Lust?
I saw't not, thought it not: it harm'd not me:
I slept the next night well, fed well, was free, and merrie.
I found not *Cassio's* kisses on her Lippes:
He that is robb'd, not wanting what is stolne,
Let him not know't, and he's not robb'd at all.

Iago. I am sorry to heare this?

Oth. I had beene happy, if the generall Campe,
Pyoners and all, had tasted her sweet Body,
So I had nothing knowne. Oh now, for euer
Farewell the Tranquill minde; farewell Content;
Farewell the plumed Troopes, and the bigge Warres,
That makes Ambition, Vertue! Oh farewell;
Farewell the neighing Steed, and the shrill Trumpe,
The Spirit-stirring Drum, th'Eare-piercing Fife,
The Royall Banner, and all Qualitie,

Doch in der Blutbahn angekommen, endlos
Wie Schwefelgruben brennen. Sag ichs nicht.

Seht ihn euch an: nicht Mohnsaft, noch Mandragora
Noch sonst ein Saft, der uns die Welt vernebelt
Gibt je den süßen Schlummer dir zurück
Der dein war gestern noch.

OTHELLO   Mir treulos, mir?

IAGO Wie, was denn, General? Nichts mehr davon.

OTHELLO Geh weg, verschwinde, Henkersknecht, ich schwör dir
Lieber will ich ganz ein Hahnrei sein
Als es nur halb zu wissen.

IAGO   Wie, Mylord?

OTHELLO Wie sollte ich die Lust, die sie mir stahl
Bemerken? Ich sahs nicht, dachts nicht, 's tat
Nicht weh, ich schlief gut, aß gern, ich war
Frei und glücklich: Cassios Küsse fand ich
Auf ihren Lippen nicht: wenn der Beraubte
Was ihm entwendet wurde, nicht vermißt
Verhehlt den Raub ihm, und da ist kein Raub.

IAGO Es schmerzt mich, das zu hören.

OTHELLO So stands um mich: ich hatte meinen Frieden
Mochte auch das ganze Lager, vom
Fußvolk aufwärts ihren süßen Leib
Genießen: ich war ahnungslos. O lebe
Nun auf ewig wohl, du Seelenruhe
Leb wohl, Zufriedenheit! Lebt ihr wohl
Schön behelmte Männer, große Schlachten
In denen Ehrgeiz eine Tugend ist
O lebt nun wohl! Leb wohl, du Rossewiehern
Schmetternde Fanfare, anfeuernde Trommel
Gelle Pfeife, königliches Banner

Pride, Pompe, and Circumstance of glorious Warre:
And O you mortall Engines, whose rude throates
Th'immortall Ioues dread Clamours, counterfet,
Farewell: *Othello's* Occupation's gone.

Iago. Is't possible my Lord?
Oth. Villaine, be sure thou proue my Loue a Whore;
Be sure of it: Giue me the Occular proofe,
Or by the worth of mine eternall Soule,
Thou had'st bin better haue bin borne a Dog
Then answer my wak'd wrath.

Iago. Is't come to this?
Oth. Make me to see't: or (at the least) so proue it,
That the probation beare no Hindge, nor Loope,
To hang a doubt on: Or woe vpon thy life.

Iago. My Noble Lord.
Oth. If thou dost slander her, and torture me,
Neuer pray more: Abandon all remorse
On Horrors head, Horrors accumulate:
Do deeds to make Heauen weepe, all Earth amaz'd;
For nothing canst thou to damnation adde,
Greater then that.

Iago. O Grace! O Heauen forgiue me!
Are you a Man? Haue you a Soule? or Sense?
God buy you: take mine Office. Oh wretched Foole,
That lou'st to make thine Honesty, a Vice!
Oh monstrous world! Take note, take note (O World)

Und all das Gepränge, all der Schmuck
Der Prunk und heldenhafte Aufzug
Des gloriosen Kriegs! Und o ihr tödlichen
Maschinen, deren Schlund das Donnergrollen
Jupiters nachahmt: lebt wohl! Othello
Führt einen andern Krieg.

IAGO   Ists möglich, Herr?

OTHELLO Du Scheißkerl du, schaff erst einmal Beweise
  Dafür, daß meine Frau 'ne Hure ist:
  Gib mir sichtbare Indizien, oder
  Ich vergesse, daß der Mensch beseelt ist
  Und erblicke einen Hund in dir
  Der meinen Zorn erregt.

IAGO   Kam es dahin?

OTHELLO Mach, daß ich es sehe, oder zeig mir
  Mindestens doch glaubhafte Erweise
  Die keinen Haken haben, keine Schlinge
  An denen Zweifel aufzuhängen wären:
  Sonst wehe dir!

IAGO   Mein edler Herr –

OTHELLO   Wenn du
  Sie verleumdest und mich folterst, dann
  Vergiß Gebete, wirf Bereuen weg
  Häuf Horror auf das Haupt des Horrors, mach
  Den Himmel weinen und den Erdkreis schaudern
  Denn offner kann die Hölle dir nicht stehn
  Als sie es tut.

IAGO   O Gnade! Himmel, zürne nicht!
  Seid Ihr noch Mensch, habt Seele und Verstand?
  Gott sei mit Euch, ihm gebt meinen Posten.
  O blöder Tor ich, der die Wahrheitsliebe
  Zu seinem Laster machte! O verkorkste

To be direct and honest, is not safe.
I thanke you for this profit, and from hence
Ile loue no Friend, sith Loue breeds such offence.

Oth. Nay stay: thou should'st be honest.
Iago. I should be wise; for Honestie's a Foole,
    And looses that it workes for.

Oth. By the World,
    I thinke my Wife be honest, and thinke she is not:
    I thinke that thou art iust, and thinke thou art not:
    Ile haue some proofe. My name that was as fresh
    As *Dians* Visage, is now begrim'd and blacke
    As mine owne face. If there be Cords, or Kniues,
    Poyson, or Fire, or suffocating streames,
    Ile not indure it. Would I were satisfied.

Iago. I see you are eaten vp with Passion:
    I do repent me, that I put it to you.
    You would be satisfied?
 Oth. Would? Nay, and I will.

Iago. And may: but how? How satisfied, my Lord?
    Would you the super-vision grossely gape on?
    Behold her top'd?

Oth. Death, and damnation. Oh!
Iago. It were a tedious difficulty, I thinke,
    To bring them to that Prospect: Damne them then,
    If euer mortall eyes do see them boulster
    More then their owne. What then? How then?
    What shall I say? Where's Satisfaction?

Welt! Seht her, seht her! O Welt! Der Offne
Der Ehrliche muß um sein Leben fürchten!
Dank für die Lehre, und von heute an
Kein Freund mehr, da die Freundschaft töten kann.

OTHELLO Nein, bleib. Du kannst nicht anders sein als ehrlich.

IAGO Nicht anders sein als dumm, denn Ehrlichkeit
Ist Narrheit, die, was sie zu heilen wünscht
Zerbricht.

OTHELLO   Dann, bei der Welt, ich denke
Meine Frau ist ehrlich und denks nicht
Ich denke, du bist ehrlich, und ich denke
Du bist es nicht. Beweise her! Mein Name
Der rein und frisch war wie Dianas Antlitz
Ist nun beschmutzt und schwarz wie mein Gesicht.
Solang noch Stricke da sind oder Messer
Gifte, Flammen, Tümpel zum Ersäufen
Nehm ichs nicht hin: ich will Gewißheit haben!

IAGO Ich sehe, Herr, wie Raserei Euch auffrißt
Es reut mich, Euch so weit gebracht zu haben.
Ihr wollt Gewißheit.

OTHELLO   Nein, ich will sie nicht
Ich fordre sie.

IAGO   Und sollt sie haben. Nur, Herr,
Wie? Wie Gewißheit? Wollt Ihr als ein Spanner
Unverdrossen bei dem Lustspiel zuschaun:
Er auf ihr?

OTHELLO   Tod und Verdammnis! O!

IAGO Das wär ein zäher Angang, denk ich mir
Die beiden zu dem Schaustück zu bewegen
Hol sie der Henker, wenn mehr Menschenaugen
Als ihre eignen dabei zusehn dürften.
Was nun? Wie nun? Was soll ich Euch sagen?

It is impossible you should see this,
Were they as prime as Goates, as hot as Monkeyes,
As salt as Woiues in pride, and Fooles as grosse
As Ignorance, made drunke. But yet, I say,
If imputation, and strong circumstances,
Which leade directly to the doore of Truth,
Will giue you satisfaction, you might haue't.

Oth. Giue me a liuing reason she's disloyall.
Iago. I do not like the Office.
But sith I am entred in this cause so farre
(Prick'd too't by foolish Honesty, and Loue)
I will go on. I lay with *Cassio* lately,
And being troubled with a raging tooth,
I could not sleepe. There are a kinde of men,
So loose of Soule, that in their sleepes will mutter
Their Affayres: one of this kinde is *Cassio:*
In sleepe I heard him say, sweet *Desdemona*,
Let vs be wary, let vs hide our Loues,
And then (Sir) would he gripe, and wring my hand:
Cry, oh sweet Creature: then kisse me hard,
As if he pluckt vp kisses by the rootes,
That grew vpon my lippes, laid his Leg ore my Thigh,
And sigh, and kisse, and then cry cursed Fate,
That gaue thee to the Moore.

Oth. O monstrous! monstrous!
Iago. Nay, this was but his Dreame.
Oth. But this denoted a fore-gone conclusion,
'Tis a shrew'd doubt, though it be but a Dreame.

Wo ist Gewißheit? 's ist nicht denkbar, daß Ihr
Ihnen zuseht, wären sie auch scharf
Wie Bock und Geiß, wie Affen geil, wie Wölfe
Läufig und enthirnt wie trunkne Irre.
Und doch, ich sage, falls Indizien
Und glasklare Belege, die Euch direkt
Bis vor das Einlaßtor zur Wahrheit führen
Euch Gewißheit geben, kriegt Ihr sie.

OTHELLO Nur einen Grund dafür, sie falsch zu nennen.

IAGO Ich hasse dieses Amt.
Doch da ich in der Sache schon so weit ging
Gespornt von blöder Ehrlichkeit und Achtung
Will ich weiter gehen: ich verbrachte
Unlängst eine Nacht bei Cassio, schlaflos
Weil mir ein fauler Zahn Probleme machte.
Nun gibt es Menschen, deren Seelenleben
Sie so im Griff hat, daß sie nachts im Schlaf
Ausplaudern, was sie umtreibt, und zu denen
Zählt Cassio: Süße Desdemona hört ich
Ihn schlafend murmeln Laß uns wachsam sein
Laß unsre Liebe heimlich sein und dann, Sir
Griff er nach meiner Hand und quetschte sie
Stöhnte Süßes Kind und küßte mich
So fest, als pflücke er von meinen Lippen
Küsse samt den Wurzeln sich, und dann
Spreizte er sein Bein auf meinen Schenkel
Seufzte, küßte und stieß dann hervor:
Verfluchtes Los, das dich dem Neger gab!

OTHELLO O Grauen! Grauen!

IAGO   Gut, er träumte nur.

OTHELLO Doch deutet das auf wirklichen Vollzug.

Iago. And this may helpe to thicken other proofes,
    That do demonstrate thinly.

Oth. Ile teare her all to peeces.
Iago. Nay yet be wise; yet we see nothing done,
    She may be honest yet: Tell me but this,
    Haue you not sometimes seene a Handkerchiefe
    Spotted with Strawberries, in your wiues hand?
Oth. I gaue her such a one: 'twas my first gift.
Iago. I know not that: but such a Handkerchiefe
    (I am sure it was your wiues) did I to day
    See *Cassio* wipe his Beard with.

Oth. If it be that.
Iago. If it be that, or any, it was hers.
    It speakes against her with the other proofes.
Othel. O that the Slaue had forty thousand liues:
    One is too poore, too weake for my reuenge.
    Now do I see 'tis true. Looke heere *Iago*,
    All my fond loue thus do I blow to Heauen. 'Tis gone,
    Arise blacke vengeance, from the hollow hell,
    Yeeld vp (O Loue) thy Crowne, and hearted Throne
    To tyrannous Hate. Swell bosome with thy fraught,
    For 'tis of Aspickes tongues.

Iago. Yet be content.
Oth. Oh blood, blood, blood.
Iago. Patience I say: your minde may change.
Oth. Neuer *Iago*. Like to the Ponticke Sea,
    Whose Icie Current, and compulsiue course,
    Neu'r keepes retyring ebbe, but keepes due on

IAGO Ein Fingerzeig, obschon es nur ein Traum ist
   Und er hilft uns, Beweise aufzupäppeln
   Die jetzt noch mager scheinen.
OTHELLO Ich reiße sie in Stücke.
IAGO Nicht doch, seid klug, noch sahn wir nichts Getanes
   Noch kann sie alles sein. Sagt mir nur eins:
   Habt Ihr nicht ab und zu bei Eurer Frau
   Ein Taschentuch gesehn, bestickt mit Erdbeern?
OTHELLO Das schenkte ich ihr, 's war mein erstes Pfand.
IAGO Das war mir nicht bewußt, als ich heut sah
   Wie Cassio mit solchem Taschentuch
   (Ich bin sicher, 's ist von Eurer Frau)
   Den Bart sich wischte.
OTHELLO   Ob es eben das war?
IAGO Obs das war oder eins von ihren andern
   's spricht gegen sie, durch das, was wir schon wissen.
OTHELLO O, hätt der Strauchdieb vierzigtausend Leben!
   Eins ist zu arm, zu klein für meine Rache:
   Jetzt seh ich, es ist wahr: Iago, schau her
   Die Liebe meines Lebens blas ich weg:
   So. Weg.
   Aus deiner tiefen Höhle, schwarze Rachsucht
   Steig herauf, tritt, Liebe, deine Krone
   Und deinen Herzensthron dem blanken Haß ab
   Zerberste, Brust, von deiner bösen Fracht
   Die eine Natternzunge in dich lud.
IAGO So wartet doch.
OTHELLO   O Blut, Blut, Blut!
IAGO Geduld, sag ich, vielleicht denkt Ihr noch um.
OTHELLO Niemals, Iago. Wie das Schwarze Meer
   Seinen Eisstrom, unaufhaltsam quellend
   Von keiner Ebbe wissend nur voraus wälzt

To the Proponticke, and the Hellespont:
Euen so my bloody thoughts, with violent pace
Shall neu'r looke backe, neu'r ebbe to humble Loue,
Till that a capeable, and wide Reuenge
Swallow them vp. Now by yond Marble Heauen,
In the due reuerence of a Sacred vow,
I heere engage my words.

Iago. Do not rise yet:
Witnesse you euer-burning Lights aboue,
You Elements, that clip vs round about,
Witnesse that heere *Iago* doth giue vp
The execution of his wit, hands, heart,
To wrong'd *Othello*'s Seruice. Let him command,
And to obey shall be in me remorse,
What bloody businesse euer.

Oth. I greet thy loue,
Not with vaine thanks, but with acceptance bounteous,
And will vpon the instant put thee too't.
Within these three dayes let me heare thee say,
That *Cassio*'s not aliue.
Iago. My Friend is dead:
'Tis done at your Request.
But let her liue.
Oth. Damne her lewde Minx:
O damne her, damne her.
Come go with me a-part, I will withdraw
To furnish me with some swift meanes of death
For the faire Diuell.
Now art thou my Lieutenant.
Iago. I am your owne for euer.   *Exeunt.*

In die Propontis und den Hellespont
So blicken meine blutigen Gedanken
In ihrem Sturmlauf niemals mehr zurück
Verebben niemals mehr zu Liebesseufzern
Bis eine Rache, hungrig und geräumig
Sie ganz hinunterschlang. Und dies mein Wort
Soll, bei dem harten Himmelsmarmor oben
Wie ein Eid mir heilig sein.

IAGO   Steht nicht auf.
Bezeugt, ihr unlöschbaren Lichter droben
Ihr Elemente, die ihr uns umringt
Bezeugt, daß Iago hier, was ihm zuteil ward
An Umsicht, Klugheit, Tatkraft, Herzensmut
In Othellos Dienst stellt, des Betrognen:
Ihn laßt befehlen, und ihm zu gehorchen
Soll meine Reue sein, egal für welches
Blutige Geschäft.

OTHELLO   Begrüßt wirst du
Und deine Treue nicht mit leerem Dank
Jedoch mit schnellem und großmütigstem
Vertrauen: in drei Tagen laß mich hören
Daß Cassio nicht mehr lebt.

IAGO   Mein Freund ist tot:
Es sei, wie Ihr verlangt, doch sie laßt leben.

OTHELLO Zur Hölle mit der Schlampe! O, zur Hölle!
Zur Hölle! Geh mit mir, ich will im Stillen
Ein paar rasche Todesarten für
Den hübschen Satan ausersinnen. Du
Bist jetzt mein Leutnant.

IAGO   Immerdar der Eure.

Scæna Quarta.

Enter Desdemona, Æmilia, and Clown.

Des. Do you know Sirrah, where Lieutenant *Cassio*
  lyes?

Clow. I dare not say he lies any where.

Des. Why man?

Clo. He's a Soldier, and for me to say a Souldier lyes,
  'tis stabbing.

Des. Go too: where lodges he?

Clo. To tell you where he lodges, is to tel you where
  I lye.

Des. Can any thing be made of this?

Clo. I know not where he lodges, and for mee to deuise a lodging, and say he lies heere, or he lies there, were
  to lye in mine owne throat.

Des. Can you enquire him out? and be edified by report?

Clo. I will Catechize the world for him, that is, make
  Questions, and by them answer.

 Des. Seeke him, bidde him come hither: tell him, I
  haue moou'd my Lord on his behalfe, and hope all will
  be well.

Clo. To do this, is within the compasse of mans Wit,
  and therefore I will attempt the doing it.   *Exit Clo.*

Des. Where should I loose the Handkerchiefe, *Æ-*
  milia?

Æmil. I know not Madam.

Des. Beleeue me, I had rather haue lost my purse
  Full of Cruzadoes. And but my Noble Moore

DESDEMONA Wißt Ihr, mein Herr, wo der Leutnant Cassio liegt?

CLOWN Ich wage nicht zu behaupten, daß er irgendwo liegt.
DESDEMONA Warum, nicht, Mann?
CLOWN Er ist ein Soldat, und von einem Soldaten zu behaupten, er liegt, hieße ihn erdolchen.
DESDEMONA Ich meinte, wo er im Quartier liegt?
CLOWN Euch sagen, wo er im Quartier liegt, hieße Euch sagen, wo ich liege.
DESDEMONA Was soll das bedeuten?
CLOWN Ich weiß nicht, wo er im Quartier liegt, und ihm ein Quartier erfinden und sagen, er liegt da oder er liegt hier, hieße, daß ich daneben liege.
DESDEMONA Könnt ihr ihn erfragen und Euch durch Auskünfte schlau machen?
CLOWN Ich werde die Welt seinetwegen katechisieren, was bedeutet, ich stelle die Fragen und die Welt muß antworten.
DESDEMONA Sucht ihn, bittet ihn hierher, sagt ihm, ich hätte meinen Mann für ihn eingenommen und hoffe, alles wird gut.
CLOWN Das durchzuführen liegt im Vermögen eines menschlichen Wesens, und daher wage ich mich an die Durchführung dessen.
DESDEMONA Wo hab ich nur das Tuch verlorn, Emilia?

EMILIA Madam, ich weiß es nicht.
DESDEMONA Glaub mir, lieber wär mirs, meine Börse
Voll goldner Münzen hätte sich verloren:

Is true of minde, and made of no such basenesse,
As iealious Creatures are, it were enough
To put him to ill-thinking.

Æmil. Is he not iealious?

Des. Who, he? I thinke the Sun where he was borne,
Drew all such humors from him.

Æmil. Looke where he comes.
Enter Othello.
Des. I will not leaue him now, till *Cassio* be
Call'd to him. How is't with you, my Lord?
Oth. Well my good Lady. Oh hardnes to dissemble!
How do you, *Desdemona*?

Des. Well, my good Lord.
Oth. Giue me your hand.
This hand is moist, my Lady.
Des. It hath felt no age, nor knowne no sorrow.
Oth. This argues fruitfulnesse, and liberall heart:
Hot, hot, and moyst. This hand of yours requires
A sequester from Liberty: Fasting, and Prayer,
Much Castigation, Exercise deuout,
For heere's a yong, and sweating Diuell heere
That commonly rebels: 'Tis a good hand,
A franke one.
Des. You may (indeed) say so:
For 'twas that hand that gaue away my heart.
Oth. A liberall hand. The hearts of old, gaue hands:
But our new Heraldry is hands, not hearts.

Und wär mein edler Mohr nicht hochgesinnt
Sondern so ein eifersüchtger Zwerg
Dann genügte das, um ihn auf üble
Gedanken mir zu bringen.

EMILIA   Er kennt keine
Eifersucht?

DESDEMONA Wer? Er? Ich denke doch
Die Sonne, unter der er aufwuchs, brannte
Ihm solche Flausen weg.

EMILIA   Seht doch, da kommt er.

DESDEMONA Ich bleibe bei ihm. Cassio, falls er eintrifft
Schickst du zu uns heraus. Wie ist Euch, Herr?

OTHELLO Recht gut, verehrte Frau. O schwere Kunst
Der Heuchelei! Und, Desdemona, wie
Ist denn Euch?

DESDEMONA   Gut, mein lieber Mann.

OTHELLO Reicht mir Eure Hand. Die Hand ist feucht, Frau.

DESDEMONA Weil nicht vom Alter ausgedörrt und Tränen.

OTHELLO Da spricht von Schwüle was und losem Herzen
Heiß, heiß und feucht, verlangt hier diese Hand
Abkehr vom Offnen, Fasten, Beten, viel
Selbstkasteiung, fromme Übung, denn
Hier herrscht ein Teufel, jugendlich und hitzig
Der gerne aufbegehrt: 's ist eine feine Hand
Freigiebig eine.

DESDEMONA   Das sagt Ihr mit Recht
Denn diese Hand wars, die mein Herz vergab.

OTHELLO Eine zeitgemäße Hand. Zuvor
Vergaben Herzen Hände. Heute prangen
Allerorten Hände, Herzen nicht mehr.

Des. I cannot speake of this:
  Come, now your promise.
Oth. What promise, Chucke?
Des. I haue sent to bid *Cassio* come speake with you.
Oth. I haue a salt and sorry Rhewme offends me:
  Lend me thy Handkerchiefe.
Des. Heere my Lord.
Oth. That which I gaue you.
Des. I haue it not about me.
Oth. Not?
Des. No indeed, my Lord.
Oth. That's a fault: That Handkerchiefe
  Did an Ægyptian to my Mother giue:
  She was a Charmer, and could almost read
  The thoughts of people. She told her, while she kept it,
  'T would make her Amiable, and subdue my Father
  Intirely to her loue: But if she lost it,
  Or made a Guift of it, my Fathers eye
  Should hold her loathed, and his Spirits should hunt
  After new Fancies. She dying, gaue it me,
  And bid me (when my Fate would haue me Wiu'd)
  To giue it her. I did so; and take heede on't,
  Make it a Darling, like your precious eye:
  To loose't, or giue't away, were such perdition,
  As nothing else could match.

Des, Is't possible?
Oth. 'Tis true: There's Magicke in the web of it:
  A *Sybill* that had numbred in the world
  The Sun to course, two hundred compasses,

DESDEMONA Das sagt mir nichts. Kommt schon, Ihr habts ver-
   sprochen.
OTHELLO Was versprochen, Liebling?
DESDEMONA Ich hab nach Cassio geschickt, mit dir zu sprechen.
OTHELLO Mir kam da was ins Auge, leih mir kurz
   Dein Taschentuch.
DESDEMONA   Hier, nehmt, Mylord.
OTHELLO   Von mir das.
DESDEMONA Ich habe es nicht bei mir.
OTHELLO   Nicht?
DESDEMONA   Nein, leider.
OTHELLO Das ist ein Fehler: dieses Taschentuch
   Gab ein ägyptisch Weib einst meiner Mutter
   Eine Zauberin, die in den Herzen
   Der Menschen lesen konnte, und sie sprach
   Solange sie das Tuch besäße, bliebe
   Sie liebenswert, und meinen Vater würde
   Sie durch das Tuch auf ewig an sich binden
   Doch wenn sie es verlöre oder es
   Verschenkte, dann mißfiele sie
   Dem Auge meines Vaters, seine Sinne
   Würden dann nach neuen Freuden jagen.
   Sterbend gab sie es mir, und bat mich, wenn
   Mein Schicksal eine Frau für mich ersähe
   Es ihr zu geben. Was ich tat. Dir sei es
   Teuer wie dein Augenlicht, es zu
   Verlieren oder wegzugeben, zieht
   Vernichtung ohnegleichen nach sich.
DESDEMONA   Wie?
OTHELLO 's ist wahr, es sind ihm Kräfte eingewoben:
   Eine Sibylle, die in ihrem Leben
   Zweihundert Mal den Sonnenumlauf zählte

In her Prophetticke furie sow'd the Worke:
The Wormes were hallowed, that did breede the Silke,
And it was dyde in Mummey, which the Skilfull
Conseru'd of Maidens hearts.

Des. Indeed? Is't true?
Oth. Most veritable, therefore looke too't well.

Des. Then would to Heauen, that I had neuer seene't?

Oth. Ha? wherefore?
Des. Why do you speake so startingly, and rash?
Oth. Is't lost? Is't gon? Speak, is't out o'th'way?
Des. Blesse vs.
Oth. Say you?
Des. It is not lost: but what and if it were?
Oth. How?
Des. I say it is not lost.
Oth. Fetcht, let me see't.

Des. Why so I can: but I will not now:
   This is a tricke to put me from my suite,
   Pray you let *Cassio* be receiu'd againe.
Oth. Fetch me the Handkerchiefe,
   My minde mis-giues.
Des. Come, come: you'l neuer meete a more suffici-
   ent man.
Oth. The Handkerchiefe.
Des. A man that all his time
   Hath founded his good Fortunes on your loue;
   Shar'd dangers with you.
Oth. The Handkerchiefe.

Hat es in prophetischer Ekstase
Genäht, die Raupen, deren Fäden es
Erzeugten, waren heilig, und gefärbt
Ward es in Mumiensaft, kunstvoll versetzt
Mit Jungfraunblut.

DESDEMONA   Im Ernst?

OTHELLO   Gewiß, darum
Gebt ganz besonders darauf acht.

DESDEMONA   Dann
Wollte Gott, ich hätt es nie gesehen.

OTHELLO So! Weshalb?

DESDEMONA   Was fahrt Ihr gleich so auf?

OTHELLO Ists weg? Verloren? Sagt, ist es verschwunden?

DESDEMONA Der Himmel steh uns bei!

OTHELLO   Wie sagt Ihr? Was?

DESDEMONA Es ist nicht weg, was aber, wenns das wäre?

OTHELLO   So!

DESDEMONA Ich sag, es ist nicht weg.

OTHELLO   Dann holts
Und zeigts mir.

DESDEMONA   Ja, das kann ich, Herr, ich will es
Aber nicht: das ist ein Kniff, mich ab
Zu lenken. Bitte, empfangt Cassio wieder.

OTHELLO Hol mir das Taschentuch, hörst du. Mir schwindelt.

DESDEMONA Kommt schon, Ihr findet keinen bessern Mann.

OTHELLO Das Taschentuch!

DESDEMONA   Sein Leben hat der Mensch
Auf deine Zuneigung gebaut, Gefahren
Hat er mit dir geteilt –

OTHELLO   Das Taschentuch!

Des. Insooth, you are too blame.

Oth. Away.   *Exit Othello.*

Æmil. Is not this man iealious?

Des. I neu'r saw this before.
    Sure, there's some wonder in this Handkerchikfe,
    I am most vnhappy in the losse of it.

Æmil. 'Tis not a yeare or two shewes vs a man:
    They are all but Stomackes, and we all but Food,
    They eate vs hungerly, and when they are full
    They belch vs.

                Enter Iago, and Cassio.

    Looke you, *Cassio* and my Husband.

Iago. There is no other way: 'tis she must doo't:
    And loe the happinesse: go, and importune her.

Des. How now (good *Cassio*) what's the newes with
    you?

Cassio. Madam, my former suite. I do beseech you,
    That by your vertuous meanes, I may againe
    Exist, and be a member of his loue,
    Whom I, with all the Office of my heart
    Intirely honour, I would not be delayd.
    If my offence, be of such mortall kinde,
    That nor my Seruice past, nor present Sorrowes,
    Nor purpos'd merit in futurity,
    Can ransome me into his loue againe,
    But to know so, must be my benefit:
    So shall I cloath me in a forc'd content,
    And shut my selfe vp in some other course
    To Fortunes Almes.

Des. Alas (thrice-gentle *Cassio*)
    My Aduocation is not now in Tune;

                                            III, iv, 114-144

DESDEMONA Du solltest dich was schämen.
OTHELLO   Weg hier!
EMILIA Nicht eifersüchtig?
Desdemona   Nie zuvor hab ich ihn
    So gesehn. Es steckt gewiß Magie
    In diesem Tuch: daß ichs verlor, bedrückt mich.
EMILIA Das erste Jahr nicht, noch das zweite zeigt uns
    Einen Mann: nur Mägen sind sie alle
    Und wir nichts als ihr Fraß, sie schlingen uns
    Und sind sie satt, dann rülpsen sie uns hoch.
    Da, seht Ihr, Cassio und der meinige.

IAGO Da geht kein andrer Weg als über sie.
    Und schau, welch Zufall! Geh, bestürme sie!
DESDEMONA Mein lieber Cassio, was bringt Ihr Neues?

CASSIO Madam, mein vorheriges Ersuchen:
    Wollt Eure schönen Möglichkeiten nutzen
    Ins Leben mir zurück zu helfen und
    In seine Achtung, den ich nach wie vor
    Von ganzem Herzen unbegrenzt verehre.
    Nur muß es bald sein: wenn, was ich verbrach
    So schrecklich ist, daß weder frühre Dienste
    Noch die gegenwärtige Zerknirschung
    Noch Aussicht auf zukünftige Bewährung
    Mich neu in seiner Achtung steigen lassen
    Dann ist mir, das zu wissen, heilsam, dann
    Hüll ich zwanghaft mich in Optimismus
    Und gehe auf 'ner neuen Rennbahn betteln
    Um Almosen Fortunas.
DESDEMONA   Dreifach Braver!
    Noch habe ich sein Ohr nicht recht erreicht:

My Lord, is not my Lord; nor should I know him,
Were he in Fauour, as in Humour alter'd.
So helpe me euery spirit sanctified,
As I haue spoken for you all my best,
And stood within the blanke of his displeasure
For my free speech. You must awhile be patient:
What I can do, I will: and more I will
Then for my selfe, I dare. Let that suffice you.

Iago. Is my Lord angry?
Æmil. He went hence but now:
  And certainly in strange vnquietnesse.
Iago. Can he be angry? I haue seene the Cannon
  When it hath blowne his Rankes into the Ayre,
  And like the Diuell from his very Arme
  Puff't his owne Brother: And is he angry?
  Something of moment then: I will go meet him,
  There's matter in't indeed, if he be angry.   *Exit*
Des. I prythee do so. Something sure of State,
  Either from Venice, or some vnhatch'd practise
  Made demonstrable heere in Cyprus, to him,
  Hath pudled his cleare Spirit: and in such cases,
  Mens Natures wrangle with inferiour things,
  Though great ones are their obiect. 'Tis euen so.
  For let our finger ake, and it endues
  Our other healthfull members, euen to a sense
  Of paine. Nay, we must thinke men are not Gods,
  Nor of them looke for such obseruancie
  As fits the Bridall. Beshrew me much, *Æmilia*,

Mein Mann ist nicht mein Mann, es ist, als sei er
Äußerlich wie innerlich verwandelt.
Uns helfen müssen alle guten Geister
Denn als ich für Euch sprach, so gut ich konnte
Zog ich, durch mein offnes Wort, mir seinen
Zorn zu: habt Geduld mit mir, was ich
Tun kann, will ich tun, und mehr will ich
Für Euch tun, als ich für mich selbst zu tun
Den Mut besitze. Das muß Euch genügen.

IAGO Er ist verärgert?

EMILIA   Er ging eben weg
Mit allen Zeichen großer Unruhe.

IAGO Er ärgerlich? Ich sah, wie die Kanone
Seine Linien in die Luft ihm sprengte
Und ihm mit teuflischer Genauigkeit
Den eignen Bruder von der Seite riß:
Und er ist ärgerlich? Ich geh ihn suchen
Ist er verärgert, hats was zu bedeuten.

DESDEMONA Tu das, ich bitte: wohl ein Staatsgeschäft
Mag sein aus Venedig, oder etwas
Sehr Geheimes, das ihm erst auf Zypern
Eröffnet ward, hat ihm den klaren Kopf
Verbruddelt, und in solchen Fällen streitet
Die menschliche Natur sich gern um Kleinkram
Wo es doch Großes ist, um das es geht
Und umgekehrt: tut uns ein Finger weh
Sorgt er dafür, daß die gesunden Glieder
Die Schmerzen auch empfinden. Nein, wir müssen
Uns immer sagen, Männer sind nicht Götter
Noch dürfen wir verlangen, daß sie dauernd
So rücksichtsvoll sind wie als Bräutigam.
Ja, schimpf mit mir, Emilia, ich war schon

I was (vnhandsome Warrior, as I am)
Arraigning his vnkindnesse with my soule:
But now I finde, I had suborn'd the Witnesse,
And he's Indited falsely.

Æmil. Pray heauen it bee
State matters, as you thinke, and no Conception,
Nor no Iealious Toy, concerning you.

Des. Alas the day, I neuer gaue him cause.

Æmil. But Iealious soules will not be answer'd so;
They are not euer iealious for the cause,
But iealious, for they're iealious. It is a Monster
Begot vpon it selfe, borne on it selfe.

Des. Heauen keepe the Monster from *Othello's* mind.
Æmil. Lady, Amen.
Des. I will go seeke him. *Cassio,* walke heere about:
If I doe finde him fit, Ile moue your suite,
And seeke to effect it to my vttermost.　　　　*Exit*

Cas. I humbly thanke your Ladyship.
　　　　　　　　　Enter Bianca.
Bian. 'Saue you (Friend *Cassio*.)
Cassio. What make you from home?
How is't with you, my most faire *Bianca*?
Indeed (sweet Loue) I was comming to your house.
Bian. And I was going to your Lodging, *Cassio.*
What? keepe a weeke away? Seuen dayes, and Nights?
Eight score eight houres? And Louers absent howres

(Kleinlichkeitskrieg'rin, die ich bin) dabei
Meine Seele aufzurufen gegen
Seine Schroffheit: nun erkenne ich
Meine Zeugin ward von mir bestochen
Und er wird falsch verdächtigt.

EMILIA   Gebe Gott
Daß, wie Ihr meint, es Staatsgeschäfte sind
Nicht Wahnideen noch Eifersüchteleien
Die Euch betreffen.

DESDEMONA   Welch ein Tag! Ich gab ihm
Dazu keinen Grund!

EMILIA   Der Eifersüchtge
Läßt eine solche Antwort schwerlich gelten:
Er ist nicht eifersüchtig, weil er Grund hat
Er ist es, weil er eifersüchtig ist.
Ein rares Monster ist die Eifersucht
Es zeugt sich selbst und bringt sich selbst zur Welt.

DESDEMONA Ihr Himmel, davor wahrt Othellos Brust!

EMILIA Lady, Amen.

DESDEMONA Ich will ihn suchen, Cassio, geht nicht weg
Und hört er mich, dann trag ich Eure Sache
Mit allem Nachdruck, der mir möglich ist
Ihm vor.

CASSIO   Ich danke Eurer Ladyschaft.

BIANCA Gott mit Euch, Cassio.

CASSIO   Was machst du denn hier?
Wie gehts dir, meine liebliche Bianca?
War eben auf dem Weg zu dir, mein Schatz.

BIANCA Und ich auf dem zu meines Leutnants Stube
Was denn, eine Woche nichts? Macht sieben
Tage, sieben Nächte, das macht sieben

More tedious then the Diall, eight score times?
Oh weary reck'ning.

Cassio. Pardon me, *Bianca*:
    I haue this while with leaden thoughts beene prest,
    But I shall in a more continuate time
    Strike off this score of absence. Sweet *Bianca*
    Take me this worke out.
Bianca. Oh *Cassio*, whence came this?
    This is some Token from a newer Friend,
    To the felt-Absence: now I feele a Cause:
    Is't come to this? Well, well.
Cassio. Go too, woman:
    Throw your vilde gesses in the Diuels teeth,
    From whence you haue them. You are iealious now,
    That this is from some Mistris, some remembrance;
    No, in good troth *Bianca*.
Bian. Why, who's is it?
Cassio. I know not neither:
    I found it in my Chamber,
    I like the worke well; Ere it be demanded
    (As like enough it will) I would haue it coppied:
    Take it, and doo't, and leaue me for this time.
Bian. Leaue you? Wherefore?
Cassio. I do attend heere on the Generall,
    And thinke it no addition nor my wish
    To haue him see me woman'd.
Bian. Why, I pray you?
Cassio. Not that I loue you not.
Bian. But that you do not loue me.
    I pray you bring me on the way a little,

Mal vierundzwanzig Stunden, das macht hundert-
Achtundsechzig Stunden ohne Liebsten
Die sich ziehen, also acht Mal mehr:
O öde Rechnerei!

CASSIO   Vergib, Bianca
Mich drückten bleierne Gedanken nieder
Doch hellt es sich erst wieder auf, dann zahl ich
Die liebelose Schuld, Bianca, Süße.
Stick mir das nach.

BIANCA   O, Cassio, woher stammt das?
Das ist ein Pfand von einer neuen Freundin!
Zum Ungeliebtsein fühl ich jetzt den Grund noch:
Sind wir soweit? Schön, schön.

CASSIO   So nicht, Weib
Den Unfug schmeiß dem Teufel in die Zähne
Von wo er stammt. Jetzt glaubt sie eifersüchtig
Das sei von einer andern, zur Erinnrung!
Nein, wirklich nicht, Bianca.

BIANCA   Wessen ist es?

CASSIO Ich weiß nicht, Schatz, ich fands auf meiner Stube
Ich mag das Muster: da sich sicher bald
Ein Eigentümer meldet, hätt ichs gern
Kopiert. Nimms mit und laß mich jetzt allein.

BIANCA Allein? Wieso?

CASSIO   Ich warte hier auf meinen
General und denke nicht, es hilft mir
Erblickt er mich beweibt.

BIANCA   Wieso denn nicht?

CASSIO Nicht, weil ich dich nicht liebe.

BIANCA Wohl weil du mich nicht liebst:
Ich bitte dich, begleite mich ein Stück

And say, if I shall see you soone at night?
Cassio. 'Tis but a little way that I can bring you,
   For I attend heere: But Ile see you soone.
Bian. 'Tis very good: I must be circumstanc'd.

Exeunt omnes.

Actus Quartus. Scena Prima.

Enter Othello, and Iago.

Iago. Will you thinke so?
Oth. Thinke so, *Iago*?
Iago. What, to kisse in priuate?
Oth. An vnauthoriz'd kisse?
Iago. Or to be naked with her Friend in bed,
   An houre, or more, not meaning any harme?
Oth. Naked in bed (*Iago*) and not meane harme?
   It is hypocrisie against the Diuell:
   They that meane vertuously, and yet do so,
   The Diuell their vertue tempts, and they tempt Heauen.

Iago. If they do nothing, 'tis a Veniall slip:
   But if I giue my wife a Handkerchiefe.
Oth. What then?
Iago. Why then 'tis hers (my Lord) and being hers,
   She may (I thinke) bestow't on any man.

Oth. She is Protectresse of her honor too:
   May she giue that?
Iago. Her honor is an Essence that's not seene,
   They haue it very oft, that haue it not.
   But for the Handkerchiefe.

Und sag mir, ob du heute Nacht zu mir kommst.
CASSIO Ich kann dich nur ein kleines Stück begleiten
Weil ich hier warten muß. Wir sehn uns bald.
BIANCA Ein Umstandsliebchen also. Reizend, wirklich.

IV,1

IAGO Wie seht Ihr das?
OTHELLO   Seh ich was, Iago?
IAGO Nun, sich still zu küssen?
OTHELLO   Unerlaubt?
IAGO Oder nackt samt Freund im Bett, ein Stündchen
Oder mehr, in aller Unschuld?
OTHELLO   Nackt
Im Bett und das in Unschuld, Iago? Das
Heißt den Teufel in die Irre führen:
Wer das tut und die Unschuld wahren will
Sucht mit der Hölle Streit und mit dem Himmel.
IAGO Beherrschen sie sich, ist die Sünde läßlich:
Nur, schenk ich meiner Frau ein Tuch –
OTHELLO   Was dann?
IAGO Dann ist es ihres, Herr, und als das ihre
Kann sie es an jeden Mann verschenken..
So sehe ich das.
OTHELLO   Aber ihre Ehre
Bewahrt sie auch: darf sie die auch wegschenken?
IAGO Die Ehre ist ein Ding, das man nicht sieht
Nur allzu oft hat der sie, der sie nicht hat:
Ein Taschentuch hingegen –

Othe. By heauen, I would most gladly haue forgot it:
Thou saidst (oh, it comes ore my memorie,
As doth the Rauen o're the infectious house:
Boading to all) he had my Handkerchiefe.

Iago. I: what of that?

Othe. That's not so good now.

Iag. What if I had said, I had seene him do you wrong?
Or heard him say (as Knaues be such abroad,
Who hauing by their owne importunate suit,
Or voluntary dotage of some Mistris,
Coniuned or supply'd them, cannot chuse
But they must blab.)

Oth. Hath he said any thing?

Iago. He hath (my Lord) but be you well assur'd,
No more then he'le vn-sweare.

Oth. What hath he said?

Iago. Why, that he did: I know not what he did.

Othe. What? What?

Iago. Lye.

Oth. With her?

Iago. With her? On her: what you will.

Othe. Lye with her? lye on her? We say lye on her,
when they be-lye-her. Lye with her: that's fullsome:
Handkerchiefe: Confessions: Handkerchiefe. To confesse, and be hang'd for his labour. First, to be hang'd,
and then to confesse: I tremble at it. Nature would not
inuest her selfe in such shadowing passion, without some
Iustruction. It is not words that shakes me thus, (pish)
Noses, Eares, and Lippes: is't possible. Confesse? Handkerchiefe? O diuell.   *Falls in a Traunce.*

Iago. Worke on,

OTHELLO Bei dem Himmel, wie gern hätt ich das
  Vergessen! Du sagst (o, es flattert mir im Kopf
  Wie der Rabe, der dem Haus die Pest bringt)
  Er hat mein Taschentuch.
IAGO   Ja. Und? Was ist damit?
OTHELLO Das ist nun nicht so gut.
IAGO   Was, wenn ich sage
  Ich habs gesehen, daß er Euch betrügt?
  Oder hörts ihn sagen – denn es gibt
  So Kerle, die, hat erst ihr dreistes Nachstelln
  Oder die Begehrlichkeit der Dame
  Sie ans Ziel gebracht, nicht anders können
  Sie müssen schwatzen.
OTHELLO   Hat er was gesagt?
IAGO Er hat, Mylord, doch seid versichert, mehr nicht
  Als er bestreiten kann.
OTHELLO   Was sagte er?
IAGO Also, daß er sie… Keine Ahnung, was er sie.
OTHELLO Was denn? Was?
IAGO Einritt.
OTHELLO   Mit ihr?
IAGO   Mit ihr, auf ihr, wie Ihr wollt.
OTHELLO Mit ihr, auf ihr? Wir sagen einreiten, wenn
  es um ein Pferd geht. Sie einreiten, das ist widerlich.
  Taschentuch: Geständnisse: Taschentuch! Gestehen
  und für seine Mühe hängen. Erst hängen, danach
  gestehen: ich zittre davor. Die Natur läßt uns nicht
  ohne Grund in diese Schattenwelten reisen. Worte sinds
  nicht nur, was mich so schüttelt. Scht! Nasen, Ohren,
  Lippen: ist es möglich? Geständnis? Taschentuch?
  O Teufel! *Er fällt in Trance.*
IAGO Wirk ein, du meine Medizin, wirk ein!

My Medicine workes. Thus credulous Fooles are
caught,
And many worthy, and chast Dames euen thus,
(All guiltlesse) meete reproach: what hoa? My Lord?
My Lord, I say: *Othello*.

Enter Cassio.

How now *Cassio?*

Cas. What's the matter?

Iago. My Lord is falne into an Epilepsie,
This is his second Fit: he had one yesterday.

Cas. Rub him about the Temples.

Iago. The Lethargie must haue his quyet course:
If not, he foames at mouth: and by and by
Breakes out to sauage madnesse. Looke, he stirres:
Do you withdraw your selfe a little while,
He will recouer straight: when he is gone,
I would on great occasion, speake with you.
How is it Generall? Haue you not hurt your head?

Othe. Dost thou mocke me?

Iago. I mocke you not, by Heauen:
Would you would beare your Fortune like a Man.

Othe. A Horned man's a Monster, and a Beast.

Iago. Ther's many a Beast then in a populous Citty,
And many a ciuill Monster.

Othe. Did he confesse it?

Iago. Good Sir, be a man:
Thinke euery bearded fellow that's but yoak'd
May draw with you. There's Millions now aliue,
That nightly lye in those vnproper beds,
Which they dare sweare peculiar. Your case is better.
Oh, 'tis the spight of hell, the Fiends Arch-mock,

So fängt man zutrauliche Narren, Damen
Ehrenhaft und keusch, sie fallen so
Schuldlos in Schande. He? Mylord? Mylord?
Othello, sage ich! Und da ist Cassio.

CASSIO Was geht hier vor?
IAGO Der Chef hat einen Krampfanfall, das ist
In der Art schon der zweite in zwei Tagen.
CASSIO Man muß ihm die Schläfen reiben.
IAGO   Nein,
Hört auf, die Lähmung muß von selbst abklingen,
Sonst kriegt er Schaum vorm Mund und klein bei klein
Fängt er das Toben an: er rührt sich, seht Ihr
Zieht Euch einen Augenblick zurück
Er wird sich gleich erholen. Wenn er weg ist
Muß ich was Wichtiges mit Euch besprechen.
Wie ist Euch, General? Habt Ihr 'ne Beule?
OTHELLO Verhöhnst du mich?
IAGO   Ich Euch verhöhnen? Nicht doch!
Ich wünschte, Ihr trügt Euer Los als Mann!
OTHELLO Ein Gehörnter ist ein Monstrum, eine Bestie.
IAGO Dann wimmelts in 'ner großen Stadt von Bestien
Und von Bürgermonstern.
OTHELLO Hat er gestanden?
IAGO   Bester Herr, seid mannhaft
Bedenkt, ein jeder Bart im Ehejoch
Kann mit Euch gleichziehn, Millionen liegen
Nächtens in verratnen Betten, schwörend
Herr darin zu sein: Ihr wißt es besser.
O, das ist der Lieblingsspaß der Hölle

To lip a wanton in a secure Cowch;
And to suppose her chast. No, let me know,
And knowing what I am, I know what she shall be.

Oth. Oh, thou art wise: 'tis certaine.
Iago. Stand you a while apart,
Confine your selfe but in a patient List,
Whil'st you were heere, o're-whelmed with your griefe
(A passion most resulting such a man)
Cassio came hither. I shifted him away,
And layd good scuses vpon your Extasie,
Bad him anon returne: and heere speake with me,
The which he promis'd. Do but encaue your selfe,
And marke the Fleeres, the Gybes, and notable Scornes
That dwell in euery Region of his face.
For I will make him tell the Tale anew;
Where, how, how oft, how long ago, and when
He hath, and is againe to cope your wife.
I say, but marke his gesture: marry Patience,
Or I shall say y'are all in all in Spleene,
And nothing of a man.

Othe. Do'st thou heare, *Iago*,
I will be found most cunning in my Patience:
But (do'st thou heare) most bloody.
Iago. That's not amisse,
But yet keepe time in all: will you withdraw?
Now will I question *Cassio* of *Bianca*,
A Huswife that by selling her desires
Buyes her selfe Bread, and Cloath. It is a Creature
That dotes on *Cassio*, (as 'tis the Strumpets plague

Des Erzfeinds Hauptgewinn, wenn einer
Seine Dirne küßt auf sichrem Sofa
Und wähnt, sie sei ihm treu. Nein, ich wills wissen
Und weiß ich, wer ich bin, weiß ich, was sie wird.
OTHELLO O du bist klug und weise, das steht fest.
IAGO Tretet Ihr nun kurz beiseite, faßt
Euch in Geduld: als Ihr so da lagt, halb
Verrückt vor Kummer (eine Wallung, höchst
Unangebracht bei einem Mann wie Euch)
Kam Cassio hier vorbei. Ich schob ihn weg
Erklärte Euer Nichtbeisichsein harmlos
Und bat ihn sich zu einer Unterredung
Wieder einzufinden, was er auch
Versprach: Ihr haltet Euch durchaus verborgen
Und lest den Hohn, den Spott und die Verachtung
Ihm vom Gesicht ab, wo ihr Wohnsitz ist.
Noch einmal soll mir Cassio vorerzählen
Wo, wie, wie oft, wie lange schon und wann
Er Eure Frau umarmt hat und hinkünftig
Zu umarmen plant: ich sage, achtet
Auf seine Körpersprache. Und Geduld!
Sonst behaupte ich, Ihr wärt umnachtet
Und gar kein Mann mehr.
OTHELLO   Hörst du mich, mein Iago?
Ich will ein Ausbund an Geduld sein, aber dann
Ein Ausbund – hörst du mich? – an Blutdurst.
IAGO   Fraglos.
Nur eines nach dem andern. Erst zurückziehn.
Jetzt will ich Cassio nach Bianca fragen
Ein liebes Weibchen, das durch Lustfeilbietung
Sich Brot und Kleidung kauft, und dies Geschöpf
Ist heiß auf Cassio, wie es denn das Elend

To be-guile many, and be be-guil'd by one)
He, when he heares of her, cannot restraine
From the excesse of Laughter. Heere he comes.

Enter Cassio.

As he shall smile, *Othello* shall go mad:
And his vnbookish Ielousie must conserue
Poore *Cassio's* smiles, gestures, and light behauiours
Quite in the wrong. How do you Lieutenant?
Cas. The worser, that you giue me the addition,
Whose want euen killes me.
Iago. Ply *Desdemona* well, and you are sure on't:
Now, if this Suit lay in *Bianca's* dowre,
How quickely should you speed?
Cas. Alas poore Caitiffe.
Oth. Looke how he laughes already.
Iago. I neuer knew woman loue man so.
Cas. Alas poore Rogue, I thinke indeed she loues me.
Oth. Now he denies it faintly: and laughes it out.
Iago. Do you heare *Cassio*?
Oth. Now he importunes him
To tell it o're: go too, well said, well said.
Iago. She giues it out, that you shall marry her.
Do you intend it?
Cas. Ha, ha, ha.
Oth. Do ye triumph, Romaine? do you triumph?
Cas. I marry. What? A customer; prythee beare
Some Charitie to my wit, do not thinke it
So vnwholesome. Ha, ha, ha.
Oth. So, so, so, so: they laugh, that winnes.
Iago. Why the cry goes, that you marry her.
Cas. Prythee say true.
Iago. I am a very Villaine else.

Der Huren ist: sie täuschen viele, bis
Der eine sie täuscht. Er, fällt nur ihr Name
Lacht unwillkürlich laut heraus. Da kommt er:

Wenn er bloß lächelt, schnappt Othello über
Und seine blinde Eifersucht, sie zieht
Aus des armen Cassios Leichtsinn eisern
Die falschen Schlüsse. Und? Wie gehts, Herr Leutnant?
CASSIO Gleich sehr viel schlechter, gebt Ihr mir den Titel
Den zu entbehren mich noch töten wird.
IAGO Setzt Desdemona zu und er ist Euer.
Ja, könnt Bianca das Gesuch entscheiden,
Wie schnell wärt Ihr am Ziel!
CASSIO   Das arme Luder!
OTHELLO Da, schon hat er was zu lachen!
IAGO Daß eine Frau auf einen Mann so abfährt!
CASSIO Je, das arme Tier, ich denke schon, sie liebt mich.
OTHELLO Jetzt streitet ers halb ab und macht sich lustig.
IAGO Na, hört mal, Cassio!
OTHELLO   Jetzt drängt er ihn
Es zu gestehn: sehr gut, heraus damit.
IAGO Sie erzählt, Ihr wollt sie heiraten.
Habt Ihr das vor?
CASSIO *lacht.*
OTHELLO Triumphierst du, Römer, triumphierst du?
CASSIO Heiraten? Ich? So eine Bordsteinschwalbe?
Ich flehe Euch an, macht mich nicht zum Idioten
Ich müßte krank im Kopf sein. *Lacht.*
OTHELLO So, so, so, so. Erst siegen, dann lachen.
IAGO Im Ernst, das Gerücht sagt, Ihr heiratet sie.
CASSIO Ich bitte dich!
IAGO Denkt Ihr, ich mache Witze?

Oth. Haue you scoar'd me? Well.

Cas. This is the Monkeys owne giuing out:
  She is perswaded I will marry her
  Out of her owne loue & flattery, not out of my promise.

Oth. *Iago* becomes me: now he begins the story.

Cassio. She was heere euen now: she haunts me in e-
  uery place. I was the other day talking on the Sea-
  banke with certaine Venetians, and thither comes the
  Bauble, and falls me thus about my neck.

Oth Crying oh deere *Cassio*, as it were: his iesture im-
  ports it.

Cassio. So hangs, and lolls, and weepes vpon me:
  So shakes, and pulls me. Ha, ha, ha.

Oth. Now he tells how she pluckt him to my Chamber: oh, I see that nose of yours, but not that dogge, I
  shall throw it to.

Cassio. Well, I must leaue her companie.

Iago. Before me: looke where she comes.

Enter Bianca.

Cas. 'Tis such another Fitchew: marry a perfum'd one?
  What do you meane by this haunting of me?

Bian. Let the diuell, and his dam haunt you: what
  did you meane by that same Handkerchiefe, you gaue
  me euen now? I was a fine Foole to take it: I must take
  out the worke? A likely piece of worke, that you should
  finde it in your Chamber, and know not who left it there.
  This is some Minxes token, & I must take out the worke?
  There, giue it your Hobbey-horse, wheresoeuer you had
  it, Ile take out no worke on't.

Cassio. How now, my sweete *Bianca*?
  How now? How now?

OTHELLO Bin ich der Dumme? Gut so.

CASSIO Dann streut der Grasaff das. Ihre Eitelkeit läßt sie glauben, ich heirate sie, nicht mein Versprechen.

OTHELLO Iago macht mir Zeichen, er kommt ins Schwatzen

CASSIO Sie war eben hier, überall steigt sie mir nach. Neulich steh ich am Hafen mit ein paar Venezianern, da kommt die Schnepfe angeflattert und, bei dieser Hand, fällt mir um den Hals, so.

OTHELLO Sie schluchzt O lieber Cassio wies scheint: seine Gebärden deuten es an.

CASSIO Und klammert und will schmusen und heult und zupft und zerrt an mir. *Lacht.*

OTHELLO Jetzt schildert er, wie sie ihn in mein Schlafzimmer gezerrt hat. Deine Nase habe ich vor mir, nur den Hund noch nicht, an den ich sie verfüttre.

CASSIO Na schön, ich muß sie abstoßen.

IAGO Hilf Himmel! Da ist sie.

CASSIO Kommt mir vor wie ein Frettchen, aber ein parfümiertes. Was soll denn das, mir ständig nachzurennen?

BIANCA Soll der Teufel dir nachrennen mitsamt Großmutter! Was sollte denn das mit dem Taschentuch, was du mir in die Hand gedrückt hast? Und ich bin so blöd, und nehm es, ich und das nachsticken, wo es genau so aussieht wie das, was du in deim Zimmer findest und keinen Schimmer hast, wies dahin kommt. Ein Liebespfand von einem deiner Flittchen, das isses, und ich darfs nachsticken! Da, gibs deim Zirkuspferd, egal wo dus herhast, ich sticks jedenfalls nich nach.

CASSIO Aber liebste Bianca, aber, aber!

Othe. By Heauen, that should be my Handkerchiefe.

Bian. If you'le come to supper to night you may, if
   you will not, come when you are next prepar'd for. *Exit*

Iago. After her: after her.

Cas. I must, shee'l rayle in the streets else.

Iago. Will you sup there?

Cassio. Yes, I intend so.

Iago. Well, I may chance to see you: for I would very faine speake with you.

Cas. Prythee come: will you?

Iago. Go too: say no more.

Oth. How shall I murther him, *Iago.*

Iago. Did you perceiue how he laugh'd at his vice?

Oth. Oh, *Iago.*

Iago. And did you see the Handkerchiefe?

Oth. Was that mine?

Iago. Yours by this hand: and to see how he prizes
   the foolish woman your wife: she gaue it him, and he
   hath giu'n it his whore.

Oth. I would haue him nine yeeres a killing:
   A fine woman, a faire woman, a sweete woman?

Iago. Nay, you must forget that.

Othello. I, let her rot and perish, and be damn'd to
   night, for she shall not liue. No, my heart is turn'd to
   stone: I strike it, and it hurts my hand. Oh, the world
   hath not a sweeter Creature: she might lye by an Em-
   perours side, and command him Taskes.

Iago. Nay, that's not your way.

Othe. Hang her, I do but say what she is: so delicate
   with her Needle: an admirable Musitian. Oh she will

OTHELLO Beim Himmel, ist das vielleicht mein Taschentuch?

BIANCA Und heut Abend kommst du zum Essen, das darfst du, und wenn du nich willst, kommst du, wann dem gnädigen Herrn danach is.

IAGO Ihr nach! Ihr nach!

CASSIO Ich muß, sonst lärmt sie die ganze Straße zusammen.

IAGO Willst du bei ihr zu Abend essen?

CASSIO Ja, ich denke schon.

IAGO Ich seh zu, daß ich dich da erwische, es herrscht Gesprächsbedarf.

CASSIO Komm bittc! Wirst du?

IAGO Schluß jetzt, geh nur.

OTHELLO Wie soll ich ihn schlachten, Iago?

IAGO Wie er seine Schandtat begrinste, habt Ihr das mitbekommen?

OTHELLO O Iago!

IAGO Und das Taschentuch? Habt Ihr es gesehen?

OTHELLO War es meines?

IAGO Eures, bei der Hand hier: und schaut, wie er die Närrin wertschätzt, Eure Frau: sie gibt es ihm, und er gibts seiner Hure.

OTHELLO Könnte ich neun Jahre Mord an ihm begehen. Welch eine Frau! Fein! Schön! Liebreizend!

IAGO Nicht doch, das müßt Ihr lassen.

OTHELLO Verrotten soll sie und verderben und zur Hölle fahren, nur nicht leben. Nein, mein Herz ist zu Stein geworden: ich schlag drauf, und es bricht mir die Hand. O die Erde kennt kein lieblicheres Geschöpf, bei einem Weltenherrscher darf sie liegen, ihm befehlen kann sie.

IAGO Nicht doch, nicht da gehts lang.

OTHELLO Hängt sie, ich sag dennoch, was sie ist: so geschickt mit der Nadel, musikalisch bewunderungswürdig, sie

sing the Sauagenesse out of a Beare: of so high and plen-
teous wit, and inuention?

Iago. She's the worse for all this.

Othe. Oh, a thousand, a thousand times:
And then of so gentle a condition?

Iago. I too gentle.

Othe. Nay that's certaine:
But yet the pitty of it, *Iago*: oh *Iago*, the pitty of it
Iago.

Iago. If you are so fond ouer her iniquitie: giue her
pattent to offend, for if it touch not you, it comes neere
no body.

Oth. I will chop her into Messes: Cuckold me?

Iago. Oh, 'tis foule in her.

Oth. With mine Officer?

Iago. That's fouler.

Othe. Get me some poyson, *Iago*, this night. Ile not
expostulate with her: least her body and beautie vnpro-
uide my mind againe: this night *Iago.*

Iago. Do it not with poyson, strangle her in her bed,
Euen the bed she hath contaminated.

Oth. Good, good:
The Iustice of it pleases: very good.

Iago. And for *Cassio*, let me be his vndertaker:
You shall heare more by midnight.

     Enter Lodouico, Desdemona, and Attendants.

Othe. Excellent good: What Trumpet is that same?

Iago. I warrant something from Venice,
'Tis *Lodouico*, this, comes from the Duke.
See, your wife's with him.

Lodo. Saue you worthy Generall.

Othe. With all my heart Sir.

würde das Wilde aus einem Bären wegsingen, so klug, so einfühlsam, so phantasievoll!

IAGO Umso schlimmer.

OTHELLO Tausend mal tausend Mal: und dann so zärtlich!

IAGO Ja, zu zärtlich.

OTHELLO Ja, da hast du Recht, nur welch ein Jammer, Iago! O Iago! Welch ein Jammer, Iago!

IAGO Wenn Ihr von ihren Lastern so begeistert seid, dann stellt ihr 'ne Hurenlizenz aus. Läßt es Euch kalt, wen soll es dann heiß machen?

OTHELLO Ich hacke sie in kleine Stücke: Hörner! Mir!

IAGO Ja, das ist nicht nett von ihr.

OTHELLO Mit meinem Leutnant!

IAGO Das noch weniger.

OTHELLO Besorg mir Gift, Iago, heute Abend noch: ich muß ein Wortgefecht mit ihr vermeiden, ihr Leib und ihre Erscheinung machen mich wehrlos. Heute Abend, Iago.

IAGO Ihr müßt es nicht mit Gift machen, Ihr müßt sie erwürgen, in ihrem Bett, dem Bett, das sie besudelt hat.

OTHELLO Gut, gut, das ist nur gerecht, das gefällt mir. Sehr gut.

IAGO Und Cassio übernehme ich: um Mitternacht hört Ihr von mir.

OTHELLO Bestens. Wer läßt da trompeten?

IAGO Mit Sicherheit wer aus Venedig, es ist Lodovico, abgesandt vom Dogen

Und, seht nur, Eure Gattin.

LODOVICO Gott mit Euch, General!

OTHELLO   Der Eure, Sir.

Lod. The Duke, and the Senators of Venice greet you.

Othe. I kisse the Instrument of their pleasures.

Des. And what's the newes, good cozen *Lodouico*?

Iago. I am very glad to see you Signior:

    Welcome to Cyprus.

Lod. I thanke you: how do's Lieutenant *Cassio*?

Iago. Liues Sir,

Des. Cozen, there's falne betweene him, & my Lord,

    An vnkind breach: but you shall make all well.

Othe. Are you sure of that?

Des. My Lord?

Othe. This faile you not to do, as you will ——

Lod. He did not call: he's busie in the paper,

    Is there deuision 'twixt my Lord, and *Cassio*?

Des. A most vnhappy one: I would do much

    T'attone them, for the loue I beare to *Cassio*.

Oth. Fire, and brimestone.

Des. My Lord.

Oth. Are you wise?

Des. What is he angrie?

Lod. May be the Letter mou'd him.

    For as I thinke, they do command him home,

    Deputing *Cassio* in his Gouernment.

Des. Trust me, I am glad on't.

Othe. Indeed?

Des. My Lord?

Othe. I am glad to see you mad.

Des. Why, sweete *Othello*?

Othe. Diuell.

Des. I haue not deseru'd this.

LODOVICO Venedigs Doge und Senat entbieten Grüße.

OTHELLO Ich küsse die Bekundung ihres Willens.

DESDEMONA Was bringt Ihr Neues, Vetter Lodovico?

IAGO Es freut mich höchlich, Sie zu sehn, Signior.
Willkommen hier auf Zypern.

LODOVICO Danke. Was macht Leutnant Cassio?

IAGO Lebt, Sir.

DESDEMONA Vetter, zwischen ihm und meinem Mann
Kam es zum Bruch, doch werdet Ihr das richten.

OTHELLO Seid Ihr so sicher?

DESDEMONA Herr?

OTHELLO Das versäumt nicht auszuführen, wie es Euch ge-
eignet scheint –

LODOVICO Wir waren nicht gemeint, er liest das Schreiben:
Mylord und Leutnant Cassio haben Streit?

DESDEMONA Ja, einen bösen. Könnt ich sie versöhnen
Täte ichs, schon Cassio zuliebe.

OTHELLO Pech und Schwefel!

DESDEMONA   Herr?

OTHELLO   Seid Ihr bei Sinnen?

DESDEMONA Ist er verärgert?

LODOVICO   Möglich, daß das Schreiben
Ihn verstimmt, denn seine Rückkehr wird
So weit ich weiß, ihm darin anbefohlen
Und Cassio übernimmt hier das Kommando.

DESDEMONA Ach, das freut mich!

OTHELLO   In der Tat!

DESDEMONA   Mylord?

OTHELLO Mich freut, daß dich nichts reut.

DESDEMONA   Wie, mein Othello?

OTHELLO Du Teufelin!

DESDEMONA   Das hab ich nicht verdient.

Lod. My Lord, this would not be beleeu'd in Venice,
  Though I should sweare I saw't. 'Tis very much,
  Make her amends: she weepes.
Othe. Oh diuell, diuell:
  If that the Earth could teeme with womans teares,
  Each drop she falls, would proue a Crocodile:
  Out of my sight.
Des. I will not stay to offend you.
Lod. Truely obedient Lady:
  I do beseech your Lordship call her backe.
Othe. Mistris.
Des. My Lord.
Othe. What would you with her, Sir?

Lod. Who I, my Lord?
Othe. I, you did wish, that I would make her turne:
  Sir, she can turne, and turne: and yet go on
  And turne againe. And she can weepe, Sir, weepe.
  And she's obedient: as you say obedient.
  Very obedient: proceed you in your teares.
  Concerning this Sir, (oh well-painted passion)
  I am commanded home: get you away:
  Ile send for you anon. Sir I obey the Mandate,
  And will returne to Venice. Hence, auaunt:
  Cassio shall haue my Place. And Sir, to night
  I do entreat, that we may sup together.
  You are welcome Sir to Cyprus.
  Goates, and Monkeys.   *Exit.*

 Lod. Is this the Noble Moore, whom our full Senate
  Call all in all sufficient? Is this the Nature
  Whom Passion could not shake? Whose solid vertue

LODOVICO Mylord, das glaubt kein Mensch mir in Venedig
Ob ich auch schwöre, daß ichs sah: nicht einer!
Versöhnt sie Euch, sie weint.
OTHELLO   O Teufelin!
Sät Weibertränen in die Ackerfurchen
Und jeder Tropfen wird zum Krokodil!
Mir aus der Sicht!
DESDEMONA   Dein Ärgernis entfernt sich.
LODOVICO Und sie gehorcht auch noch! Eur Lordschaft, bitte
Ruft sie zurück!
OTHELLO   He, Frau!
DESDEMONA   Mylord?
OTHELLO   Was wollt Ihr
Jetzt mit ihr machen, Sir?
LODOVICO   Wer? Ich, Mylord?
OTHELLO Ja, Ihr habt verlangt, ich solle sie
Dazu bringen, sich zu drehen: Sir
Sie kann sich drehn und drehen und doch geht sie
Und dreht sich wieder und kann weinen, Sir
Weinen, und gehorsam ist sie, wie
Ihr sagt, gehorsam, sehr gehorsam. Du geh hin
In Tränen. Was dies Schreiben anlangt (o
Hübsch bemalte Gier): man zieht mich ab.
Geh schon, ich schick nach dir. Sir, ich befolge
Den Befehl und kehre nach Venedig
Zurück. Fort mit dir, verschwinde! Cassio
Übernimmt hier. Und ich, Sir, ich lade
Euch zu mir zum Abendessen ein.
Willkommen, Sir, auf Zypern. Affenzicken!
LODOVICO Ist das der edle Mohr, den der Senat
Sein Nonplusultra nennt? Das soll der Held sein
Den keine Leidenschaft ins Wanken bringt?

The shot of Accident, nor dart of Chance
Could neither graze, nor pierce?

Iago. He is much chang'd.
Lod. Are his wits safe? Is he not light of Braine?
Iago. He's that he is: I may not breath my censure.
What he might be: if what he might, he is not,
I would to heauen he were.

Lod. What? Strike his wife?
Iago. 'Faith that was not so well: yet would I knew
That stroke would proue the worst.
Lod. Is it his vse?
Or did the Letters, worke vpon his blood,
And new create his fault?
Iago. Alas, alas:
It is not honestie in me to speake
What I haue seene, and knowne. You shall obserue him,
And his owne courses will denote him so,
That I may saue my speech: do but go after
And marke how he continues.
Lod. I am sorry that I am deceiu'd in him.   *Exeunt.*

Scena Secunda.

Enter Othello, and Æmilia.

Othe. You haue seene nothing then?
Æmil. Nor euer heard: nor euer did suspect.
Othe. Yes, you haue seene *Cassio*, and she together.
Æmi. But then I saw no harme: and then I heard,
Each syllable that breath made vp betweene them.

An dessen Felsentugend jeder Schuß
Des Unglücks, jeder Pfeil des Zufalls abprallt
Oder bricht?

IAGO   Er hat sich sehr verändert.

LODOVICO Ist er normal? Ist er nicht bei Verstand?

IAGO Er ist wie er ist. Mir steht kein Urteil
Darüber zu, wie er sein sollte: wenn er
Nicht so ist, wie er müßte, wünschte ich
Er wärs, beim Himmel!

LODOVICO   Seine Frau zu schlagen!

IAGO Wohl wahr, kein schöner Zug. Wüßt ich nur sicher
Daß dem nichts Schlimmres folgt.

LODOVICO   Tut er das öfter?
Oder haben die Depeschen ihn
Gereizt, so daß er sich vergaß?

IAGO   Ach, ach!
Es wäre illoyal, wollt ich hier sagen
Was ich sah und weiß: behaltet ihn
Im Auge, und wie er sich aufführt, das
Macht ihn kenntlich und ersetzt mein Zeugnis.
Bleibt dran, und Ihr sollt sehen, was ihn umtreibt.

LODOVICO Es tut mir leid, daß ich mich in ihm täuschte.

IV,2

OTHELLO Du hast also nichts gesehen?

EMILIA Noch was gehört, noch jemals was geargwöhnt.

OTHELLO Du sahst sie doch in Cassios Begleitung.

EMILIA Doch stets ganz harmlos, und ich hörte
Jede Silbe, der sie Atem gaben.

Othe. What? Did they neuer whisper?

Æmil. Neuer my Lord.
Othe. Nor send you out o'th'way?
Æmil. Neuer.
Othe. To fetch her Fan, her Gloues, her Mask, nor no
Æmil. Neuer my Lord.   (thing?
Othe: That's strange.
Æmil. I durst (my Lord) to wager, she is honest:
   Lay downe my Soule at stake: If you thinke other,
   Remoue your thought. It doth abuse your bosome*:*
   If any wretch haue put this in your head,
   Let Heauen requit it with the Serpents curse,
   For if she be not honest, chaste, and true,
   There's no man happy. The purest of their Wiues
   Is foule as Slander.

Othe. Bid her come hither*:* go.   *Exit Æmilia.*
   She saies enough: yet she's a simple Baud
   That cannot say as much. This is a subtile Whore:
   A Closset Locke and Key of Villanous Secrets,
   And yet she'le kneele, and pray*:* I haue seene her do't.
      Enter Desdemona, and Æmilia.

Des. My Lord, what is your will*?*
Othe. Pray you Chucke come hither.
Des. What is your pleasure?
Oth. Let me see your eyes: looke in my face.

Des. What horrible Fancie's this?
Othe. Some of your Function Mistris:

OTHELLO   Wie?
  Sie haben nie geflüstert?
EMILIA   Niemals, Herr.
OTHELLO Noch je dich weggeschickt?
EMILIA   Nicht einmal, Herr.
OTHELLO Nach ihrem Fächer, ihrer Maske, ihren Handschuhn?
EMILIA Nie, Herr.
OTHELLO   Das ist seltsam.
EMILIA   Ich verwette
  Meine Seele dafür, daß sie treu ist:
  Denkt Ihr anders, werft dies Denken weg
  Es mißbraucht die Brust Euch. Hat ein Gauner
  Euch das in den Kopf gesetzt, dem lohne
  Der Himmel es mit seinem Schlangenfluch
  Denn wenn sie nicht treu ist, rein und sittsam
  Sind Männer arme Hunde und die beste
  Frau nicht besser als das Schlimmste
  Das man uns nachsagt.
OTHELLO   Bitte sie zu mir.
  Sie sagt genug, wenn auch nicht mehr, als eine
  Simple Kupplerin so sagen kann:
  Die Hure ist verschwiegen, ein Gelaß
  Das scheußliche Vergehen in sich schließt
  Und doch: sie kniet und betet, ich selbst sah das.

DESDEMONA Herr, was ist Eur Wille?
OTHELLO   Komm, mein Täubchen.
DESDEMONA Ihr wünscht?
OTHELLO   In Eure Augen Euch zu blicken.
  Seht mir ins Gesicht.
DESDEMONA   Ist dies ein Albtraum?
OTHELLO Waltet Eures Amtes, werte Wirtin

Leaue Procreants alone, and shut the doore:
Cough, or cry hem; if any body come:
Your Mystery, your Mystery: May dispatch. *Exit Æmi.*
Des. Vpon my knee, what doth your speech import?
  I vnderstand a Fury in your words.

Othe. Why? What art thou?
Des. Your wife my Lord: your true and loyall wife.

Othello. Come sweare it: damne thy selfe, least
  being like one of Heauen, the diuells themselues should
  feare to ceaze thee. Therefore be double damn'd: sweare
  thou art honest.

Des. Heauen doth truely know it.
Othe. Heauen truely knowes, that thou art false as hell.
Des. To whom my Lord?
  With whom? How am I false?
Othe. Ah *Desdemon,* away, away, away.
Des. Alas the heauy day: why do you weepe?
  Am I the motiue of these teares my Lord?
  If happely you my Father do suspect,
  An Instrument of this your calling backe,
  Lay not your blame on me: if you haue lost him,
  I haue lost him too.
 Othe. Had it pleas'd Heauen,
  To try me with Affliction, had they rain'd
  All kind of Sores, and Shames on my bare-head:
  Steep'd me in pouertie to the very lippes.
  Giuen to Captiuitie, me, and my vtmost hopes,
  I should haue found in some place of my Soule
  A drop of patience. But alas, to make me

Laßt die Lüsternen allein: die Tür zu!
Naht jemand, hüstelt oder räuspert Euch.
An Euer Werk, an Euer Werk: nein, geht.
DESDEMONA Auf meinen Knien: was meint Eure Rede?
Der Zorn in Euren Worten wird mir deutlich
Doch nicht ihr Sinn.
OTHELLO   Wer bist du?
DESDEMONA   Eure Frau, Herr,
Eure treue, Euch ergebne Frau.
OTHELLO Komm, beschwör das, richte selber dich:
Damit dein Himmelswesen länger nicht
Die Teufel davon abhält, dich zu packen
Lad dir die doppelte Verdammnis auf
Beschwöre, du seist treu.
DESDEMONA   Der Himmel weiß es.
OTHELLO Er weiß, du bist so falsch als wie die Hölle.
DESDEMONA Gegen wen, Herr? Mit wem? Wie denn falsch?

OTHELLO O Desdemona! Weg! Weg! Weg!
DESDEMONA Ach, welch ein schwerer Tag! Ihr weint! Warum?
Bin ich der Anlaß, Herr, für diese Tränen?
Habt Ihr meinen Vater im Verdacht
Er stecke hinter Eurer Abberufung
Verklagt nicht mich: denn habt Ihr ihn verloren
Seht, ich verlor ihn auch.
OTHELLO   Hätte es dem Himmel
Gefallen, mich zu prüfen mit Beschwernis
Hätte er mir auf das bloße Haupt
Sorgen und Verheerungen geregnet
In Armut mich getaucht bis an die Lippen
Mich und mein Hoffen in Gefangenschaft
Geworfen, ich, in irgendeinem Winkel

The fixed Figure for the time of Scorne,
To point his slow, and mouing finger at.
Yet could I beare that too, well, very well:
But there where I haue garnerd vp my heart,
Where either I must liue, or beare no life,
The Fountaine from the which my currant runnes,
Or else dries vp: to be discarded thence,
Or keepe it as a Cesterne, for foule Toades
To knot and gender in. Turne thy complexion there:
Patience, thou young and Rose-lip'd Cherubin,
I heere looke grim as hell.

Des. I hope my Noble Lord esteemes me honest.
Othe. Oh I, as Sommer Flyes are in the Shambles,
   That quicken euen with blowing. Oh thou weed:
   Who art so louely faire, and smell'st so sweete,
   That the Sense akes at thee,
   Would thou had'st neuer bin borne.
Des. Alas, what ignorant sin haue I committed?

Othe. Was this faire Paper? This most goodly Booke
   Made to write Whore vpon? What commited,
   Committed? Oh, thou publicke Commoner,
   I should make very Forges of my cheekes,
   That would to Cynders burne vp Modestie,
   Did I but speake thy deedes. What commited?
   Heauen stoppes the Nose at it, and the Moone winks:
   The baudy winde that kisses all it meetes,
   Is hush'd within the hollow Myne of Earth
   And will not hear't. What commited?

Meiner Seele, hätte einen Tropfen
Duldsamkeit gefunden. Doch aus mir
Die Ziffer auf der Uhr des Spotts zu machen
Auf die ihr Zeiger unverrückbar weist!
Und selbst das ertrüge ich ganz gut
Sogar sehr gut: doch ein Vertriebener
Zu sein von jenem Ort, an dem mein Herz wohnt
An dem ich, will ich leben, leben muß
Die Quelle, der mein Daseinsstrom entspringt
Als schlammige Kloake sehn zu müssen
In der sich Kröten klebrig paaren: da
Erblassen dir, Geduld, du jugendlicher
Cherubim, die rosenfarbnen Lippen
Da blickt aus mir die Hölle.
DESDEMONA Ich hoffe, mein Gebieter hält mich wert.
OTHELLO O ja, so wert wie Fliegenvolk im Schlachthaus
    Das, kaum geschlüpft, sich fortpflanzt: o du Giftkraut
    Was bist du nur so wunderschön, du duftest
    Daß sich mein Sinn nach dir verzehrt, ich wollte
    Du wärest nie geboren!
DESDEMONA   Was für eine
    Sünde hab ich ahnungslos begangen?
OTHELLO Soll dieses jungfräuliche Blatt, dies schön
    Gebundne Buch zu nichts gut sein als Hure
    Darauf zu schreiben? Was begangen? Du?
    Begangen? O du viel Begangene!
    Zu Schmiedeöfen würden meine Wangen,
    Drin alle Sittlichkeit zu Asche brennt
    Spräch ich von deinen Taten. Was begangen!
    Der Himmel hält davor die Nase zu
    Die Augen schließt der Mond, der geile Wind
    Der alles, was er antrifft, abküßt, kriecht

Des. By Heauen you do me wrong.

Othe. Are not you a Strumpet?

Des. No, as I am a Christian.
 If to preserue this vessell for my Lord,
 From any other foule vnlawfull touch
 Be not to be a Strumpet, I am none.

Othe. What, not a Whore?

Des. No, as I shall be sau'd.

Othe. Is't possible?

Des. Oh Heauen forgiue vs.

Othe. I cry you mercy then.
 I tooke you for that cunning Whore of Venice,
 That married with *Othello*. You Mistris,

Enter Æmilia.

 That haue the office opposite to Saint *Peter*,
 And keepes the gate of hell. You, you: I you.
 We haue done our course: there's money for your paines:
 I pray you turne the key, and keepe our counsaile. *Exit.*

Æmil. Alas, what do's this Gentleman conceiue?
 How do you Madam? how do you my good Lady?

Des. Faith, halfe a sleepe.

Æmi. Good Madam,
 What's the matter with my Lord?

Des. With who?

Æmil. Why, with my Lord, Madam?

Des. Who is thy Lord?

Ins hohle Innere der Erde, um es
Nicht mit anzuhören: was begangen!
DESDEMONA Der Himmel weiß, daß Ihr mir Unrecht tut.
OTHELLO Ihr seid keine Schlampe?
DESDEMONA   Nein, so wahr
    Ich Christin bin. Wenn mich, daß ich den Kelch
    Meines Herrn vor jedem unerlaubten
    Verhaßten, faulen Übergriff bewahre
    Wenn das mich nicht zu einer Schlampe macht
    Dann bin ich keine.
OTHELLO   Wie, seid keine Hure?
DESDEMONA Nein, so wahr ich selig werden will.
OTHELLO Ists möglich?
DESDEMONA   O vergib uns, Himmel.
OTHELLO   Dann
    Erbitte ich mir Gnade von Euch, ich
    Hielt Euch für Venedigs große Hure
    Die sich den Othello schnappte. Ihr da

    Frau Wirtin, die Sankt Petrus gegenüber
    Ihr Amt versieht und vor der Hölle Wacht hält
    Ihr, Ihr: ja, Ihr! Wir habens hinter uns
    Nehmt dieses Geld zum Lohn für Eure Mühe.
    Ich bitt Euch, dreht den Schlüssel um und schweigt.
EMILIA Herrgott, was denkt sich dieser Gentleman?
    Wie ist Euch, Madam? Wie ist Euch, werte Lady?
DESDEMONA Mir ist, als schliefe ich.
EMILIA Was ist in unsern Herrn gefahren, Madam?

DESDEMONA In wen?
EMILIA   In unsern Herrn.
DESDEMONA   Wer ist dein Herr?

Æmil. He that is yours, sweet Lady.

Des. I haue none: do not talke to me, *Æmilia*,
   I cannot weepe: nor answeres haue I none,
   But what should go by water. Prythee to night,
   Lay on my bed my wedding sheetes, remember,
   And call thy husband hither.

Æmil. Heere's a change indeed.   *Exit.*

Des. 'Tis meete I should be vs'd so: very meete.
   How haue I bin behau'd, that he might sticke
   The small'st opinion on my least misvse?

             Enter Iago, and Æmilia.

Iago. What is your pleasure Madam?
   How is't with you?

Des. I cannot tell: those that do teach yong Babes
   Do it with gentle meanes, and easie taskes.
   He might haue chid me so: for in good faith
   I am a Child to chiding.

Iago. What is the matter Lady?

Æmil. Alas (*Iago*) my Lord hath so bewhor'd her,
   Throwne such dispight, and heauy termes vpon her
   That true hearts cannot beare it.

Des. Am I that name, *Iago*?

Iago. What name we (faire Lady?)

Des. Such as she said my Lord did say I was.

Æmil. He call'd her whore: a Begger in his drinke:
   Could not haue laid such termes vpon his Callet.

Iago. Why did he so?

Des. I do not know: I am sure I am none such.

Iago. Do not weepe, do not weepe: alas the day.

Æmil. Hath she forsooke so many Noble Matches?
   Her Father? And her Country? And her Friends?

EMILIA Der deine, Tausendschön.

DESDEMONA   Ich habe keinen.
    Laß mich in Ruh, Emilia, weinen kann ich
    Nicht mehr, noch weiß ich die Antwort, die nicht
    Durch Wasser ginge. Heute Nacht beziehst du
    Mein Bett mit unsern Hochzeitslaken, denk dran
    Und ruf mir deinen Mann.

EMILIA   Hier geht was vor.

DESDEMONA Das geschieht mir recht. Wie muß ich mich
    Benommen haben, daß in ihm der kleinste
    Argwohn meiner größten Schandtat aufkam?

IAGO Was steht zu Diensten, Madam? Gehts Euch gut?

DESDEMONA Ich kanns nicht sagen. Wer ein Kind belehrt
    Der tut es liebevoll und einsehbar:
    So mußte er mich schelten, denn gescholten
    Bin ich ein Kind.

IAGO   Was ist geschehen, Lady?

EMILIA Ach, Iago, so behurt hat sie der Herr
    So mit Haß und wüstem Wort beworfen
    Daß ein reines Herz es nicht erträgt.

DESDEMONA Bin ich so eine, Iago?

IAGO   So eine was, Mylady?

DESDEMONA Was, wie sie sagt, mein Mann sagt, daß ichs wäre.

EMILIA Er rief sie Hure: kein betrunkner Penner
    Geht seine Dirne derart an.

IAGO   Weshalb?

DESDEMONA Ich weiß es nicht, ich weiß nur eins, ich bins nicht.

IAGO Nicht weinen, nicht gleich weinen: was ein Tag!

EMILIA Gab sie so viele noble Freier auf
    Den Vater und ihr Land, den Kreis der Freunde

To be call'd Whore? Would it not make one weepe?

Des. It is my wretched Fortune.

Iago. Beshrew him for't:
  How comes this Tricke vpon him?
Des. Nay, Heauen doth know.
Æmi. I will be hang'd, if some eternall Villaine,
  Some busie and insinuating Rogue,
  Some cogging, cozening Slaue, to get some Office,
  Haue not deuis'd this Slander: I will be hang'd else.
Iago. Fie, there is no such man: it is impossible.

Des. If any such there be, Heauen pardon him.
Æmil. A halter pardon him:
  And hell gnaw his bones.
  Why should he call her Whore?
  Who keepes her companie?
  What Place? What Time?
  What Forme? What liklyhood?
  The Moore's abus'd by some most villanous Knaue,
  Some base notorious Knaue, some scuruy Fellow.
  Oh Heauens, that such companions thou'd'st vnfold,
  And put in euery honest hand a whip
  To lash the Rascalls naked through the world,
  Euen from the East to th'West.
Iago. Speake within doore.
Æmil. Oh fie vpon them: some such Squire he was
  That turn'd your wit, the seamy-side without,
  And made you to suspect me with the Moore.

Iago. You are a Foole: go too.

Um sich als Hure tituliert zu sehn?
Wenn das kein Grund zum Weinen ist!
DESDEMONA   Es ist
  Die Strafe für mein Tun.
IAGO   Er soll sich schämen!
  Wie kommt er auf den Unfug?
DESDEMONA   Weiß der Himmel.
EMILIA Irgendein Intrigant, ein Lügensack
  Ein hemmungsloser, elender Verleumder
  Hat eigennützig sich das ausgedacht:
  Hängt mich, wenns anders ist.
IAGO   Pfui nein, so einen
  Gibt es ja gar nicht, das ist unvorstellbar!
DESDEMONA Gibt es ihn, vergebe ihm der Himmel.
EMILIA Ein Strick vergebe ihm, die Hölle soll
  An seinen Knochen kaun! Sie eine Hure?
  Mit wem hat sie denn Umgang? Wo? Wann? Wie?

Wo findet sich auch nur der kleinste Anschein?
  Da ist ein Schuft, der uns den Mohren krank macht
  Ein krummer Hund, ein abgewichstes Schlitzohr!
  O Himmel, fördre solches Pack ans Licht
  Und in die Faust des Anstands lege Peitschen
  Die Schurken nackigt durch die Welt zu prügeln
  Von Ost bis West!
IAGO   Geht es vielleicht noch lauter?
EMILIA O Schande über ihn, das muß ein Kerl sein
  Wie der, der dir den Grips auf links gedreht hat
  Die Naht nach außen, und es fertig brachte
  Daß du mich mit dem Mohren im Verdacht hast.
IAGO Hör auf, verrücktes Huhn.

Des. Alas *Iago*,
   What shall I do to win my Lord againe?
   Good Friend, go to him: for by this light of Heauen,
   I know not how I lost him. Heere I kneele:
   If ere my will did trespasse 'gainst his Loue,
   Either in discourse of thought, or actuall deed,
   Or that mine Eyes, mine Eares, or any Sence
   Delighted them: or any other Forme.
   Or that I do not yet, and euer did,
   And euer will, (though he do shake me off
   To beggerly diuorcement) Loue him deerely,
   Comfort forsweare me. Vnkindnesse may do much,
   And his vnkindnesse may defeat my life,
   But neuer taynt my Loue. I cannot say Whore,
   It do's abhorre me now I speake the word,
   To do the Act, that might the addition earne,
   Not the worlds Masse of vanitie could make me.

Iago. I pray you be content: 'tis but his humour:
   The businesse of the State do's him offence.

Des. If 'twere no other.
Iago. It is but so, I warrant,
   Hearke how these Instruments summon to supper:
   The Messengers of Venice staies the meate,
   Go in, and weepe not: all things shall be well.
                Exeunt Desdemona and Æmilia.
                      Enter Rodorigo.
   How now *Rodorigo?*
Rod. I do not finde
   That thou deal'st iustly with me.
Iago. What in the contrarie?

IV, ii, 177-206

DESDEMONA   O bester Iago
    Was tu ich, meinen Herrn mir zu versöhnen?
    Geh zu ihm, Freund, denn bei dem Himmelslicht
    Ich weiß nicht, wie ich ihn verlor. Hier knie ich:
    Umging ich je mit Absicht Liebesschranken
    Entweder in Gedanken oder Taten
    Oder suchten Augen mir und Ohren
    Oder andre Sinne ihr Vergnügen
    Da, wo sie es nicht durften, oder wenn ich
    Ihn nicht liebe, immer liebte, immer
    Lieben werde (auch wenn er mich wegstößt
    In armseligste Trennung) dann für mich
    Kein Trost mehr! Herzlos sein vernichtet viel
    Sein Herzlossein kann mich ums Leben bringen
    Doch nicht um meine Liebe. Hure. Ich
    Kann das Wort kaum sagen, so erschreckts mich:
    Zu tun, was es voraussetzt, dazu bringt
    Die Eigensucht der ganzen Welt mich nicht.
IAGO Bleibt bitte ruhig, es ist nur eine Laune
    Das Staatsgeschäft hat ihm Verdruß bereitet
    Und Ihr bekommt es ab.
DESDEMONA   Wenns das nur wäre.
IAGO Das ist alles, unter Garantie.
    Hört Ihr, die Fanfare lädt zum Nachtmahl
    Und die Gesandtschaft aus Venedig wartet:
    Geht hin und weint nicht, alles wird noch gut.

    Nun, mein Rodrigo?
RODERIGO Ich finde nicht, daß du es ehrlich mit mir meinst.

IAGO Sondern?

Rodori. Euery day thou dafts me with some deuise
  Iago, and rather, as it seemes to me now, keep'st from
  me all conueniencie, then suppliest me with the least aduantage of hope: I will indeed no longer endure it. Nor
  am I yet perswaded to put vp in peace, what already I
  haue foolishly suffred.

Iago. Will you heare me *Rodorigo?*
Rodori. I haue heard too much: and your words and
  Performances are no kin together.
Iago. You charge me most vniustly.
Rodo. With naught but truth: I haue wasted my
  selfe out of my meanes. The Iewels you haue had from
  me to deliuer *Desdemona,* would halfe haue corrupted a
  Votarist. You haue told me she hath receiu'd them,
  and return'd me expectations and comforts of sodaine
  respect, and acquaintance, but I finde none.
Iago. Well, go too: very well.
Rod. Very well, go too: I cannot go too, (man) nor
  tis not very well. Nay I think it is scuruy: and begin to
  finde my selfe fopt in it.

Iago. Very well.
Rodor. I tell you, 'tis not very well: I will make my
  selfe knowne to *Desdemona.* If she will returne me my
  Iewels, I will giue ouer my Suit, and repent my vnlawfull solicitation. If not, assure your selfe, I will seeke
  satisfaction of you.

Iago. You haue said now.
Rodo. I: and said nothing but what I protest intend-
  ment of doing.

RODERIGO Tag für Tag trickst du mich mit irgendwelchen Finten aus, Iago, und mir scheint, du hältst mich von allen Möglichkeiten mehr fern, als daß du mir den kleinsten Hoffnungsschimmer rüberschiebst: ich denke nicht daran, das länger mitzumachen, und ich bin nicht willens, dir zu vergessen, was ich, blöd wie ich bin, schon zu lange mitgemacht habe.

IAGO Hörst du mir zu, Rodrigo?

RODERIGO Mein Seel, ich habe dir viel zu viel zugehört, denn was du versprichst und was du tust sind zwei Paar Stiefel.

IAGO Du klagst mich sehr zu Unrecht an.

RODERIGO Mit nichts als der Wahrheit. Ich habe mich sämtlicher Mittel entblößt. Halb so viele Juwelen, wie ich dir für Desdemona übergab, hätten eine Nonne bestochen: du sagst, sie habe sie entgegen genommen und kamst mit Aussichten wieder und Hofferei und baldiger Gunst und Würdigung und ich sehe nix davon.

IAGO Schön, mach weiter, sehr schön.

RODERIGO Sehr schön, mach weiter, ich kann nicht weitermachen, Mann, es ist nicht sehr schön, bei dieser Hand, ich sage, es ist hinterfotzig, und ich finde langsam, ich werde verarscht.

IAGO Sehr schön.

RODERIGO Ich sage, es ist nicht sehr schön: ich werde persönlich bei Desdemona vorstellig werden. Wenn sie mir meine Steine returniert, lasse ich von meiner Jagd auf sie ab und bereue meine widerrechtlichen Nachstellungen, wenn nicht, verlange ich Satisfaktion von dir, darauf kannst du Gift nehmen.

IAGO Bist du fertig?

RODERIGO Bin ich, vor allem mit dir.

Iago. Why, now I see there's mettle in thee: and
euen from this instant do build on thee a better o-
pinion then euer before: giue me thy hand *Rodorigo*.
Thou hast taken against me a most iust exception: but yet I protest I haue dealt most directly in thy
Affaire.

Rod. It hath not appeer'd.

Iago. I grant indeed it hath not appeer'd: and
your suspition is not without wit and iudgement.
But *Rodorigo*, if thou hast that in thee indeed, which
I haue greater reason to beleeue now then euer (I
meane purpose, Courage, and Valour) this night
shew it. If thou the next night following enioy not
Desdemona, take me from this world with Treache-
rie, and deuise Engines for my life.

Rod. Well: what is it? Is it within, reason and compasse?

Iago. Sir, there is especiall Commission come from
Venice to depute *Cassio* in *Othello's* place.

Rod. Is that true? Why then *Othello* and *Desdemona*
returne againe to Venice.

Iago. Oh no: he goes into Mauritania and taketh
away with him the faire *Desdemona*, vnlesse his a-
bode be lingred heere by some accident. Wherein none can be so determinate, as the remouing of
Cassio.

Rod. How do you meane remouing him?

Iago. Why, by making him vncapable of *Othello's*
place: knocking out his braines.

Rod. And that you would haue me to do.

Iago. I: if you dare do your selfe a profit, and a
right. He sups to night with a Harlotry: and thither

IAGO Wieso denn, jetzt sehe ich, du hast Feuer in dir, und ab sofort hab ich eine noch höhere Meinung von dir als vorher, gib mir deine Hand, Rodrigo: du bist völlig zu Recht ausfällig gegen mich geworden, nur halte ich dagegen, daß ich in deiner Sache äußerst zielstrebig vorgegangen bin.

RODERIGO Stellt sich mir so nicht dar.

IAGO Selbstverständlich stellt es sich dir so nicht dar, und dein Mißtraun spricht für Cleverness und Realitätssinn: aber, Rodrigo, wenn das in dir steckt, was zu glauben ich mehr Grund habe als je zuvor, ich rede jetzt von Tatkraft, Beherztheit und Kaltblütigkeit, dann laß es diese Nacht 'raus. Wenn du nächste Nacht Desdemona nicht vernaschst, dann schaff mittels Hinterlist mich aus der Welt und plane Anschläge auf mein Leben.

RODERIGO Schön, aber wie soll das klappen und hinkommen?

IAGO Sir, es ist ein ausdrücklicher Befehl aus Venedig eingetroffen, daß Cassio Othellos Posten übernehmen soll.

RODERIGO Ist das wahr? Ja, dann gehn Othello und Desdemona ja nach Venedig zurück!

IAGO O nein, er geht nach Mauretanien und nimmt die schöne Desdemona mit sich, es sei denn, irgendein Vorfall hält ihn davon ab, und keiner tut das so gründlich wie die Beiseitestellung Cassios.

RODERIGO Wie meinst du das, Beiseitestellung?

IAGO Na, ihn für Othellos Posten untauglich machen, ihm den Schädel einschlagen.

RODERIGO Und da hättest du gern, daß ich das mache.

IAGO Klar, wenn du den Mumm hast, dir was Gutes zu tun und dir dein Recht zu verschaffen, er nimmt heute sein

will I go to him. He knowes not yet of his Honourable
Fortune, if you will watch his going thence (which
I will fashion to fall out betweene twelue and one)
you may take him at your pleasure. I will be neere
to second your Attempt, and he shall fall betweene
vs. Come, stand not amaz'd at it, but go along with
me: I will shew you such a necessitie in his death, that
you shall thinke your selfe bound to put it on him. It
is now high supper time: and the night growes to wast.
About it.

Rod. I will heare further reason for this.
Iago. And you shalbe satisfi'd.   *Exeunt.*

Scena Tertia.

*Enter Othello, Lodouico, Desdemona, Æmilia,
and Atendants.*

Lod. I do beseech you Sir, trouble your selfe no further.
Oth. Oh pardon me: 'twill do me good to walke.
Lodoui. Madam, good night: I humbly thanke your
    Ladyship.
Des. Your Honour is most welcome.
Oth. Will you walke Sir? Oh *Desdemona.*

Des. My Lord.
Othello. Get you to bed on th'instant, I will be re-
    turn'd forthwith: dismisse your Attendant there: look't
    be done.   *Exit.*
Des. I will my Lord.

Abendbrot bei seinem Flittchen ein, und da soll ich ihn
treffen. Noch weiß er nichts von seiner ehrenvollen Beförderung. Wenn du nun seinem Abmarsch auflauern
willst, den ich dir zwischen zwölf und eins bewerkstelligen
will, kannst du mit ihm machen, was du willst: ich werde
in der Nähe sein, um dir zu sekundieren, und gemeinsam
machen wir ihn kalt. Komm schon, jetzt steh nicht so ver-
donnert da, begleite mich, ich werde dir den Nutzen seines Hinscheidens so bündig beweisen, daß du dich geradezu verpflichtet fühlen wirst, ihm dazu zu verhelfen. Es
ist höchste Abendbrotszeit und die Nacht wird schwarz
und schwärzer. Also los.
RODERIGO Ich will mehr Gründe wissen.
IAGO Das sollst du zur Genüge.

IV,3

LODOVICO Ihr müßt Euch, Sir, nun weiter nicht bemühen.
OTHELLO O, verzeiht, ein wenig Auslauf hilft mir.
LODOVICO Madam, gut Nacht. Ich danke Euch von Herzen.

DESDEMONA Euer Ehren sind uns stets willkommen.
OTHELLO   Gehn wir?
    O Desdemona.
DESDEMONA   Mein Gemahl?
OTHELLO   Geht schon zu Bett,
    Ich bin sofort zurück, entlaßt für heute
    Eure Kammerfrau. Vergeßt es nicht.
DESDEMONA   Nein, Herr.

Æm. How goes it now? He lookes gentler then he did.
Des. He saies he will returne incontinent,
  And hath commanded me to go to bed,
  And bid me to dismisse you.
Æmi. Dismisse me?
Des. It was his bidding: therefore good *Æmilia*,
  Giue me my nightly wearing, and adieu.
  We must not now displease him.
Æmil. I, would you had neuer seene him.
Des. So would not I: my loue doth so approue him,
  That euen his stubbornesse, his checks, his frownes,
  (Prythee vn-pin me) haue grace and fauour.
Æmi. I haue laid those Sheetes you bad me on the bed.
Des. All's one: good Father, how foolish are our minds?
  If I do die before, prythee shrow'd me
  In one of these same Sheetes.

Æmil. Come, come: you talke.
Des. My Mother had a Maid call'd *Barbarie*,
  She was in loue: and he she lou'd prou'd mad,
  And did forsake her. She had a Song of Willough,
  An old thing 'twas: but it express'd her Fortune,
  And she dy'd singing it. That Song to night,
  Will not go from my mind: I haue much to do,
  But to go hang my head all at one side
  And sing it like poore *Barbarie*: prythee dispatch.

Æmi. Shall I go fetch your Night-gowne?
Des. No, vn-pin me here,
  This *Lodouico* is a proper man.

EMILIA Wie stehts? Er sah entspannter aus.

DESDEMONA Er sprach, er käme gleich zurück. Mich hat er
  Zu Bett befohlen, und er trug mir auf
  Dich wegzuschicken.

EMILIA   Wegzuschicken? Mich?

DESDEMONA Das war sein Auftrag, darum, meine Beste
  Gib mir mein Nachtgewand und dann Adieu:
  Dies ist nicht der Zeitpunkt, ihn zu reizen.

EMILIA Ich wünschte, Ihr hättet ihn nie gesehen!

DESDEMONA Das wünscht' ich nicht: die Augen meines Herzens
  Schmücken selbst sein hartnäckiges Wüten
  (Hilf mir bitte) mit Kraft aus und mit Liebreiz.

EMILIA Das Bett ist wie gewünscht bezogen.

DESDEMONA   Gott
  's ist alles eins: wie töricht wir doch fühlen!
  Wenn ich vor dir sterbe, bitte hüll mich
  In eins der Laken ein.

EMILIA   Kommt, kommt, Ihr schwatzt nur.

DESDEMONA Meine Mutter hatte eine Magd
  Barbara geheißen, die verliebt war
  Und er, den sie liebte, war ein Dummkopf
  Und ließ sie stehn. Sie sang sehr oft ein Lied
  Von einem Weidenbaum, ein altes Lied
  Doch brachte es ihr Liebesleid zum Ausdruck
  Und es singend starb sie: dieses Lied
  Geht mir heute Nacht nicht aus dem Sinn:
  Ich muß mich hüten, daß ich nicht den Kopf
  Zur Seite hängen lasse und es singe
  Wie die arme Barbara: geh, bitte.

EMILIA Ich hole Euer Nachtkleid?

DESDEMONA   Nein, hilf lieber.
  Lodovico ist ein Ehrenmann.

Æmil. A very handsome man.

Des. He speakes well.

Æmil. I know a Lady in Venice would haue walk'd
barefoot to Palestine for a touch of his nether lip.

Des. The poore Soule sat singing, by a Sicamour tree.
Sing all a greene Willough:
Her hand on her bosome her head on her knee,
Sing Willough, Willough, Wtllough.
The fresh Streames ran by her, and murmur'd her moanes
Sing Willough, &c.
Her salt teares fell from her, and softned the stones,
Sing Willough, &c. (Lay by these*)*
Willough, Willough. (Prythee high thee: he'le come anon)
Sing all a greene Willough must be my Garland.
Let no body blame him, his scorne I approue.
(Nay that's not next. Harke, who is't that knocks?

Æmil. It's the wind.

Des. I call'd my Loue false Loue: but what said he then?
Sing Willough, &c.
If I court mo women, you'le couch with mo men.

EMILIA Ein gutaussehender Mann.

DESDEMONA Er kann gut reden.

EMILIA Ich kenne in Venedig eine Lady, die würde barfuß nach Palästina pilgern, um bloß seine Unterlippe zu berühren.

DESDEMONA *Die Ärmste saß seufzend*
An des Wiesenbachs Rand
Singt Weide, Weide, Weide
Stützt den Arm auf ihr Knie
Und den Kopf in die Hand
O Weide, Weide, Weide
Sei mein Grabkranz.

Leg das weg.
Das Bächlein eilt murmelnd
Und seufzet ihr gleich
Singt Weide, Weide, Weide
Wo die Salztränen fallen
Werden Steine selbst weich
O Weide, Weide, Weide
Sei mein Grabkranz.

Bitte eil dich, er wird gleich hier sein.
Verklage ihn niemand
Noch sein Spott ist mir lieb –

Nein, das kommt noch nicht. Horch, wer klopft da?

EMILIA Es ist der Wind.

DESDEMONA *Falsch nannt ich den Liebsten*
Doch was sprach er dazu?
»So viel Frauen ich liebe
So viel Männer liebst du.«
Singt Weide, Weide, Weide
O Weide, Weide, Weide
Sei mein Grabkranz.

So get thee gone, good night: mine eyes do itch:
    Doth that boade weeping?
Æmil. 'Tis neyther heere, nor there.
Des. I haue heard it said so. O these Men, these men!
    Do'st thou in conscience thinke (tell me *Æmilia*)
    That there be women do abuse their husbands
    In such grosse kinde?
Æmil. There be some such, no question.
Des. Would'st thou do such a deed for all the world?
Æmil. Why, would not you?
Des. No, by this Heauenly light.
Æmil. Nor I neither, by this Heauenly light:
    I might doo't as well i'th'darke.
Des. Would'st thou do such a deed for al the world?
Æmil. The world's a huge thing:
    It is a great price, for a small vice.
Des. Introth, I thinke thou would'st not.
Æmil. Introth I thinke I should, and vndoo't when
    I had done. Marry, I would not doe such a thing for a
    ioynt Ring, nor for measures of Lawne, nor for Gownes,
    Petticoats, nor Caps, nor any petty exhibition. But for
    all the whole world: why, who would not make her hus-
    band a Cuckold, to make him a Monarch? I should ven-
    ture Purgatory for't.

Des. Beshrew me, if I would do such a wrong
    For the whole world.
Æmil. Why, the wrong is but a wrong i'th'world;
    and hauing the world for your labour, 'tis a wrong in
    your owne world, and you might quickly make it right.

Des. I do not thinke there is any such woman.

Geh jetzt, gute Nacht. Meine Augen brennen
Heißt das, ich muß weinen?

EMILIA   Es heißt nichts.

DESDEMONA Ein Sprichwort. O die Männer, diese Männer!
Sag mir, Emilia, glaubst du im Ernst
Es gibt Frauen, welche ihre Gatten
So gröblich hintergehn?

EMILIA   Schon, hin und wieder.

DESDEMONA Würdst du das tun um alles in der Welt?

EMILIA Du denn nicht?

DESDEMONA   Ich nicht, beim Licht des Himmels!

EMILIA Ich auch nicht unbedingt beim Licht des Himmels
Ich könnts genau so gut im Dunkeln tun.

DESDEMONA Um alles in der Welt – du würdst das tun?

EMILIA Die Welt ist schon ein Riesending. Sie wäre
Ein Mordsgewinn fürn kleines bißchen Ehre.

DESDEMONA Hand aufs Herz, ich glaube nicht, du würdest.

EMILIA Hand aufs Herz, ich glaube schon, und es von mir
abtun, sobald ichs ihm antat. Mein Seel, so was tät ich
nicht um einen Ring oder um ein paar Ellen Stoff, noch
um Kleider oder Unterröcke oder Hüte oder solche Er-
rungenschaften, aber um alles in der Welt? Jesses, wer
wollte seinem Mann keine Hörner aufsetzen, wenn er
dafür die Welt beherrschen kann? Das Fegefeuer würd
ich dafür glatt riskieren.

DESDEMONA Ich will verdammt sein für so einen Fehltritt
Und gälte es die ganze Welt.

EMILIA Schätzchen, der Fehltritt ist ein Fehltritt auf der
Welt, und kriegst du die ganze Welt für deine Plackerei,
ist es auf deiner Welt ein Fehltritt und du trittst ihn in
den Hintern.

DESDEMONA Ich kann mir nicht vorstellen, daß es Frauen

Æmil. Yes, a dozen: and as many to'th'vantage, as
would store the world they plaid for.
But I do thinke it is their Husbands faults
If Wiues do fall: (Say, that they slacke their duties,
And powre our Treasures into forraigne laps;
Or else breake out in peeuish Iealousies,
Throwing restraint vpon vs: Or say they strike vs,
Or scant our former hauing in despight)
Why we haue galles: and though we haue some Grace,
Yet haue we some Reuenge. Let Husbands know,
Their wiues haue sense like them: They see, and smell,
And haue their Palats both for sweet, and sowre,
As Husbands haue. What is it that they do,
When they change vs for others? Is it Sport?
I thinke it is: and doth Affection breed it?
I thinke it doth. Is't Frailty that thus erres?
It is so too. And haue not we Affections?
Desires for Sport? and Frailty, as men haue?
Then let them vse vs well: else let them know,
The illes we do, their illes instruct vs so.

Des. Good night, good night:
Heauen me such vses send,
Not to picke bad, from bad; but by bad, mend.   *Exeunt*

gibt, die so denken.

EMILIA Natürlich, Dutzende, und auf Lager so viele, wie
   nötig sind, um die Welt, die sie sich erspielten, anschlie-
   ßend zu bevölkern.
   Ich denke nur, schuld sind die Ehemänner
   Wenn Frauen falln: sprich, wenn sie pflichtvergessen
   Unsern Schatz in fremde Schöße schütten
   Oder ihre Eifersuchtsausbrüche
   Uns in Ketten werfen, oder wenn sie
   Uns prügeln, unsre Mitgift leichthin
   Vertun, da steigt auch uns die Galle hoch:
   Zu unsern Reizen kommt ein wenig Rachsucht.
   Ihr Ehemänner, wißt, wir fühlen auch
   Wir sehn, wir riechen, unser Gaumen kann
   Zwischen süß und sauer unterscheiden
   Ganz wie der eure. Was glaubt ihr zu tun
   Wenn ihr uns tauscht? Ist das ein Sport? Ich denke:
   Ja. Ist Leidenschaft im Spiel? Ich denke:
   Schon. Irrt da ein Schwacher? Ja, auch das.
   Und wir? Sind wir nicht sportlich? Sind wir etwa
   Nicht leidenschaftlich? Und nicht schwach wie ihr?
   So lernt denn, Männer, die ihr uns nicht ehrt
   Wir tun nichts Böses, das ihr uns nicht lehrt.   [Erden

DESDEMONA Gut Nacht, gut Nacht. Gott, gib mir hier auf
   Von Schlechtem schlecht nicht, sondern gut zu werden.

Actus Quintus. Scena Prima.

Enter Iago, and Rodorigo.

Iago. Heere, stand behinde this Barke,
   Straight will he come:
   Weare thy good Rapier bare, and put it home:
   Quicke, quicke, feare nothing; Ile be at thy Elbow,
   It makes vs, or it marres vs, thinke on that,
   And fixe most firme thy Resolution.
Rod. Be neere at hand, I may miscarry in't.
Iago. Heere, at thy hand: Be bold, & take thy stand.
Rod. I haue no great deuotion to the deed,
   And yet he hath giuen me satisfying Reasons:
   'Tis but a man gone. Forth my Sword: he dies.
Iago. I haue rub'd this yong Quat almost to the sense,
   And he growes angry. Now, whether he kill *Cassio*,
   Or *Cassio* him, or each do kill the other,
   Euery way makes my gaine. Liue *Rodorigo*,
   He calles me to a restitution large
   Of Gold, and Iewels, that I bob'd from him,
   As Guifts to *Desdemona*.
   It must not be: If *Cassio* do remaine,
   He hath a dayly beauty in his life,
   That makes me vgly: and besides, the Moore
   May vnfold me to him: there stand I in much perill:
   No, he must dye. But so, I heard him comming.

Enter Cassio.

Rod. I know his gate, 'tis he: Villaine thou dyest.
Cas. That thrust had beene mine enemy indeed,
   But that my Coate is better then thou know'st:

V,1

IAGO Du stellst dich hier ans Eck mit nacktem Eisen
In Kürze kommt er und dann stichst du zu
Blitzschnell und furchtlos, ich bin in der Nähe:
Hier heißt es schaffen oder scheitern, denk dran
Und sei wild entschlossen.

RODERIGO Steh mir zur Seite, falls ich es vermassle.
IAGO Hier, an deiner Seite: Geh in Stellung!
RODERIGO Ich reiß mich nicht direkt um diese Tat
Und doch hat er sie triftig mir begründet
's ist einer weniger: raus, Schwert, er stirbt.
IAGO Aufgekratzt hab ich ihm seine Pickel
Und es juckt ihn: killt er Cassio oder
Der ihn oder killen sie sich beide
Ich gewinne. Überlebt Rodrigo
Belangt er mich von wegen der Erstattung
Des Goldes und der Klunker, die ich ihm
Als Präsente abgeknöpft hab für
Die liebe Desdemona:
Das muß nicht sein. Bleibt Cassio über
Dann läuft er als der Strahlemann herum
Und läßt mich alt aussehn: und überdies
Kann mich der Mohr verpfeifen. Das wär übel.
Nein, er muß sterben. Und da ist er schon.

RODERIGO Ich kenn den Schritt, 's ist er, Halunke, stirb!
CASSIO Der Stoß war durchaus unnett mir gesonnen
Doch weil mein Rock mehr aushält als du glaubst

I will make proofe of thine.

Rod. Oh, I am slaine.

Cassio. I am maym'd for euer:

Helpe hoa: Murther, murther.

Enter Othello.

Oth. The voyce of *Cassio*, *Iago* keepes his word.

Rod. O Villaine that I am.

Oth. It is euen so.

Cas. Oh helpe hoa: Light, a Surgeon.

Oth. 'Tis he: O braue *Iago*, honest, and iust,

That hast such Noble sense of thy Friends wrong,

Thou teachest me. Minion, your deere lyes dead,

And your vnblest Fate highes: Strumpet I come:

For of my heart, those Charmes thine Eyes, are blotted.

Thy Bed lust-stain'd, shall with Lusts blood bee spotted.

Exit Othello.

Enter Lodouico and Gratiano.

Cas. What hoa? no Watch? No passage?

Murther, Murther.

Gra. 'Tis some mischance, the voyce is very direfull.

Cas. Oh helpe.

Lodo. Hearke.

Rod. Oh wretched Villaine.

Lod. Two or three groane. 'Tis heauy night;

These may be counterfeits: Let's think't vnsafe

To come into the cry, without more helpe.

Rod. Nobody come: then shall I bleed to death.

Enter Iago.

Lod. Hearke.

Gra. Here's one comes in his shirt, with Light, and

Weapons.

Iago. Who's there?

Will ich den deinen testen.

RODERIGO   O ich sterbe!

CASSIO Ich bin ein Krüppel, Licht, heda, Mord, Mord!

OTHELLO Cassios Stimme. Iago hält sein Wort.

RODERIGO O, was tat ich!

OTHELLO   Still, da ist noch wer.

CASSIO Zu Hilfe, he! Holt Lichter, einen Arzt!

OTHELLO Er ists. O tapfrer Iago, treue Seele
   Der du meine Schmach mir nobel nachfühlst
   Du lehrst mich. Liebchen, dein Gespiele liegt
   Und deine Stunde naht: Hure, ich komme
   Dein Augenzauber sieht mein Herz verschlossen
   Dein Lustbett wird mit Mordlust übergossen.

CASSIO Was denn, keine Wache, kein Passant?
   Mord! Mord!

GRATIANO   Ein Unglück! Der Schrei klang verzweifelt!

CASSIO Zu Hilfe!

LODOVICO   Still!

RODERIGO   O du verdammter Hund!

LODOVICO Zwei Röchler oder drei, die Nacht ist finster
   Das kann 'ne Falle sein, ich halts für unklug
   Verstärkungslos dem Rufen nachzugehn.

RODERIGO Niemand kommt: dann muß ich hier verbluten.

LODOVICO Still!

GRATIANO Da naht sich wer im Hemd, mit Licht und Waffen.

IAGO Wer da? Wer macht da Lärm und schreit von Mord?

Who's noyse is this that cries on murther?
Lodo. We do not know.
Iago. Do not you heare a cry?
Cas. Heere, heere: for heauen sake helpe me.
Iago. What's the matter?
Gra. This is *Othello's* Ancient, as I take it.
Lodo. The same indeede, a very valiant Fellow.
Iago. What are you heere, that cry so greeuously?
Cas. *Iago?* Oh I am spoyl'd, vndone by Villaines:
      Giue me some helpe.
Iago. O mee, Lieutenant!
      What Villaines haue done this?
Cas. I thinke that one of them is heereabout.
      And cannot make away.
Iago. Oh treacherous Villaines:
      What are you there? Come in, and giue some helpe.
Rod. O helpe me there.
Cassio. That's one of them.
Iago. Oh murd'rous Slaue! O Villaine!
 Rod. O damn'd *Iago*! O inhumane Dogge!
Iago. Kill men i'th'darke?
      Where be these bloody Theeues?
      How silent is this Towne? Hoa, murther, murther.
      What may you be? Are you of good, or euill?
Lod. As you shall proue vs, praise vs.
Iago. Signior *Lodouico*?
Lod. He Sir.
Iago. I cry you mercy: here's *Cassio* hurt by Villaines.

Gra. *Cassio?*
Iago. How is't Brother?

LODOVICO Ich weiß es nicht.

IAGO   Habt ihrs nicht schrein gehört?

CASSIO Hierher, hierher, helft, um Himmels willen!

IAGO Was gibt es?

GRATIANO   Ist das nicht Othellos Fähnrich?

LODOVICO Der nämliche, ein sehr beherzter Mann.

IAGO Wer seid denn Ihr, der so erbärmlich wimmert?

CASSIO Iago! O ich bin hin, von Schurken abgestochen.
    Hilf mir hoch.

IAGO O, mein Herr Leutnant! Welche Schurken warn das?

CASSIO Ich meine, einer ist noch in der Nähe
    Und kann nicht weg.

IAGO   O heimtückische Schufte!
    Was steht ihr da so rum? Kommt her und helft.

RODERIGO O helft mir auch!

CASSIO Das ist er.

IAGO   O du mörderisches Schwein!

RODERIGO O verdammter Iago! O du Sauhund!

IAGO Im Finstern Leute killen, wie? Wo ist
    Der Rest? Schläft diese Stadt? He, Mörder! Mörder!
    Wer ihr wohl seid, die Guten oder Bösen?

LODOVICO Wie wir sind, so nehmt uns.

IAGO Signior Lodovico?

LODOVICO   Er, Sir.

IAGO   Könnt Ihr mir
    Vergeben? Cassio wurde überfallen
    Und verwundet.

GRATIANO   Cassio!

IAGO   Bruder, wie

Cas. My Legge is cut in two.

Iago. Marry heauen forbid:

Light Gentlemen, Ile binde it with my shirt.

Enter Bianca.

Bian. What is the matter hoa? Who is't that cry'd?

Iago. Who is't that cry'd?

Bian. Oh my deere *Cassio*,

My sweet *Cassio:* Oh *Cassio, Cassio, Cassio.*

Iago. O notable Strumpet. *Cassio*, may you suspect

Who they should be, that haue thus mangled you?

Cas. No.

Gra. I am sorry to finde you thus;

I haue beene to seeke you.

Iago. Lend me a Garter. So: —— Oh for a Chaire

To beare him easily hence.

Bian. Alas he faints. Oh *Cassio, Cassio, Cassio.*

Iago. Gentlemen all, I do suspect this Trash

To be a party in this Iniurie.

Patience awhile, good *Cassio.* Come, come;

Lend me a Light: know we this face, or no?

Alas my Friend, and my deere Countryman

Rodorigo? No: Yes sure: Yes, 'tis *Rodorigo.*

Gra. What, of Venice?

Iago. Euen he Sir: Did you know him?

Gra. Know him? I.

Iago. Signior *Gratiano*? I cry your gentle pardon:

These bloody accidents must excuse my Manners,

That so neglected you.

Fühlst du dich?

CASSIO   Mein Bein ist in zwei Stücke.

IAGO Gott behüte! Haltet mir das Licht
    Ihr Herrn, mit meinem Hemd verbind ich ihn.

BIANCA Was geht hier vor? Wer war es, der da schrie?

IAGO Wer war es, der da schrie!

BIANCA   O liebster Cassio!
    Mein süßer Cassio! Cassio! Cassio!

IAGO   O
    Ein Blitzmerker von Hure! Cassio, kannst du
    Sagen, wer dich so zerhackt hat?

CASSIO   Nein.

GRATIANO 's tut weh, Euch so zu sehn. Ich suchte Euch.

IAGO Leiht mir ein Knieband, so: schnell, einen Stuhl
    Um ihn hier wegzubringen!

BIANCA   Ach, er wird
    Ohnmächtig! O mein Cassio! Cassio! Cassio!

IAGO Im Vertraun, ihr Herrn, ich kombiniere
    Die Metze ist verwickelt in die Sache.
    Geduld noch, Cassio. Reicht mir mal die Lampe:
    Kennen wir die Nase oder nicht?
    Ach je, das ist mein Freund und lieber Landsmann:
    Rodrigo? Nein – doch, ja: Rodrigo! Himmel!

GRATIANO Wie, aus Venedig?

IAGO   Eben der, Sir, kennt
    Ihr ihn?

GRATIANO Ob ich – ? Nun, allerdings!

IAGO   Signior Gratiano!
    Könnt Ihr mir verzeihn? Die Bluttat hier
    Muß mir bei Euch Pardon erwirken dafür

Gra. I am glad to see you.

Iago. How do you *Cassio*? Oh, a Chaire, a Chaire.

Gra. *Rodorigo*?

Iago. He, he, 'tis he:
 Oh that's well said, the Chaire.
 Some good man beare him carefully from hence,
 Ile fetch the Generall's Surgeon. For you Mistris,
 Saue you your labour. He that lies slaine heere (*Cassio*)
 Was my deere friend. What malice was between you?

Cas. None in the world: nor do I know the man?

Iago. What? looke you pale? Oh beare him o'th'Ayre.
 Stay you good Gentlemen. Looke you pale, Mistris?
 Do you perceiue the gastnesse of her eye?
 Nay, if you stare, we shall heare more anon.
 Behold her well: I pray you looke vpon her:
 Do you see Gentlemen? Nay, guiltinesse will speake
 Though tongues were out of vse.

Æmil. Alas, what is the matter?
 What is the matter, Husband?

Iago. *Cassio* hath heere bin set on in the darke
 By *Rodorigo*, and Fellowes that are scap'd:
 He's almost slaine, and *Rodorigo* quite dead.

Æmil. Alas good Gentleman: alas good *Cassio*.

Iago. This is the fruits of whoring. Prythe *Æmilia*,
 Go know of *Cassio* where he supt to night.
 What, do you shake at that?

Bian. He supt at my house, but I therefore shake not.

Iago. O did he so? I charge you go with me.

Æmil. Oh fie vpon thee Strumpet.

Daß ich Euch nicht erkannte.

GRATIANO   Seid gegrüßt.

IAGO Wie ist dir, Cassio? Wirds bald mit dem Stuhl?

GRATIANO Rodrigo?

IAGO   Er, 's ist er. O fein, der Stuhl:
Nun bringt ihn sehr behutsam weg, ich hole
Den Arzt des Generals. Und du, mein Fräulein
Bemüh dich nicht! Er, der hier tot liegt, Cassio
War mir ein Freund. Was gab es zwischen euch?

CASSIO Nichts gab es, noch ist mir der Mann bekannt.

IAGO Was bist du blaß? In sein Quartier mit ihm!
Ihr Herren, wartet: ´bist du blaß, mein Fräulein?
Seht ihr den verstörten Blick? Ihr Starren?
Da werden wir wohl manches noch erfahren!
Seht sie nur an, faßt sie nur fest ins Auge
Bemerkt ihrs, Gentlemen? Ja, wahre Schuld
Spricht immer, sind auch Zungen aus dem Handel.

EMILIA Ach, was ist geschehn? Was ist geschehn, Mann?

IAGO Cassio ward im Finstern angefallen
Von Rodrigo und von welchen, die entflohn
Er ist fast hin und Roderigo tot.

EMILIA Ach, bester Herr! Ach, bester Cassio!

IAGO   Das
Ist die Frucht der Hurerei: Emilia
Frag Cassio bloß, wo er heut Abend speiste:
Was, kriegst du das Zittern?

BIANCA   Krieg ich nicht
Obwohl ich es war, bei der er speiste.

IAGO O, tat er das? Dann kommst du mit uns mit.

EMILIA Pfui, Schimpf und Schande über dich, du

Bian. I am no Strumpet, but of life as honest,
   As you that thus abuse me.
Æmil. As I? Fie vpon thee.
Iago. Kinde Gentlemen:
   Let's go see poore *Cassio* drest.
   Come Mistris, you must tel's another Tale.
   Æmilia, run you to the Cittadell,
   And tell my Lord and Lady, what hath happ'd:
   Will you go on afore? This is the night
   That either makes me, or foredoes me quight.   *Exeunt*

Scœna Secunda.

Enter Othello, and Desdemona in her bed.

Oth. It is the Cause, it is the Cause (my Soule)
   Let me not name it to you, you chaste Starres,
   It is the Cause. Yet Ile not shed her blood,
   Nor scarre that whiter skin of hers, then Snow,
   And smooth as Monumentall Alablaster:
   Yet she must dye, else shee'l betray more men:
   Put out the Light, and then put out the Light:
   If I quench thee, thou flaming Minister,
   I can againe thy former light restore,
   Should I repent me. But once put out thy Light,
   Thou cunning'st Patterne of excelling Nature,
   I know not where is that *Promethæan* heate
   That can thy Light re-Lume.
   When I haue pluck'd thy Rose,
   I cannot giue it vitall growth againe,
   It needs must wither. Ile smell thee on the Tree.

Schlampe!

BIANCA Selber Schlampe! Wie ich nämlich lebe
Ist anständig wie du.

EMILIA   Wie ich? Pfui, daß dich!

IAGO Werte Herrn, laßt uns für Cassio sorgen.
Komm, Fräulein, du mußt uns noch mehr erzählen.
Emilia, lauf auf die Zitadelle
Und setz den Herrn und seine Frau ins Bild
Willst du das tun, mein Herz? Dies ist die Nacht
Die mich erhebt oder zunichte macht.

V, 2

OTHELLO Es ist der Fall, es ist der Fall, mein Herz
Euch laßt mich ihn verschweigen, keusche Sterne:
Es ist der Fall, nur soll ihr Blut nicht fließen
Noch stech ich in die weißre Haut als Schnee
Und zart wie Alabaster eines Bildwerks
Doch stirbt sie, eh sie noch mehr Männer narrt.
Lösch das Licht und das Licht lösch danach:
Erstick ich dich, du flackernder Bediener
Kann ich, packt mich die Reue, dein verglommnes
Licht erneuern, doch ist deines aus
Du Meisterwerk der schaffenden Natur
Dann weiß ich nicht, welche Prometheusglut
Es neu dir anfacht. Der gepflückten Rose
Kann ich, daß sie wächst, nicht wiedergeben
Sie muß verwelken: duften soll sie mir
Ein letztes Mal am Strauch. Ein Atem, lieblich

Oh Balmy breath, that dost almost perswade
Iustice to breake her Sword. One more, one more:
Be thus when thou art dead, and I will kill thee,
And loue thee after. One more, and that's the last.
So sweet, was ne're so fatall. I must weepe,
But they are cruell Teares: This sorrow's heauenly,
It strikes, where it doth loue. She wakes.

Des. Who's there? *Othello?*

Othel. I *Desdemona.*
Des. Will you come to bed, my Lord?
Oth. Haue you pray'd to night, *Desdemon?*

Des. I my Lord.
Oth. If you bethinke your selfe of any Crime
Vnreconcil'd as yet to Heauen, and Grace,
Solicite for it straight.
Des. Alacke, my Lord,
What may you meane by that?
Oth. Well, do it, and be breefe, I will walke by:
I would not kill thy vnprepared Spirit,
No, Heauens fore-fend, I would not kill thy Soule.

Des. Talke you of killing?
Oth. I, I do.
Des. Then Heauen haue mercy on mee.

Oth. Amen, with all my heart.

Des. If you say, I hope you will not kill me.

Der selbst Justitia bereden könnte
Ihr Richtschwert zu zerbrechen. Noch einmal:
Bleib so, wenn du tot bist, und ich bring dich
Um und liebe dich danach. Noch einmal
Und zum letzten Mal: so süß war nie
So schlimm. Jetzt muß ich weinen, aber es
Sind Tränen grausam, wie des Himmels Jammer
Wenn er Geliebtes schlägt. Sie rührt sich.

DESDEMONA   Wer
Ist da? Othello?

OTHELLO   Ja, ich, Desdemona.

DESDEMONA Kommt Ihr zu Bett, Gebieter?

OTHELLO   Habt Ihr
Das Nachtgebet gesprochen, Desdemona?

DESDEMONA   Ja, Herr.

OTHELLO Wißt Ihr von irgendeinem Fleck an Euch
Unentdeckt dem Himmel und der Gnade
Erbittet jetzt Vergebung.

DESDEMONA   Ach, Mylord,
Was soll mir das, was Ihr da sagt, bedeuten?

OTHELLO Daß Ihr es tun sollt, und zwar schnell, ich gehe
Inzwischen auf und ab, unvorbereitet
Will ich Euch nicht töten, das verhüte
Der Himmel, daß ich Eure Seele töte.

DESDEMONA Sprecht Ihr vom Töten?

OTHELLO   Ja, das tu ich.

DESDEMONA   Himmel
Dann erbarm dich meiner!

OTHELLO   Amen sag ich
Aus allertiefstem Herzen.

DESDEMONA   Wenn Ihr das sagt
Dann hoffe ich, Ihr wollt mich gar nicht töten.

Oth. Humh.

Des. And yet I feare you: for you're fatall then
When your eyes rowle so.
Why I should feare, I know not,
Since guiltinesse I know not: But yet I feele I feare.

Oth. Thinke on thy sinnes.

Des. They are Loues I beare to you.

Oth. I, and for that thou dy'st.

Des. That death's vnnaturall, that kils for louing.
Alas, why gnaw you so your nether-lip?
Some bloody passion shakes your very Frame:
These are portents: but yet I hope, I hope,
They do not point on me.

Oth. Peace, and be still.

Des. I will so: What's the matter?

Oth. That Handkerchiefe
Which I so lou'd, and gaue thee, thou gau'st to *Cassio*.

Des. No by my Life, and Soule: send for the man,
And aske him.

Oth. Sweet Soule, take heed, take heed of Periury,
Thou art on thy death-bed.

Des. I, but not yet to dye.

Oth. Presently.
Therefore confesse thee freely of thy sinne:
For to deny each Article with Oath,
Cannot remoue, nor choake the strong Conception
That I do grone withall. Thou art to dye.

OTHELLO Hm.

DESDEMONA Und hab doch Angst vor Euch, denn Ihr seid
    Rollt Ihr die Augen so: warum ich Angst hab   [schrecklich
    Weiß ich nicht, denn ich weiß nichts von Schuld
    Doch hab ich Angst.

OTHELLO   Gedenke deiner Sünden.

DESDEMONA Zu Euch die Liebe, keine zweite weiß ich.

OTHELLO Und für die stirbst du.

DESDEMONA   Unnatürlich ist
    Der Tod, der Liebe straft! Ach, warum beißt Ihr
    Euch so die Unterlippe? Irgendeine
    Blutige Gewalt erschüttert Euch
    Das sind mir Zeichen, doch ich hoffe, hoffe
    Sie zeigen nicht auf mich.

OTHELLO   Beruhige dich.

DESDEMONA Das will ich. Worum geht es?

OTHELLO   Mein mir teures
    Taschentuch, das ich dir gab, du gabst es
    Dem Cassio.

DESDEMONA   Nein, bei meinem Leben, laß ihn
    Holen und befrag ihn.

OTHELLO   Liebe Seele
    Hüte dich, hüte dich vor Meineid
    Du liegst auf deinem Totenbett.

DESDEMONA   Mag sein
    Doch noch nicht tot.

OTHELLO   In Bälde schon: darum
    Beichte du freiwillig deine Sünden
    Denn Punkt für Punkt falsch schwörend abzuleugnen
    Erleichtert weder noch erstickt es gar
    Den schweren Vorsatz, der mich ächzen macht:
    Du stirbst.

Des. O Heauen haue mercy on me.

Oth. I say, Amen.

Des. And haue you mercy too. I neuer did
Offend you in my life: neuer lou'd *Cassio*,
But with such generall warrantie of Heauen,
As I might loue. I neuer gaue him Token.

Oth. By Heauen I saw my Handkerchiefe in's hand.
O periur'd woman, thou do'st stone my heart,
And makes me call, what I intend to do,
A Murther, which I thought a Sacrifice.
I saw the Handkerchiefe.

Des. He found it then:
I neuer gaue it him: Send, for him hither:
Let him confesse a truth.

Oth. He hath confest.

Des. What, my Lord?

Oth. That he hath vs'd thee.

Des. How? vnlawfully?

Oth. I.

Des. He will not say so.

Oth. No: his mouth is stopp'd:
Honest *Iago* hath 'tane order for't.

Des. Oh, my feare interprets. What is he dead?.

Oth. Had all his haires bin liues, my great Reuenge
Had stomacke for them all.

Des. Alas, he is betray'd, and I vndone.

Oth. Out Strumpet: weep'st thou for him to my face?

DESDEMONA Dann, Herr, erbarme dich!

OTHELLO   Und Amen.

DESDEMONA Und Ihr erbarmt Euch auch! Ich habe Euch
    In meinem Leben nie gekränkt, nie liebte
    Ich Cassio mit einer andren Liebe
    Als sie der Himmel mir gestattete:
    Nie gab ich ihm ein Pfand.

OTHELLO   Bei diesem Himmel
    Ich sah mein Taschentuch in seiner Hand.
    O meineidiges Weibsbild, du verhärtest
    Mir dein Herz und machst, daß ich, was ich
    Zu tun gedenke, Mord nun nennen muß
    Und nicht mehr, wie gedacht, ein Opfer: ich
    Sah das Taschentuch.

DESDEMONA   Dann fand er es
    Ich gab es ihm nicht: laß ihn hier erscheinen
    Und die Wahrheit beichten.

OTHELLO   Hat er schon.

DESDEMONA Welche, mein Gebieter?

OTHELLO   Daß er dich
    Besaß.

DESDEMONA Wie? Gegen das Gesetz?

OTHELLO   Gewiß.

DESDEMONA Das sagen wird er nicht.

OTHELLO   Nein, er ist stumm.
    Der gute Iago hat dafür gesorgt.

DESDEMONA O meine Furcht, jetzt weiß ich deinen Grund.
    Was, er ist tot?

OTHELLO   Und hätt er Leben wie er
    Haare hatte, meine Rache frißt sie.

DESDEMONA Weh mir, er ward getäuscht und ich bin aus.

OTHELLO Du Hure, hier vor mir weinst du um ihn?

Des. O banish me, my Lord, but kill me not.

Oth. Downe Strumpet.
Des. Kill me to morrow, let me liue to night.

Oth. Nay, if you striue.
Des. But halfe an houre.
Oth. Being done, there is no pawse.
Des. But while I say one prayer.
Oth. It is too late.   *Smothers her.*

Æmilia at the doore.

Æmil My Lord, my Lord? What hoa?
  My Lord, my Lord.
Oth. What noise is this? Not dead? not yet quite dead?
  I that am cruell, am yet mercifull,
  I would not haue thee linger in thy paine?
  So, so.

Æmil. within. What hoa? my Lord, my Lord?
Oth. Who's there?
Æmil. Oh good my Lord, I would speake a word
  with you.
Oth. Yes: 'Tis *Æmilia*: by and by. Shee's dead.
  'Tis like she comes to speake of *Cassio*'s death:
  The noise was high. Hah, no more moouing?
  Still as the Graue. Shall she come in? Wer't good?
  I thinke she stirres againe. No, what's best to do?
  If she come in, shee'l sure speake to my wife:
  My wife, my wife: what wife? I haue no wife.
  Oh insupportable! Oh heauy houre!
  Me thinkes, it should be now a huge Eclipse

DESDEMONA O stoßt mich von Euch, Herr, bringt mich
    nicht um.
OTHELLO Wirst du wohl, Hure!
DESDEMONA   Morgen bringt mich um
    Die Nacht noch laßt mich leben.
OTHELLO   Nein, halt still.
DESDEMONA Ein halbes Stündchen nur.
OTHELLO   Danach ist Zeit.
DESDEMONA Nur für ein Gebet.
OTHELLO   Es ist zu spät.

                    Er erstickt sie.

EMILIA *vor der Tür*
    Herr, Herr! Ihr da drinnen, Herr! Mein Herr!

OTHELLO Welch eine Stimme? Noch nicht tot? Noch nicht
    Ganz tot? Ich, der ich grausam bin, bin doch
    Voll Mitgefühl und will nicht, daß du leidest.
    So, so.

                    Er erwürgt sie.

EMILIA Ihr da, Herr, Herr General!
OTHELLO   Wer ist da?
EMILIA O bester Herr, ich muß kurz mit Euch sprechen!

OTHELLO Ja so, Emilia. Gleich, gleich. Tot ist sie.
    Es scheint, sie will mir Cassios Ende melden:
    Lärm gabs genug. Ha, keine Regung mehr
    Still wie das Grab. Laß ich sie ein? Wärs gut?
    Sie rührt sich noch. Nein, nicht. Was ist zu tun?
    Kommt sie herein, will sie nach meiner Frau sehn
    Nach meiner Frau! Nach meiner Frau! Nach welcher
    Frau? Ich habe keine Frau. O un-
    Erträglich! O die schwere Stunde! Mir scheint

Of Sunne, and Moone; and that th'affrighted Globe
Did yawne at Alteration.

Æmil. I do beseech you
That I may speake with you. Oh good my Lord.
Oth. I had forgot thee: oh come in Æmilia.
Soft, by and by, let me the Curtaines draw.
Where art thou? What's the matter with thee now?
Enter Æmilia.
Æmil. Oh my good Lord, yonders foule Murthers
done.
Oth. What? now?
Æmil. But now, my Lord.
Oth. It is the very error of the Moone,
She comes more neerer Earth then she was wont,
And makes men mad.

Æmil. *Cassio*, my Lord, hath kill'd
A young Venetian, call'd *Rodorigo*.

Oth. *Rodorigo* kill'd? and *Cassio* kill'd?

Æmil. No, *Cassio* is not kill'd.
Oth. Not *Cassio* kill'd? Then Murther's out of tune,
And sweet Reuenge growes harsh.
Des. O falsely, falsely murder'd.
Æmil. Alas! what cry is that?

Oth. That? What?
Æmil. Out, and alas, that was my Ladies voice.
Helpe, helpe hoa, helpe. Oh Ladie speake againe,
Sweet *Desdemona*, oh sweet Mistris, speake.

Es müssten Mond und Sonne sich verfinstern
Und der Globus schreckgeschüttelt klaffen
Bei solcher Wandlung.
EMILIA   Herr, ich bitte Euch,
   Ich muß Euch sprechen, Herr! O bester Herr!
OTHELLO Dich vergaß ich. O tritt ein, Emilia.
   Warte – gleich! Gleich! Laß mich den Vorhang schließen.
   Wo warst du? Warum kommst du jetzt erst?

EMILIA   Herr
   Ein höchst gemeiner Mord ist vorgefallen!
OTHELLO Wie, eben?
EMILIA   Jetzt eben, Herr.
OTHELLO   Das ist der Mond,
   Der von der Bahn abirrt: er kommt der Erde
   Näher als ihr gut tut, und aus Bürgern
   Macht er Besessene.
EMILIA   Herr, Cassio hat
   Einen aus Venedig umgebracht
   Mit Namen Roderigo.
OTHELLO   Roderigo
   Tot? Und Cassio tot?
EMILIA   Nein, Cassio nicht.
OTHELLO Cassio nicht tot? Dann klingt mein Mord mißtönig
   Und süße Rache wird zu Bittersalz.
DESDEMONA O gemordet grundlos, grundlos!
EMILIA   Wer
   War das?
OTHELLO   Das? Was?
EMILIA   Ach und je! Die Stimme
   Meiner Lady! Helft, o helft! O Lady
   Sprecht weiter, liebste Herrin, sagt etwas!

Des. A guiltlesse death, I dye.

Æmil. Oh who hath done this deed?

Des. No body: I my selfe, farewell:
Commend me to my kinde Lord: oh farewell.

Oth. Why, how should she be murdred?

Æmil. Alas: who knowes?

Oth. You heare her say her selfe, it was not I.

Æmil. She said so: I must needs report the truth.

Oth. She's like a Liar gone to burning hell,
'Twas I that kill'd her.

Æmil. Oh the more Angell she, and you the black-
er Diuell.

Oth. She turn'd to folly: and she was a whore.

Æmil. Thou do'st bely her, and thou art a diuell.

Oth. She was false as water.

Æmil. Thou art rash as fire, to say
That she was false. Oh she was heauenly true.

Oth. *Cassio* did top her: Ask thy husband else.
O, I were damn'd beneath all depth in hell:
But that I did proceed vpon iust grounds
To this extremity. Thy Husband knew it all.

Æmil. My Husband?

Oth. Thy Husband.

Æmil. That she was false to Wedlocke?

Oth. I, with *Cassio:* had she bin true,
If Heauen would make me such another world,
Of one entyre and perfect Chrysolite,
I'ld not haue sold her for it.

Æmil. My Husband?

Oth. I, 'twas he that told me on her first,
An honest man he is, and hates the slime
That stickes on filthy deeds.

DESDEMONA Ich sterbe schuldlos.

EMILIA   Wer hat das getan?

DESDEMONA Niemand, ich selbst, leb wohl: empfiehl mich
    Meinem liebevollen Herrn, o lebe wohl.

OTHELLO Warum ward sie ermordet?

EMILIA   Ach, wer weiß?

OTHELLO Du hast gehört, sie selbst tat es, nicht ich.

EMILIA Das sagte sie, und so muß ichs berichten.

OTHELLO Sie fährt als Lügnerin ins Höllenfeuer:
    Ich war es, der sie abtat.

EMILIA   O, die Lüge
    Macht sie zum Engel, Euch zum schwarzen Teufel!

OTHELLO Sie warf sich weg und wurde eine Hure.

EMILIA Das ist Verleumdung, und du bist ein Teufel.

OTHELLO Sie war wie Wasser falsch.

EMILIA   Wie Feuer blind
    Bist du, der ihr das nachsagt! Sie war treu!

OTHELLO Cassio nahm sie, frag doch deinen Mann:
    O, ich wär selbst verdammt zur tiefsten Hölle
    Tat ich aus andern als gerechten Gründen
    Dieses Äußerste. Dein Mann weiß alles.

EMILIA Mein Mann?

OTHELLO   Dein Mann.

EMILIA   Weiß, daß sie untreu war?

OTHELLO Ja, mit Cassio. War sie treu und bot
    Mir der Himmel eine neue Welt
    Aus einem einz'gen reinen Chrysolithen
    Ich tauschte sie dafür nicht ein.

EMILIA   Mein Mann?

OTHELLO Ja, er war es, der es zuerst mir sagte.
    Er ist ein Ehrenmann und haßt den Schmier
    Der an der Schandtat klebt.

Æmil. My Husband?

Oth. What needs this itterance, Woman?
 I say, thy Husband.

Æmil. Oh Mistris,
 Villany hath made mockes with loue:
 My Husband say she was false?

Oth. He, Woman;
 I say thy Husband: Do'st vnderstand the word?
 My Friend, thy Husband; honest, honest *Iago.*

Aemil. If he say so, may his pernicious Soule
 Rot halfe a graine a day: he lyes to'th'heart,
 She was too fond of her most filthy Bargaine.

Oth. Hah?

Æmil. Do thy worst:
 This deede of thine is no more worthy Heauen,
 Then thou was't worthy her.

Oth. Peace, you were best.

Æmil. Thou hast not halfe that powre to do me harm,
 As I haue to be hurt. Oh Gull, oh dolt,
 As ignorant as durt: thou hast done a deed
 (I care not for thy Sword) Ile make thee known,
 Though I lost twenty liues. Helpe, helpe, hoa, helpe:
 The Moore hath kill'd my Mistris. Murther, murther.

Enter Montano, Gratiano, and Iago.

Mon. What is the matter? How now Generall?

Æmil. Oh, are you come, *Iago:* you haue done well,
 That men must lay their Murthers on your necke.

Gra. What is the matter?

Æmil. Disproue this Villaine, if thou bee'st a man:

EMILIA   Mein Mann?
OTHELLO   Was soll
  Die Leier, Frau? Ich sage doch, dein Mann.
EMILIA O Herrin, Bosheit trieb mit Liebe Spott!
  Mein Mann sagt, daß sie untreu war?

OTHELLO   He, Weib!
  Ich sage dir, dein Mann: verstehst du das?
  Mein Freund, dein Mann, der brave, brave Iago.
EMILIA Wenn er das sagt, soll seine Geierseele
  Ihm täglich um ein halbes Gran verrotten!
  Er lügt, wenn er sein Maul auftut. Sie hat
  Dem schmierigsten Verbündeten vertraut.
OTHELLO Ha!
EMILIA   Tus schon! Deine Tat verdient den Himmel
  Genau so, wie du sie verdientest!

OTHELLO   Still jetzt!
EMILIA Und träfst du zweifach mich, ich wär nicht halb
  So schwer geschlagen als ich bin: du Rindvieh!
  Du Trottel! Dumm wie Dreck! Die Tat
  (Ja, komm mit deinem Schwert), ich zeig sie an
  Und müßt ich zwanzigmal das Leben lassen:
  Hilfe! Hilfe! O zu Hilfe! Mord!
  Der Mohr hat meine Lady umgebracht!
  Zu Hilfe! Mörder! Mörder! Mörder!

MONTANO Was ist denn hier los? General, wie geht es?
EMILIA O, da bist du, Iago! Gut gemacht!
  Jetzt halsen Männer ihre Morde dir auf!
GRATIANO Was ist hier los?
EMILIA Wenn du ein Kerl bist, straf den Unhold Lügen:

He sayes, thou told'st him that his wife was false:
I know thou did'st not: thou'rt not such a Villain.
Speake, for my heart is full.

Iago. I told him what I thought,
And told no more
Then what he found himselfe was apt, and true.
Æmil. But did you euer tell him,
She was false?
Iago. I did.
Æmil. You told a Lye an odious damned Lye:
Vpon my Soule, a Lye; a wicked Lye.
Shee false with *Cassio*?
Did you say with *Cassio*?
Iago. With Cassio, Mistris?
Go too, charme your tongue.
Emil. I will not charme my Tongue;
I am bound to speake,
My Mistris heere lyes murthered in her bed.
All. Oh Heauens, forefend.
Emil. And your reports haue set the Murder on.
Othello. Nay stare not Masters,
It is true indeede.
Gra. 'Tis a strange Truth.
Mont. O monstrous Acte.
Emil. Villany, villany, villany:
I thinke vpon't, I thinke: I smel't: O Villany:
I thought so then: Ile kill my selfe for greefe.
O villany! villany!
Iago. What, are you mad?
I charge you get you home.
Emil. Good Gentlemen, let me haue leaue to speake:

Er sagt, er hats von dir, daß seine Frau
Ihm untreu war. Ich weiß, du warst es nicht
Du bist kein solcher Unhold. Rede schnell
Denn mir zerspringt das Herz.
IAGO Ich sagte, was ich dachte, und nicht mehr
Als er dann selbst bestätigt fand und wahr.

EMILIA Doch sagtest du ihm jemals, sie sei untreu?

IAGO Das ja.
EMILIA Das logst du, das war eine üble Lüge
Bei meinem Heil, 'ne hundsgemeine Lüge!
Untreu mit Cassio? Sagtest du mit Cassio?

IAGO Mit Cassio, Alte. Hüte deine Zunge.

EMILIA Ich hüte meine Zunge nicht, ich spreche:
Meine Herrin liegt hier, umgebracht.

ALLE Da sei der Himmel vor!
EMILIA Und dein Zeugnis hat den Mord bewirkt.
OTHELLO Nein, glotzt nicht so, ihr Herren, es ist wahr.

GRATIANO Welch eine Wahrheit.
MONTANO   Ungeheuerlich!
EMILIA Ein Schurkenstück! Schurkenstück! Schurkenstück!
Ich ahne es, ich riechs: o Schurkenstück!
Ich dachts mir gleich: nun bringt mich Reue um!
O, so ein Schurkenstück!
IAGO Bist du von Sinnen? Geh sofort nach Hause.

EMILIA Ihr guten Herrn, vergönnt es mir, zu sprechen

'Tis proper I obey him; but not now:
Perchance *Iago*, I will ne're go home.
Oth. Oh, oh, oh.
Emil. Nay; lay thee downe, and roare:
For thou hast kill'd the sweetest innocent,
That ere did lift vp eye.
Oth. Oh she was fowle!
I scarse did know you Vnkle, there lies your Neece,
Whose breath (indeed) these hands haue newly stopp'd:
I know this acte shewes horrible and grim.

Gra. Poore *Desdemon*:
I am glad thy Father's dead,
Thy Match was mortall to him: and pure greefe
Shore his old thred in twaine. Did he liue now,
This sight would make him do a desperate turne:
Yea, curse his better Angell from his side,
And fall to Reprobance.

Oth. 'Tis pittifull: but yet *Iago* knowes
That she with *Cassio*, hath the Act of shame
A thousand times committed. *Cassio* confest it,
And she did gratifie his amorous workes
With that Recognizance and pledge of Loue
Which I first gaue her: I saw it in his hand:
It was a Handkerchiefe, an Antique Token
My Father gaue my Mother.

Emil. Oh Heauen! oh
heauenly Powres!
Iago. Come, hold your peace.
Emil. 'Twill out, 'twill out. I peace?

Ich sollte ihm gehorchen, doch nicht jetzt:
Es kann sein, Iago, ich geh nie nach Hause.

OTHELLO O! O! O! O!

EMILIA   Ja, wirf dich hin und brülle:
Du hast die reinste Unschuld hingemordet
Die je die Augen aufschlug.

OTHELLO   O, sie war schlecht:
Wir kennen uns kaum, Oheim, Eure Nichte
Liegt hier, deren Atem, das ist wahr,
Diese Hände eben still stehn ließen:
Ich weiß, der Akt scheint mitleidlos und gräßlich.

GRATIANO Arme Desdemona, deines Vaters
Tod, jetzt freut er mich. Dein Schritt hat ihn
Dahingerafft, und nichts als Kümmernis
Zerschabte ihm den alten Lebensfaden.
Wenn er dich sähe, in Verzweiflung stürzte
Der Anblick ihn, jawohl, dem guten Engel
An seiner Seite hätte er geflucht
Und in Verdammnis wäre er gefallen.

OTHELLO 's ist elend, aber Iago weiß, daß sie
Mit Cassio den Akt der Schande tausend
Mal beging. Cassio gestand es. Und
Sie entgalt die amourösen Werke
Mit dem Symbol und Unterpfand der Liebe
Das ich ihr einst gab: ich habe es
In seiner Hand gesehn, ein Taschentuch
Ein ehrwürdiges Webstück, meine Mutter
Erhielt es als Geschenk von meinem Vater.

EMILIA O Gott! O Gott im Himmel!

IAGO   Halt den Mund.

EMILIA Es will heraus, es will: mein Mund, Sir, läßt sich

No, I will speake as liberall as the North;
Let Heauen, and Men, and Diuels, let them all,
All, all, crie shame against me, yet Ile speake.

Iago. Be wise, and get you home.

Emil. I will not.

Gra. Fye, your Sword vpon a Woman.

Emil. Oh thou dull Moore,
That Handkerchiefe thou speak'st of
I found by Fortune, and did giue my Husband:
For often, with a solemne earnestnesse,
(More then indeed belong'd to such a Trifle)
He begg'd of me, to steale't.

Iago. Villanous Whore.

Emil. She giue it *Cassio*? No, alas I found it,
And I did giu't my Husband.

Iago. Filth, thou lyest.

Emil. By Heauen I do not, I do not Gentlemen:
Oh murd'rous Coxcombe, what should such a Foole
Do with so good a wife?

Oth. Are there no stones in Heauen,
But what serues for the Thunder?
Precious Villaine.

Gra. The woman falles:
Sure he hath kill'd his Wife.

Emil. I, I: oh lay me by my Mistris side.

Gra. Hee's gone, but his wife's kill'd.

Mon. 'Tis a notorious Villain: take you this weapon
Which I haue recouer'd from the Moore:
Come guard the doore without, let him not passe,
But kill him rather. Ile after that same villaine,

So wenig halten wie der Sturm! Solln Himmel
Menschen, Teufel, solln sie alle, alle
Schande schreien wider mich: ich rede.
IAGO Besinn dich und geh heim.
EMILIA   Das werd ich nicht tun.
GRATIANO Was denn, blank ziehn gegen eine Frau?
EMILIA O blöder schwarzer Mann! Dein Taschentuch
    Ich fands durch Zufall und gabs meinem Mann
    Denn häufig schon, mit feierlichem Ernst
    Der schlecht zu solchem Unfug paßte, hatte
    Er mich gebeten es zu stehlen.

IAGO   Hexe!
EMILIA Sie gab es Cassio? Nein, bei Gott, ich fand es
    Und gab es meinem Mann.
IAGO   Miststück, du lügst.
EMILIA Ich nicht, beim Himmel, ich nicht, edle Herrn!
    Mordhammel du! Wie kommt ein solcher Torfkopf
    Zu einer so erlesnen Frau?
OTHELLO   Sind all
    Die Blitze droben nur dem Donnrer dienstbar?
    Ausgesuchter Satansknecht!
GRATIANO   Die Frau fällt:
    's war ihr Mann!
EMILIA   Ja, ja! O, meiner Herrin
    An die Seite bettet mich.
GRATIANO   Weg ist er
    Doch seine Frau hat er noch umgebracht.
MONTANO Was für ein Aas! Schließt mir die Waffe weg
    Ich habe sie dem Feldherrn abgenommen:
    Bewacht die Tür von außen, laßt ihn nicht
    Passieren, eher tötet ihn. Ich will

For 'tis a damned Slaue.   *Exit.*

Oth. I am not valiant neither:
    But euery Punie whipster gets my Sword.
    But why should Honor out-liue Honesty?
    Let it go all.

Æmil. What did thy Song boad Lady?
    Hearke, canst thou heare me? I will play the Swan,
    And dye in Musicke: *Willough, Willough, Willough.*
    Moore, she was chaste: She lou'd thee, cruell Moore,
    So come my Soule to blisse, as I speake true:
    So speaking as I thinke, alas, I dye.

Oth. I haue another weapon in this Chamber,
    It was a Sword of Spaine, the Ice brookes temper:
    Oh heere it is: Vnkle I must come forth.

Gra. If thou attempt it, it will cost thee deere;
    Thou hast no weapon, and perforce must suffer.

Oth. Looke in vpon me then, and speake with me,
    Or naked as I am I will assault thee.

Gra. What is the matter?

Othel. Behold, I haue a weapon:
    A better neuer did it selfe sustaine
    Vpon a Soldiers Thigh. I haue seene the day,
    That with this little Arme, and this good Sword,
    I haue made my way through more impediments
    Then twenty times your stop. But (oh vaine boast)
    Who can controll his Fate? 'Tis not so now.
    Be not affraid, though you do see me weapon'd:
    Heere is my iournies end, heere is my butt
    And verie Sea-marke of my vtmost Saile.
    Do you go backe dismaid? 'Tis a lost feare:
    Man but a Rush against *Othello's* brest,

Dem Schuft nach. Welch ein Höllenknecht!

OTHELLO Sehr wehrhaft bin ich nicht mehr, jeder Hänfling
    Nimmt mir mein Schwert weg, doch zu welchem Zweck
    Soll der Ehrenmann die Ehre überleben?
    Laß alles sein.

EMILIA   Was verhieß dein Lied uns
    Lady? Hörst du mich? Ich will der Schwan sein
    Und singend sterben: *Weide, Weide, Weide.*
    Mohr, sie war keusch, sie liebte dich, du Graus
    Die Wahrheit möge mir die Seele retten
    Denn um der Wahrheit willen sterbe ich.

OTHELLO In dieser Kammer war noch eine Waffe
    Ein Schwert aus Spanien, Innsbrucker Stahl
    O, hier ist es. Oheim, laß mich durch.

GRATIANO *vor der Tür*
    Versuchst du es, bezahlst du mir das teuer:
    Bist waffenlos und zwangsläufig im Nachteil.

OTHELLO Dann komm zu mir herein und sprich mit mir
    Sonst greife ich mit nackter Hand dich an.

GRATIANO *tritt ein* Was willst du?

OTHELLO   Schau, ich habe eine Waffe
    Kein Soldat trug jemals eine bessre
    An seinem Gürtel: ich weiß noch den Tag
    Da hier der schwache Arm mit hier dem Blitzschwert
    Den Weg mir schlug durch zwanzigmal mehr Sperren
    Als du es bist. O eitle Prahlerei!
    Wer zähmt sein Schicksal? Damit ists vorbei.
    Habt keine Angst, seht Ihr mich auch bewaffnet:
    Mein Umherziehn endet hier, hier legt
    Mein Kahn nach seiner letzten Irrfahrt an.
    Ihr weicht bestürzt zurück? Unnütze Furcht:
    Stecht mit 'ner Binse nach Othellos Brust

And he retires. Where should *Othello* go?
Now: how dost thou looke now? Oh ill-Starr'd wench,
Pale as thy Smocke: when we shall meete at compt,
This looke of thine will hurle my Soule from Heauen,
And Fiends will snatch at it. Cold, cold, my Girle?
Euen like thy Chastity. O cursed, cursed Slaue!
Whip me ye Diuels,
From the possession of this Heauenly sight:
Blow me about in windes, roast me in Sulphure,
Wash me in steepe-downe gulfes of Liquid fire.
Oh *Desdemon*! dead *Desdemon*: dead. Oh, oh!

Enter Lodouico, Cassio, Montano, and Iago,
with Officers.

Lod. Where is this rash, and most vnfortunate man?
Oth. That's he that was *Othello*: heere I am.
Lod. Where is that Viper?
  Bring the Villaine forth.
Oth. I look down towards his feet; but that's a Fable,
  If that thou bee'st a Diuell, I cannot kill thee.
Lod. Wrench his Sword from him.
Iago. I bleed Sir, but not kill'd.

Othel. I am not sorry neither, Il'd haue thee liue:
  For in my sense, 'tis happinesse to die.
Lod. Oh thou *Othello*, that was once so good,
  Falne in the practise of a cursed Slaue,
  What shall be saide to thee.
Oth. Why any thing:
  An honourable Murderer, if you will:
  For nought I did in hate, but all in Honour.

Und er gibt auf. Wo soll Othello hin?
Nun zu dir: wie siehst du nun aus? O
Unsterns Tochter, kalkweiß wie dein Laken
Wenn wir uns am Tage des Gerichts
Erneut begegnen, wird dein Anblick mir
Die Seele aus dem Himmel stürzen, greifen
Wird sie der Erzfeind sich: kalt, kalt, mein Mädchen?
Wie deine Keuschheit kalt. O du verfluchter
Verfluchter Hund! Peitscht mich hier weg, ihr Teufel
Das Himmelsbild ergreift Besitz von mir
Zerblast in Winde mich, kocht mich in Schwefel
Wascht mich in abgrundtiefen Feuerseen!
O Desdemona! Desdemona tot. O, o!

LODOVICO Wo ist der übereilte Unglücksrabe?
OTHELLO Das ist der, der Othello war: hier bin ich.
LODOVICO Wo ist die Viper? Bringt den Schuft nach vorn.

OTHELLO Ich suche seinen Huf, doch scheints ein Märchen:
    Bist du ein Teufel, kann ich dich nicht töten.
LODOVICO Entwindet ihm sein Schwert!
IAGO   Ich blute, Sir
    Bloß leben tu ich noch.
OTHELLO   So wollte ichs:
    Leb du nur, dein Tod hier wär dein Glück.
LODOVICO O Othello, du, der du einst groß warst
    Und dich in eines Satans Schlinge fingst
    Was ist zu dir zu sagen?
OTHELLO   Ja, was immer
    Vielleicht: Der Mörder aus verlorner Ehre
    Denn nie trieb Haß mich, nur mein Ehrgefühl.

Lod. This wretch hath part confest his Villany:
    Did you and he consent in *Cassio's* death.
Oth. I.
Cas. Deere Generall, I neuer gaue you cause.
Oth. I do beleeue it, and I aske your pardon:
    Will you, I pray, demand that demy-Diuell,
    Why he hath thus ensnar'd my Soule and Body.
Iag. Demand me nothing: what you know, you know:
    From this time forth, I neuer will speake word.
Lod. What? not to pray?

Gra. Torments will ope your lips.
Oth. Well, thou dost best.
Lod. Sir,
    You shall vnderstand what hath befalne,
    (Which, as I thinke, you know not) heere is a Letter
    Found in the pocket of the slaine *Rodorigo*,
    And heere another, the one of them imports
    The death of *Cassio*, to be vndertooke
    By *Rodorigo*.
Oth. O Villaine!
Cassio. Most Heathenish, and most grosse.
Lod. Now, heere's another discontented paper
    Found in his pocket too: and this it seemes
    Rodorigo meant t'haue sent this damned villaine:
    But that (belike) *Iago* in the interim
    Came in, and satisfi'd him.
Oth. Oh thou pernitious Caitiffe;
    How came you (*Cassio*) by that Handkerchiefe
    That was my wiues?
Cassio. I found it in my Chamber:
    And he himselfe confest it but euen now,

LODOVICO Halb schon gestand die Ratte ihre Untat:
    Wart Ihr und er euch einig, Cassio stirbt?
OTHELLO Ja.
CASSIO Mein General, ich gab Euch niemals Grund.
OTHELLO Das glaube ich und bitte um Pardon:
    Wollt, bitte, da den Menschenteufel fragen
    Warum er Geist und Leib mir so verheerte?
IAGO Fragt mich nichts, das, was ihr wißt, das wißt ihr:
    Von nun an sage ich kein Wort mehr.
LODOVICO   Wie?
    Auch kein Gebet?
GRATIANO   Die Folter bricht sein Maul auf.
OTHELLO *zu Iago* Also, gib dein Bestes.
LODOVICO Sir, Ihr müßt verstehen, was hier vorging
    Was Ihr jetzt noch nicht könnt: hier ist ein Brief
    Aus der Tasche des getöteten Rodrigo
    Und hier ein zweiter. Ersterer bezieht sich
    Auf den Mord an Cassio, auszuführen
    Von Rodrigo.

OTHELLO   O du Hundesohn!
CASSIO Unchristlich und monströs!
LODOVICO Hier ist ein sehr verstimmtes zweites Schreiben
    Das auch aus seiner Tasche stammt, und das
    Rodrigo wohl dem Untier senden wollte
    Doch offenbar gelang es Iago noch
    Ihn zu besänftigen.
OTHELLO   O du Verderber!
    Das Taschentuch gehörte meiner Frau:
    Wie, Cassio, kamt Ihr, dazu?
CASSIO   Ich fand es
    In meiner Unterkunft, da ließ er es

That there he dropt it for a speciall purpose,
Which wrought to his desire.

Othel. O Foole, foole, foole!

Cassio. There is besides, in *Rodorigo's* Letter,
How he vpbraides *Iago,* that he made him
Braue me vpon the Watch: whereon it came
That I was cast: and euen but now he spake
(After long seeming dead) *Iago* hurt him,
Iago set him on.

Lod. You must forsake this roome, and go with vs:
Your Power, and your Command is taken off,
And *Cassio* rules in Cyprus. For this Slaue,
If there be any cunning Crueltie,
That can torment him much, and hold him long,
It shall be his. You shall close Prisoner rest,
Till that the Nature of your fault be knowne
To the Venetian State. Come, bring away.

Oth. Soft you; a word or two before you goe:
I haue done the State some seruice, and they know't:
No more of that. I pray you in your Letters,
When you shall these vnluckie deeds relate,
Speake of me, as I am. Nothing extenuate,
Nor set downe ought in malice.
Then must you speake,
Of one that lou'd not wisely, but too well:
Of one, not easily Iealious, but being wrought,
Perplexed in the extreame: Of one, whose hand
(Like the base Iudean) threw a Pearle away
Richer then all his Tribe: Of one, whose subdu'd Eyes,
Albeit vn-vsed to the melting moode,
Drops teares as fast as the Arabian Trees

Das hat er eben selbst gestanden, fallen:
Wir wissen nun, warum.
OTHELLO   Ich Narr! Narr! Narr!
CASSIO Des weitern wirft Rodrigo in dem Brief
Dem Iago vor, er habe ihn beschwatzt
Mich auf der Wache anzufallen, wofür
Man mich entließ: und schon so gut wie tot
Hat man ihn flüstern hören, Iago wärs
Gewesen, der ihn mordete, nicht ich.
LODOVICO Ihr müßt mit uns gemeinsam aus dem Raum gehn
Rang und Kommando sind Euch aberkannt
Und Cassio herrscht auf Zypern: den Kerl hier
Erwarten abgestufte Folterungen
Die seine Qual aufs äußerste verlängern.
Ihr bleibt Gefangener der Republik
Bis Venedigs Richter die Natur
Eurer Verfehlungen ergründet haben.
Kommt, führt ihn ab.
OTHELLO   Ein Wort noch oder zwei:
Ich war dem Staat von Nutzen und er weiß das
Nichts mehr davon. Nur bitte wollt in Euren
Berichten diese unglücklichen Taten
Darlegen wie sie sind: beschönigt nichts
Noch spitzt es boshaft zu, doch schreibt von einem
Der unklug liebte, aber heftig, einem
Der Eifersucht nicht kannte, war er aber
Erst einmal angesteckt, in Raserei fiel
Von einem, der wie jener arme Inder
Die Perle fortwarf, reicher als sein Volk
Von einem, dem aus den besiegten Augen
Obgleich sie nicht geübt sind wegzuschmelzen
So zügig Tränen tropfen wie aus Bäumen

Their Medicinable gumme. Set you downe this:
And say besides, that in *Aleppo* once,
Where a malignant, and a Turbond-Turke
Beate a Venetian, and traduc'd the State,
I tooke by th'throat the circumcised Dogge,
And smoate him, thus.

Lod. Oh bloody period.
Gra. All that is spoke, is marr'd.
Oth. I kist thee, ere I kill'd thee: No way but this,
Killing my selfe, to dye vpon a kisse.   *Dyes*
Cas. This did I feare, but thought he had no weapon:
For he was great of heart.
Lod. Oh Sparton Dogge:
More fell then Anguish, Hunger, or the Sea:
Looke on the Tragicke Loading of this bed:
This is thy worke:
The Obiect poysons Sight,
Let it be hid. *Gratiano*, keepe the house,
And seize vpon the Fortunes of the Moore,
For they succeede on you. To you, Lord Gouernor,
Remaines the Censure of this hellish villaine:
The Time, the Place, the Torture, oh inforce it:
My selfe will straight aboord, and to the State,
This heauie Act, with heauie heart relate.   *Exeunt.*
FINIS.

Arabiens ihr heilkräftiges Harz.
Schreibt das nieder und merkt dazu an
Daß, als in Aleppo einst ein übler
Turbantürke einen Venezianer
Schlug und die Republik herunter machte
Ich den beschnittnen Hund am Halse packte
Und ihn totschlug – so.

LODOVICO O, der Schluß ist blutig!

GRATIANO   Alles Reden aus.

OTHELLO Ich stahl dir einen Kuß und dann das Leben
   Nun hat dein Kuß auch mir den Tod gegeben.

CASSIO Das habe ich befürchtet, denn er hatte
   Ein großes Herz – und eine zweite Waffe.

LODOVICO O du Bluthund, schrecklicher als Pest
   Als Hunger oder Meeresfluten, sieh
   Die geknickte Ernte dieses Betts:
   Das ist dein Werk, der Anblick Gift dem Auge
   Bedeckt sie. Ihr, Gratiano, überwacht
   Das Haus und legt Beschlag auf das Besitztum
   Des Mohren, denn es fällt an Euch. Euch, Gouverneur
   Obliegt es, diese Ausgeburt der Hölle
   Der Strafe zuzuführen: Zeit, Ort, Art
   Des peinlichen Verhörs: o säumt nur nicht!
   Ich muß zu Schiff, mit schwerem Wort der Stadt
   Zu künden, wie sie schwer zu tragen hat.

                 Ende.

The Names of the Actors.

(:★ ⋆ ★:)

OThello, *the Moore.*
Brabantio, *Father to Desdemona.*
Cassio, *an Honourable Lieutenant.*
Iago, *a Villaine.*
Rodorigo, *a gull'd Gentleman.*
Duke of Venice.
Senators.
Montano, *Gouernour of Cyprus.*
Gentlemen of Cyprus.
Lodouico, *and* Gratiano, *two Noble Venetians.*
Saylors.
Clowne.

Desdemona, *Wife to Othello.*
Æmilia, *Wife to Iago.*
Bianca, *a Curtezan.*

Dramatis Personae

OTHELLO, ein edler Mohr im Dienst der Republik Venedig
BRABANTIO, Senator von Venedig und Vater Desdemonas
CASSIO, Othellos Leutnant
IAGO, Othellos Fähnrich
RODERIGO, ein venezianischer Edelmann
Der Doge von Venedig
SENATOREN
MONTANO, Othellos Vorgänger auf Zypern
Edelleute
LODOVICO, Verwandter des Brabantio
GRATIANO, Bruder des Brabantio und Oheim Desdemonas
Clown, Bediensteter Othellos
Boten, Herolde, Offiziere, Musikanten und Gefolge

DESDEMONA, Tochter des Brabantio und Othellos Gemahlin
EMILIA, Iagos Frau
BIANCA, eine Kurtisane

Szene: Akt I, Venedig – Akte II-V, Zypern

Anmerkungen

I, i, 4   *NEuer tell me* – in Q steht vorher noch *Tush*; vgl. I, i, 7

I, i, 7   *Ia. But you'l not heare me*
Q hat vorher noch *S'blood* (Good's blood), ein bei einigen Shake-
speare-Stücken (z. B. dreimal in *Thomas of Woodstock*) häufiger
Schwur, in F vermutlich »expurgated« (AE 115) wie *Tush* (s.o.)

I, i, 12   *Great-ones of the Cittie*
Honigmann fragt sich (AE 115), ob Shakespeare die gewählten *Savii
Grandi* Venedigs bekannt waren. Bei de Vere, der sich 5 Monate in
Venedig aufhielt (DW 36), stellt sich die Frage nicht.

I, i, 13   *Lieutenant* – ein 1578 in England eingeführter höherer
militärischer Rang (DW 36)

I, i, 19   *Non-suites my Mediators.*
juristischer Terminus der Klageabweisung (AE 116), einzige Stelle
bei Shakespeare; Q hat vorher den Einschub *And in conclusion*

I, i, 22f.   *One Michaell Cassio, a Florentine,*
(A Fellow almost damn'd in a faire Wife)
»Es kann nicht die Aufgabe dieser Anmerkungen seyn, den Dichter,
seine Schönheiten, oder seine oft tiefliegenden Absichten zu erklären... Es giebt aber Stellen..., wo von der Wort- Erklärung das
Verständniß des Kunstwerkes, von dem Einzelnen der Begriff des
Ganzen abhängt, und solche Stellen dürfen nicht übergangen werden. Eine solche ist diese, über welche die englischen Commentatoren so viele Worte unnöthig verloren haben. Iago selbst ist
Florentiner, wie es mehr wie ein Mal in der Tragödie gesagt wird
[nur einmal: III, i, 44]: Rodrigo ist Venetianer, und Cassio, wenn
man nicht einen Vers im zweiten Act [II, i, 30] unnatürlich und
gezwungen erklären will, ein Veroneser... Wie kommt es nun, daß
der Florentiner Iago hier den Cassio einen Florentiner nennt? — ...
Jenes unnatürliche Laster, von dem die Griechen auch ohne Wider-
streben reden, war in Florenz, wie jeder, der die Literatur kennt,
wissen wird, am häufigsten im Schwange. Und darum nennt der
lästernde Iago, dessen Zunge Alles beschmutzt, den schönen, gefäl-
ligen und beliebten Cassio einen Florentiner: — er fügt aber in der
Bosheit noch hinzu: ›Ein Wicht, zum schmucken Weibe fast
versündigt,‹ — A fellow, almost damn'd in a fair wife — um zu
bezeichnen, daß er bei den Freunden dieses Lasters die untergeord-

nete Rolle gespielt habe; das Ehrenrührigste, was man von einem
Manne, besonders aber von einem Officier, sagen kann. ... —
Behält man diese Erklärung, die natürlichste und nächste, im Auge,
so fallen alle die Anmerkungen, Conjecturen und Faseleien, mit
denen sich die englischen Commentatoren quälten, weil sie den
Wald nicht vor Bäumen sehen konnten, von selber weg, und
verdienen keine Widerlegung. Damn'd in a fair wife, hier ist das in,
into a fair wife: nach Iago's boshafter und cynischer Art. Es kann
unmöglich heißen sollen: er ist verdammt, indem er einem schönen
Weibe angehört, oder mit ihr verheirathet ist, sondern durch sein
Laster hat er sich verdammt, fast schon ein schönes Weib zu seyn.«
(Tieck 362f.) »unexplained« (AE 116)

I, i, 27   *Tongued* – Q *toged* (in eine Toga gekleidet)
I, i, 35   *(blesse the marke)* – Q *God blesse...*
I, i, 35   *Auntient* – ancient
I, i, 52   *naught ... Casheer'd* – nought (Q) ... cashiered
I, i, 54   *trym'd* – trimmed
I, i, 71   *I am not what I am.* – vgl. Exodus 3.14 (AE 120), Oxfords
Brief an Burghley (DW 38) und Sonett 121
I, i, 72   *fall* – full Q
I, i, 94   *Iago. Sir, y'are rob'd* – Q hat vorher ein *Zounds*
I, i, 94   *Gown* – es war ein spezifisch venezianischer Brauch, daß
die Robe in der Öffentlichkeit getragen werden mußte (DW 40)
I, i, 110   *knauerie* – Q *brauery*
I, i, 121   *Ia. Sir:* – Q hat vorher ein *Zoun[d]s*
I, i, 129   *the Beast with two backs*
wie in *As you like it* (*Gargantua's mouth*) ein Beleg, daß Shakespeare
Rabelais kannte oder das frz./ital. Sprichwort hierzu (AE 123)
I, i, 134-50 *If't be your pleasure ... straight satisfie your selfe.*
»die zwischen stehenden 17 Verse finden sich nur in der Folio
1623. Sie sind also ein späterer Zusatz des Dichters, denn man sieht,
daß jene Quart von 1622 ... im Ganzen gut und genau gedruckt ist,
aber nach einem nicht vermehrten Manuscripte.« (Tieck 363)
I, i, 160   *place* – Q *pate* (Kopf)
I, i, 161   *producted* – Q *produc'd*
I, i, 164   *cast-him* – Q cast him
I, i, 167   *Fadome* – Q fathome
I, i, 169   *paines* – gemäß Q korr. aus *apines* (DF)

I, i, 173   *the Sagitary* (Q Sagittar)

AE 126 vermutet ein Wirtshaus mit dem Zeichen des Zentauren (Sagittarius, Schütze). Magri (2010a) und Roe (164ff.) weisen hingegen im Detail nach, daß es sich nicht um ein Gasthaus handeln kann, da Othello nicht in seiner Unterkunft (*Lodging*, I, ii, 53) ist, sondern um eine Straße oder einen Bezirk. Die Straße der Pfeilschmiede *Frezzeria* (vgl. auch it.wikipedia.org/wiki/Frezzaria) wurde schon 1932 von J. M. Jeffery als Sagittary identifiziert; *frezza* und *sagitta* sind ital. Synonyme für Pfeil.

I, i, 182   *moe* – Q *more*

I, i, 185   *how got she out?*

vgl. Roe 170ff. über das eingesperrte und überwachte Leben venezianischer Frauen und Töchter.

I, i, 200   *Officers of night*

korrigiert gem. Q aus *might* (F). Zur Bedeutung der venezianischen Nachtwachen vgl. AE 5-6.

I, ii, 7   *yerk'd him here vnder the Ribbes*

Oxfords Diener und Begleiter Rowland Yorke, wohl das Urbild Iagos, »was a ›man of loose and dissolute behaviour and desperately audacious, ... the first that ... brought into England that bold and dangerous way of foining [*thrusting*] with the rapier in duelling‹ « (Anderson 115). Im Wort yerked (Q *ierk'd*) kann man auch ein Wortspiel mit Yorke vermuten.

I, ii, 10   *scuruy* – scurvy

I, ii, 16   *As double as the Dukes*

Die *Magnificoes* Venedigs hatten nicht, wie Shakespeare lt. Ridley (AE 128) irrtümlich dem Dogen zuschreibt, eine entscheidende Stimme. Oxfordianer sehen seit Looney (228) hinter Brabantio (der Name spielt auf Brabant an) in erster Linie Oxfords Schwiegervater William Cecil, Baron Burghley, auf den die Äußerung, daß seine Stimme mehr Gewicht als der Herzog (Elizabeth I.) hat, durchaus zutrifft.

I, ii, 21   *the Signorie* – Signoria, die Stadtregierung Venedigs

I, ii, 24   *promulgate* – Q *provulgate*

I, ii, 24ff.   *I fetch my life and being, From Men of Royall Seige.*

Othello, »like Oxford, was one who took his stand firmly and somewhat ostentatiously upon the rights and privileges of high birth«, wie bereits Looney aufgefallen ist (228).

I, ii, 25   *Seige* – Siege, Q height
I, ii, 45   *Euen* – gem. Q korrigiert aus *Enen* (DF)
I, ii, 48   *Gallies* – Q *Galleyes,* Galeeren, in Venedig noch im 17. Jhdt.
im Einsatz (AE 130)
I, ii, 53   *your Lodging* – s.o. zu I, i, 173
I, ii, 60   *Carract* – Q *Carrick*; carrack, Karacke
I, ii, 65   *Marry* – by the virgin Mary
I, ii, 66   *Haue with you* – Q *will you goe?*
I, ii, 67   *comes another* – korr. aus *come sanother*. Diese Art bedeutungs-
loser Druckfehler (DF) tritt zuweilen auf, Indiz für den z.T. unor-
dentlichen Satz des Stücks in F
I, ii, 74   *Rodorigo?.* – korr. in Anlehnung an Q aus *Come Rodorigoc?.*
Cme, DF 2 und 3 in 7 Zeilen
I, ii, 82   *(If she in Chaines of Magick were not bound)* – fehlt in Q
I, ii, 85   *Deareling* – Q *darlings*
I, ii, 86   *t'encurre* – Q *to incurre*
I, ii, 87   *Guardage to* – korr. aus *Guardageto*
I, ii, 89-94   *Iudge me the world ... and do attach thee* – fehlt in Q
I, iii, 2   die Regieanweisung aus Q *Enter Duke and Senators, set at a*
Table with lights and Attendants ist ein Indiz für »indoor performances«
am Hofe oder im Blackfriars (DW 56)
I, iii, 9   *accompt* – Q *account*
I, iii, 23   *By Signior Angelo*
fehlt in Q. Daß hier eigentlich auch Montano (vgl. I, iii, 48) stehen
müßte, ist eine unnötige Vermutung (AE 136)
I, iii, 44   *inioynted* – injointed
I, iii, 45   *1. Sen. I, so I thought: how many, as you guesse?* – fehlt in Q
I, iii, 53   *Marcus Luccicos* (Q/F) – unerklärter Name, jedenfalls nicht
der Londoner Wirt Paulo Marchi Luchese (AE 138)
I, iii, 64-69 *did I ... nor ... and*
in 6 Zeilen drei eindeutige Setzer-DF: *didI*, *hor* und *snd*
I, iii, 76   *Mountebanks* – Quacksalber
I, iii, 90-91 *verie sorry ... your* – korr. aus *veriesorry ... yonr* (DF)
I, iii, 95   *tane* – taken, auch in Q
I, iii, 107   *vn-varnish'd Tale*
der Setzer, nachdem er 3 Zeilen vorher schon bei *ofBroiles* das
Leerzeichen vergessen hatte, fügte hier etwas zwischen *vn-varnish'd*
und *Tale* ein, was wie ein verrutschtes u aussieht

I, iii, 125   *wrought* – korr. aus *wtought* (DF)

I, iii, 126   *Du. To vouch this*
    in F fehlt die Zuweisung zum Duke; Q hat *youth* statt *vouch*

I, iii, 127   *ouer* – Q *ouert*; jur. terminus (AE 142)

I, iii, 138   *her report* – korr. aus *herreport* (DF)

I, iii, 139   *The Trust, the Office, I do hold of you* – fehlt in Q

I, iii, 146   *I do confesse the vices of my blood* – fehlt in Q

I, iii, 163   *Antars … Desarts* – Q *Antrees [antres] … Deserts*

I, iii, 178   *instinctiuely* – Q *intentiuely*

I, iii, 182   *kisses* – Q *sighes*

I, iii, 192   *This onely is the witch-craft I haue vs'd.*
    Parallele zu Plinius' Bericht über C. Furius Cesinus (AE 146)

I, iii, 220   *Which but thou hast already, with all my heart* – fehlt in Q

I, iii, 224   *hang clogges on them* – zu diesem venezianischen Schuhwerk
    ausführlich Roe, auch DW 68; AE 147 weiß nichts davon.

I, iii, 227   *helpe these Louers* – Q ergänzt *Into your fauour*

I, iii, 232   *preseru'd* – Q, korr. aus *presern'd* (DF)

I, iii, 243   *Equiuocall* – vgl. die Pförtnerszene in *Macbeth* und das
    Nachwort zu unserer Edition.

I, iii, 258   *Alacartie* – Q *alacrity*

I, iii, 269   *recide* – Q *reside*; in F fehlt vorher ein Leerzeichen

I, iii, 274   *T'assist my simplenesse* – Q *And if my simplenesse. ----*

I, iii, 277   *storme* – Q *scorne*

I, iii, 285   *Rites* – auch Synonym von *rights* (AE 151)

I, iii, 288f.   *Let her haue your voice. Vouch with me Heauen*
    Q *Your voyces Lords: beseech you let her will, Haue a free way*

I, iii, 302   *Estimation* – Q *reputation*

I, iii, 306   *Sen. You must away to night.*
    in Q spricht der Doge *you must hence to night,* danach folgt der
    Einschub *Desd. To night my Lord? Du. This night.*

I, iii, 312   *import* – Q *concerne*

I, iii, 329f.   *I haue but an houre Of Loue*
    hier setzt die Diskussion um die Eheerlebnisse an (DW 76, Erné
    1972)

I, iii, 331   *obey the time* – Q, korr. aus *obey the the time* (DF)

I, iii, 346   *Gynney* – guinea (Q *Ginny*) hen, Perlhuhn, schon bei Plinius
    erwähnt (AE 155)

I, iii, 350   *A figge* – fig, obszöne Geste (AE 156), besonders in Italien gebräuchlich (DW 76)

I, iii, 353   *Hisope* – Q *Isop*

I, iii, 362   *I take this ... to be a Sect, or Seyen.*

hier hat man eine Anspielung auf die wiedertäuferische Sekte »The Family of Love« gesehen (Malim 108), die um 1580 besonders von Burghley unterdrückt wurde. *Seyen* (scion) spielt auf ihre Schrift *Testimony of sion* an.

I, iii, 367   *profest* – professed

I, iii, 379   *as bitter as Coloquintida* – Q *as acerbe as the Colloquintida*

der Ausdruck *acerbissimo odio*, bitterster Haß, wurde als direkte Entlehnung aus dem italienischen Text des Cinthio registriert (AE 374, s. Nachwort)

I, iii, 379f.   *She must change for youth:* – fehlt in Q

I, iii, 391f.   *if I depend on the issue?* – fehlt in Q

I, iii, 396   *coniunctiue* – Q *communicatiue*

I, iii, 405   *Do you heare Rodorigo?*

danach in Q folgender Einschub:

Rod. what say you?

Iag. No more of drowning, doe you heare?

Rod. I am chang'd.

I, iii, 406   *Rod. Ile sell all my Land.*

fehlt in Q, also ein aufschlußreicher späterer Zusatz. Honigmann sagt dazu nichts, dabei ist es eine Kernstelle aus *Timon aus Athen* II, ii, 163 (*Let all my Land be sold*) vgl. den Kommentar zu unserer Ausgabe. Das permanent wiederholte *Put Money in thy purse* Iagos zielt in dieselbe Richtung (DW 80). Vgl. ebenso Sir Toby in *Was Ihr Wollt* II, iii.

I, iii, 409   *Snipe* – korr. gem. Q aus *Snpe*

I, iii, 417   *plume vp* – unerklärt (AE 160), Q *make vp*

I, iii, 423f.   *The Moore is of a free, and open Nature*

Bradley ist hier die erstaunliche Parallele zu Ben Jonsons authentischer Beschreibung Shakespeares (die einzige seiner Art) aufgefallen: »Hee was (indeed) honest, and of an open, and free nature« (AE 105, vgl. Moore 236 zur De Vere-Parallele).

II, i, 2   *Montano* – Q *Montanio, Gouernor of Cypres*

II, i, 3ff..   *the Cape ... Battlements*

»also stehen sie auf Festungsmauern, die wie ein Kap hervorstehen. Die Mauern der Festungsanlage von Famagusta sind und waren dreißig Fuß dick, und die Männer stehen auf der Geschützplattform hinter der Spitze der Festung, nicht auf deren Vorderkante. Hinter dicken Festungsmauern stehend wären sie in der Lage, die weiter entfernte Hafeneinfahrt und Felsenriffe zu sehen, aber nicht den Anlegeplatz direkt unter ihnen.« (DW 300); vgl. Nachwort.

II, i, 11   *Morties* – mortise

II, i, 13   *Foaming* – Q *banning*

II, i, 24   *Laddes* – Q *Lords*

II, i, 26ff.   *A Noble ship of Venice ... is heere put in ... Is come on Shore*
»So, Cassio is still down at the wharf, ›on shore.‹ He has not yet joined Montano on the battlements above.« (DW 300f.)

II, i, 30   *Verennessa* – Q *Veronessa;*

II, i, 30   *A Verennessa* [Q *Veronessa*], *Michael Cassio*
»Weil nun aber jene Stelle, in der Iago den Cassio einen Florentiner nannte, nicht verstanden war, so quälen sich hier die Editoren mit unnützen Noten, Änderung der Interpunktion, und wollen, die Stadt Verona habe zu dem Zuge ein Schiff ausgerüstet; dieses heiße also ein Veronesisches, und mit diesem sei der Florentiner Cassio gekommen. Doch Cassio ist Veroneser, Iago Florentiner, Rodrigo, Gratiano und Ludovico Venetianer, und Othello der Barbar aus der Fremde.« (Tieck 365). Hingegen DW: italienischer Schiffstyp *verrinessa* oder allgemein ein Veroneser Schiff (86). Vgl. AE 336

II, i, 42   *Let's to the Sea-side* – »Montano ... (is) confirming that he is above the wharf not at it.« (DW 301)

II, i, 45f.   *Euen till we make ... An indistinct regard.* – fehlt in Q

II, i, 45   *Eriall* – aerial

II, i, 51   *the valiant of the warlike Isle* – Q *to the valiant of this worthy Isle*

II, i, 56   *Barke* – spanischer Schifftyp barca longa (DW 86)

II, i, 56   *Pylot* – Q *Pilate*

II, i, 58   *surfetted* – Q *surfeited*

II, i, 62f.   *on the brow o'th'Sea Stand rankes of People, and they cry, a Saile* – »the townsfolk ... are on the same heights above the harbor and can see in the distance that a ship is arriving.« (DW 301)

II, i, 73   *quirkes of* – fehlt in Q

II, i, 75   *Do's tyre the Ingeniuer* – Q *Does beare all excellency*
»Not too clear, hence Q's weak substitution« (AE 166). »Gesucht, wie die ganze Rede, so wie alles zu Geblümte, was hier Cassio

spricht« (Tieck)

II, i, 81   *The gutter'd-Rockes, and Congregated Sands*
»These are the rock and sand ledges that in fact do surround and protect Famagusta harbor with its narrow entrance, which her ship safely navigated. It's a topographical detail that typically would be noticed and used in the play by someone who had sailed into the harbor.« (DW 301)

II, i, 82   *ensteep'd* – Q *enscerped*

II, i, 94   *Make loues quicke pants in Desdemonaes Armes*
Q *And swiftly come to Desdemona's armes*, was den sexuellen Unterton von F (AE 167) wegläßt

II, i, 97   *Oh behold*
vorher in Q *And bring all Cypresse comfort,—*

II, i, 99   *You men of Cyprus, let her haue your knees.*
»nicht, daß sie knieen sollen, sondern jene höfliche Verbeugung ist gemeint, die damals die Sitte forderte, ein Zurückziehn des einen Beines, und eine Neigung des Kniees, Make your legs, würde ein Bürger, ein Clown, oder ein einfach Sprechender sagen. Das Leg ist dem geblümten Cassio hier zu geringe.« (Tieck 365)

II, i, 111   *Within. A Saile, a Saile.* – in Q vor II, i, 108

II, i, 114   *See for the Newes* – Q *So speakes this voice*

II, i, 119   *Iago. Sir, would she giue you so much of her lippes,*
Die Bühnenanweisungen der Editionen variieren darin, wen Cassio geküßt hat, auf jeden Fall Emilia (*she,* Iagos Ehefrau), vielleicht auch beide.

II, i, 129ff.   *you are Pictures out of doore*
wieder eine Variation zur *Arte of English Poesie*: »we limit the comely parts of a woman to consist in four points, that is, to be a shrew in the kitchen, a saint in the Church, an angel on the board, and an ape in bed« (Malim 132)

II, i, 139ff.   *What would'st write of me…*
die ganze Subszene ist eine Variation der noch zu wenig bekannten Stegreifdichtungsszene aus *Edward III.*

II, i, 191   *Scholler* – scholar

II, i, 201   *Cluster-pipes* – Q *Clisterpipes*

II, i, 203   *The Moore I know his Trumpet.*
»A tucket with a particular melody and rhythm served as a personal calling card, almost an aural heraldic device, for a general or

traveling aristocrat« (DW 294)

II, i, 226   *to that* – DF *rhat* korr. (Q)

II, i, 239   *doate* – Q dote

II, i, 257   *thy* – Q *the*

II, i, 270   *Fortune* – DF *Forune* korr. (Q)

II, i, 273f.   *Why none, why none* – fehlt in Q

II, i, 285   *Bless'd pudding.* – fehlt in Q

II, i, 286f.   *Didst not marke that?* – fehlt in Q

II, i, 288   *that I did* – fehlt in Q

II, i, 289   *obscure* – fehlt in Q

II, i, 292   *Villanous thoughts Rodorigo* – fehlt in Q

II, i, 294   *Master, and* – fehlt in Q

II, i, 295   *Pish.* – fehlt in Q

II, i, 305   *happely* – in Q folgt: *with his Trunchen* [truncheon]

II, i, 313   *you can* – Q *I can*

II, i, 326   *accomptant* – Q *accountant*

II, i, 328   *lustie* – Q *lustfull*

II, i, 332   *wife, for wife* – DF *wife, for wift* korr. (Q)

II, i, 336   *trace* – Q *crush*, Var. trash (Steevens)

II, i, 339   *right garbe* – Q *ranke garbe*; garb

II, ii, 8   *addition* – Q *minde*, Q2 *addiction*

II, ii, 12   *present* – DF *presenr* korr. (Q)

II, ii, 15   *Enter Othello, Desdemona, Cassio, and Attendants.*
hier wird oft eine eigene Szene II, iii angefangen

II, ii, 32   *Who* – *whom* Q2

II, ii, 46   *stope* – stoup

II, ii, 72   *Three else* Q – *Three lads*

II, ii, 79   *But here they come.* – fehlt in Q

II, ii, 83   *heauen* – Q *God*

II, ii, 87   *Cannakin* – Q *Cannikin* (Kännchen)

II, ii, 92   *Heauen* – Q *God*

II, ii, 113   *awl'd* – auld

II, ii, 115   *Why* – Q *Fore God*

II, ii, 119   *heau'ns* – Q *God's*

II, ii, 120f.   *and there be soules must not be saued* – fehlt in Q

II, ii, 128   *Forgiue* – Q *God forgiue*

II, ii, 167   *You Rogue* – Q *Zouns, you rogue*

II, ii, 170   *Twiggen-Bottle* – Q *wicker bottle*

II, ii, 180   *Alas* – Q *godswill*
II, ii, 181   *Sir Montano:* – Q *Sir Montanio, sir,*
II, ii, 183   *Diablo* – spanisch, einzigartig bei S. (AE 192)
II, ii, 184   *Fie, fie* – Q *godswill*
II, ii, 188   *I bleed* – Q *Zouns, I bleed*
II, ii, 188   *He dies.* – fehlt in Q. Keine Regieanweisung; mit *he* ist
              wohl Cassio gemeint: er soll sterben (AE 192)
II, ii, 196   *For Christian shame* – daß dies in dieser Situation ein
              Nichtchrist sagt, ist wohl sehr unwahrscheinlich (s. Nachwort)
II, ii, 205   *Deuesting* – divesting
II, ii, 231   *collied* – Q *coold*
II, ii, 232   *If I once* – Q *Zouns, if I*
II, ii, 243   *league* – Var. *leagued* (Pope)
II, ii, 290   *Heauen* – Q *God*
II, ii, 291ff. *Reputation, Reputation, Reputation* – ein Zentralthema, das
              Oxford (belegt in Briefen und Gedichten (DW 124)) mit Shake-
              speare teilt.
II, ii, 296   *sence* – sense, Q *offence*
II, ii, 304   *to* – DF *ro* korr. (Q)
II, ii, 308ff. *Drunke? ... ones owne shadow?* – fehlt in Q
II, ii, 318   *Oh* – Q *O God*
II, ii, 334f. *Oh strange!* – fehlt in Q
II, ii, 346   *deuotement* – Var. denoutement (Q2)
II, ii, 374   *renownce* – renounce
II, ii, 374f. *his Baptisme, All Seales, and Simbols of redeemed sin*
              hier ist eindeutig davon die Rede, daß Othello getauft wurde, ja
              durch die Taufe von seinen Sünden erlöst werden könnte
II, ii, 396   *Chace* – chase
II, ii, 398   *Crie* – der nur bellende Teil der Meute (S. wieder einmal
              Hundeexperte)
II, ii, 411   *Introth* – Q *bi'the masse*
II, ii, 413   *Billited* – billeted
III, i, 33   *In happy time* – Q hat vorher *Doe good my friend:*
III, i, 53   *likings* – Q hat danach *To take the safest occasion by the front*
III, i, 62   *Cassio. I am much bound to you.* – fehlt in Q
III, iii, 8   *that's an honest Fellow*
              »Eine der vielen Definitionen der ›honesty‹, der ›Ehrlichkeit‹, war
              eben die Zügelung der Affekte. Während Molières Menschenfeind

ehrlich im modernen, nicht aber im höfischen Sinne ist, ist Jago in *Othello*, einem Stück, in dem das Wort ›honesty‹ als Substantiv oder Adjektiv über 40 Mal, das Wort ›passion‹ 9 Mal vorkommt, nicht ehrlich im modernen Sinne, aber in höfischem Sinne. Und Othello sieht Jago als ›ehrlich‹ im höfischen Sinne und nimmt folglich an, er sei es auch im modernen Sinne.« (Detobel 2005, 58) Es handelt sich also nicht um »a central irony of the play« (DW 138), wenn hier selbst Desdemona Iago als *honest* bezeichnet. Vgl. auch III, iii, 120ff.

III, iii, 14   *I know't* – Q *O sir*

III, iii, 56   *loues you* – *loues'you* korr. (DF, Q)

III, iii, 77f. *example) Out of her best* – Q *examples, Out of her best)*

III, iii, 83   *with* – *wirh* korr. (DF, Q)

III, iii, 86   *Trust me* – Q *Birlady*

III, iii, 116 *hir* – Q *her*

III, iii, 126 *Alas, thou ecchos't … thy* – Q *By heauen he ecchoes … his*

III, iii, 128 *something* – korr. *somthing* (Q, DF)

III, iii, 144 *dilations* – Q *denotements,* Var. delations (Steevens)

III, iii, 147 *I dare be sworne* – Q *I dare presume*

III, iii, 160 *vild, and falce* – Q *vile and false*

III, iii, 163 *Wherein vncleanly* – Q *But some vncleanely*

III, iii, 173 *that your wisedome* – Q *I intreate you then*

III, iii, 174 *conceits* – Q *coniects*

III, iii, 180 *What dost thou meane?* – Q *Zouns*

III, iii, 186 *my good Name* – wieder das Standardthema bei Shakespeare (s. o. II, ii, 291ff.) und de Vere

III, iii, 189 *Ile know* – Q *By heauen I'le know*

III, iii, 192 *Ha?* – fehlt in Q

III, iii, 193 *my Lord, of* – fehlt in Q

III, iii, 198 *soundly* – Q *strongly*

III, iii, 203 *Heauen* – Q *God*

III, iii, 203 *Tribe* – hier im Sinne eines Mitbürgers der sechs Nachbarschaftsgebiete Vendigs (DW 150)

III, iii, 211 *exufflicate* – Var. exsufflicate (Malone)

III, iii, 231 *Heauen* – Q *God*

III, iii, 240 *go too* – go to

III, iii, 242 *To seele her Fathers eyes vp, close as Oake,*
»Oak, Eiche, haben alle Ausgaben. Sonderbar, gesucht, und mit seel, dem Kunst-Ausdruck, von der Blendung der Falken ge-

braucht, nicht passend. Einige haben darum hawk zu lesen vorge-
schlagen. Indessen ist der Falke nur für eine Zeit geblendet, und
braucht bei der Jagd gerade die Schärfe seines Auges.« (Tieck 366f.)

III, iii, 244 *too blame* – to blame

III, iii, 260 *Which my Thoughts aym'd not.*
  Q *As my thoughts aime not at:*

III, iii, 273 *Foh, one may* – Q *Fie we may*

III, iii, 292 *to him* – Q *to hold him*

III, iii, 303 *Quantities* – Q *qualities*

III, iii, 304 *I do proue her Haggard*
  »a wild female hawk caught in her adult plumage« (AE 225); vgl.
  dazu Edward de Veres Gedichte: *The haggard hawk with toil is made full
  tame* (Vere 73); *like haggards wild they range,/These gentle birds, that fly
  from man to man* (ebd. 84) und DW 156

III, iii, 306 *I'ld whistle her off, and let her downe the winde*
  Falken werden mit einer Pfeife losgeschickt: gegen den Wind zur
  Beute, mit dem Wind zum Freiflug (AE 225)

III, iii, 321 *Looke where she comes* – Q *Desdemona comes*

III, iii, 332 *Why* – Q *Faith*

III, iii, 333 *binde it hard* – Q *bind your head*

III, iii, 344 *tane* – Q *taine*, taken (ta'en)

III, iii, 378 *The Moore already changes with my poyson:* – fehlt in Q

III, iii, 384ff. *Not Poppy, nor Mandragora ...*
  deutliche Bezugnahme auf Marlowes *Jew of Malta* (5.1.82-84): »I
  drank of poppy and cold mandrake juice,/And being asleep, belike
  they thought me dead/And threw me o'er the walls.« (Chiljan 359,
  vgl. auch *A&C* I, v, 4, wo Apulejus die Quelle sein soll). Gilvary
  (109) weist zusätzlich auf Machiavellis Stück *Mandragora* hin. John
  Weevers Referenz (»Of Mandrake, Poppy, evergreen did flourish,/
  With herbs whose juice the drowsy sense would nourish«, gedruckt
  1601, Chiljan 360), ist ebenfalls nahe an *Othello* (*drowsy*).

III, iii, 396 *fed well* – fehlt in Q

III, iii, 402 *Pyoners* – Pioneers, einfachste Soldaten (AE 231)

III, iii, 416 *Giue me the Occular proofe*
  ebenfalls eine Parallele zum italienischen Cinthio-Text, vgl. dazu AE
  377 *vedere co gl'occhi*, mit den eigenen Augen sehen.

III, iii, 422 *Hindge* – hinge

III, iii, 431 *forgiue* – Q *defend*

III, iii, 433 *God buy you* – God be with you

III, iii, 442-449 *Oth. By the World ... satisfied.* – fehlt in Q

III, iii, 450 *I see you* – Q *I see sir, you*

III, iii, 464 *prime as Goates, as hot as Monkeyes*

Roger Prior hat, obwohl Stratfordianer, herausgefunden, daß Shakespeare sich hier auf Motive eines Freskos in Bassano del Grappa (50 km NW Venedig) beziehen könnte. In dem Ort gab es einen Apotheker Giovanni Otello und eine »der Mohr« genannte Apotheke mit einem Mohrenkopf als Schild (Murphy).

III, iii, 509 *hell* – Q *Cell*

III, iii, 512 *Aspickes* – aspic, Vipera aspis

III, iii, 515 *may change* – Q *perhaps may change*

III, iii, 516-523 *Iago. Like to the Ponticke ... Marble Heauen* – fehlt in Q

III, iii, 530 *execution* – Q *excellency*

III, iii, 532 *in me remorse* – Q *remorce*

III, iii, 533 *businesse euer* – Q *worke so euer*

III, iii, 543 *O damne her, damne her* – Q *O dam her*

III, iv, 10ff. *Clo. To tell you where ... of this?* – fehlt in Q

III, iv, 29 *Cruzadoes* (Q *Crusadoes*) – portugiesische Münzen mit einem Kreuz, unerklärt (AE 242)

III, iv, 43ff. *Giue me your hand. This hand is moist...*

»The expression, ›hot and moist,‹ appeared as a chapter heading in the 1576 medical book, *The Touchstone of Complexions,* translated by Thomas Newton: ›Of a Hot and Moist Complexion‹ (p. 88). The previous chapter was titled, ›Of a Cold and Moist Complexion.‹ « (Chiljan 377f.)

III, iv, 61 *Rhewme* (Q *rhume*) – *rheum*

III, iv, 90 *Indeed* – Q *Ifaith*

III, iv, 92 *Heauen* – Q *God*

III, iv, 96 *Blesse vs* – Q *Heauen blesse vs*

III, iv, 102 *I can* – Q *I can sir*

III, iv, 109 *Oth. The Handkerchiefe.* – anschließend in Q:
Des. I pray talke me of Cassio.
Oth. The handkercher.

III, iv, 115 *Away* – Q *Zouns*

III, iv, 168 *endues* – indues

III, iv, 176 *Indited* – indicted

III, iv, 205 *this worke* – das Taschentuch

III, iv, 214 *in good troth* – Q *by my faith*

III, iv, 225f. *Bian. Why, ... I loue you not.* – fehlt in Q

IV, i, 24 *ore* – Q *o're*, over

IV, i, 33 *chuse* – choose

IV, i, 45 *that's* – Q *Zouns, that's*

IV, i, 46-52 *To con- ... O diuell.* – fehlt in Q

IV, i, 64 *The Lethargie* – Q *No, forbeare, The Lethergie,*

IV, i, 79 *bearded fellow* – Cassio; Othello hatte wohl auch einen Bart (AE 258)

IV, i, 79 *yoak'd* – yoked

IV, i, 84 *Cowch* – Q *Coach*, couch

IV, i, 91 *resulting* – Q *vnsuting (vnfitting)*, AE 259

IV, i, 114 *restraine* – Q *refraine*

IV, i, 118 *conserue* – Q *conster*, Var, construe (Rowe)

IV, ii, 122 *Lay on my bed my wedding sheetes*

»Es gab in der italienischen Renaissance vereinzelt den nicht gerade geschmackvollen Brauch, am Morgen nach der Hochzeitsnacht das Laken auf den Balkon zu hängen, damit sich die gesamte Nachbarschaft vom glücklichen Vollzug überzeugen konnte. Dieselbe Wäsche am Abend wieder aufzulegen, dürfte jedoch keiner Jungvermählten eingefallen sein.« (Erné 1972) Vgl. auch IV, iii, 27ff.

IV, i, 124 *dowre* – Q *power*

IV, i, 133 *well said.* – (2.) fehlt in Q

IV, i, 138 *What? A customer;* – fehlt in Q

IV, i, 145 *scoar'd* – Q *stor'd*

IV, i, 149 *becomes* – Q *beckons*

IV, i, 153 *and falls me* – Q *by this hand she fals*

IV, i, 156 *and lolls* – hangs down, dangle (AE 263)

IV, i, 157 *shakes* – Q *hales*

IV, i, 180 *I must* – Q *Faith I must*

IV, i, 182 *Yes* – Q *Faith*

IV, i, 192ff. *Iago. Yours ... his whore* – nicht in Q

IV, i, 213f. *oh Iago, the pitty of it Iago.* – Q *the pitty.*

IV, i, 233 *I warrant something from Venice* – Q *Something from Venice sure*

IV, i, 236 *Saue you* – Q *God saue the*

IV, i, 258 *the* – korr. *th* (DF. Q)

IV, i, 261 *Trust me* – Q *By my troth*

IV, i, 314   *denote* – korr. *deonte* (DF, Q)
IV, ii, 21   *their Wiues* – Q *her Sex*
IV, ii, 37   *May* – Q *nay* (DF?)
IV, ii, 39   *in your words* – Q ergänzt *But not the words.*
IV, ii, 52   *motiue* – Q *occasion*
IV, ii, 58   *they rain'd* – Q *he ram'd*
IV, ii, 61   *vtmost* – fehlt in Q
IV, ii, 65   *finger at* – in Q folgt -- *oh, oh,*
IV, ii, 77   *weed* – Q *black weede*
IV, ii, 79   *akes* – aches
IV, ii, 84-87 *Committed? Oh, … What commited?* – fehlt in Q
IV, ii, 91   *commited?* – in Q folgt *impudent strumpet*
IV, ii, 94   *I am a Christian* – dies klärt die Frage der Religion bei
               Desdemona; vgl. Nachwort
IV, ii, 96   *any other* – Q *any hated*
               eine zentrale, durch den gegensätzlichen Sinn von Q und F
               zusätzlich rätselhafte Stelle. AE 278 vermutet in der Q-Variante
               eine Klarstellung oder Korrektur einer Fehlleistung, daß hier keine
               ungesetzliche Berührung stattgefunden hat. Vgl. hierzu auch Nino
               Ernés Theorien zu Othello
IV, ii, 101   *forgiue vs* – Q *forgiuenesse*
IV, ii, 108   *We haue done our course*
               ebenso mehrdeutig wie IV, ii, 96
IV, ii, 117f. *Who is thy Lord? … sweet Lady.* – fehlt in Q
IV, ii, 127   *least misvse* – Q *greatest abuse*
               noch eine doppelsinnige Abweichung Q/F
IV, ii, 166   *most villanous* – Q *outragious*
IV, ii, 167   *scuruy* – scurvy
IV, ii, 177   *Alas* – Q *O Good*, Var. O God
IV, ii, 180-193 *Heere I kneele … could make me.* – fehlt in Q
IV, ii, 195   *offence* – in Q folgt *And he does chide with you*
IV, ii, 207   *dafts* – Q *dofftst*
IV, ii, 214   *I haue heard* – Q *Faith I haue heard*
IV, ii, 215   *words* – hier folgt in einem unkorrigierten Foliodruck der
               Einschub *And hell gnaw his bones* (AE 285)
IV, ii, 217   *With naught but truth* – fehlt in Q
IV, ii, 221   *sodaine* – Q *suddaine*, sudden
IV, ii, 222   *acquaintance* – Q *acquittance*

IV, ii, 225   *Nay I think it is* – Q *I say tis very*

IV, ii, 239   *exception* – Q *conception*

IV, ii, 251   *what is it?* – fehlt in Q

IV, ii, 257   *Mauritania* – AE 226 bezweifelt, daß es sich hier nur um eine Lüge Iagos handelt

IV, ii, 267   *Harlotry* – Q *harlot*

IV, iii, 26   *vn-pin* – loslösen (unklar ob Haar oder Kleidung), einzigartig bei S. (AE 290)

IV, iii, 28   *good Father* – Q *good faith*

IV, iii, 34   *Willough* – Q *willow*

IV, iii, 37-59 *I haue much to do ... Nay that's not next.* – fehlt in Q

IV, iii, 39   *Barbarie* – DF *Brabarie* korr.

IV, iii, 47   *Sicamour tree* – vgl. die aus *Romeo and Juliet* (I, i, 121, AE 291) bekannten Platanen (Platanus orientalis), die heute noch vor den Toren Veronas wachsen (Roe 8-10); hier nicht zu verwechseln mit Ficus sycomorus (Maulbeerbaum, Afrika; vgl. AE 291) oder Bergahorn (sycamore maple). Wortspiel *sick-amour*

IV, iii, 61-63 *Des. I call'd my Loue ... with mo man* – fehlt in Q

IV, iii, 63   *mo* – Q *moe*, more

IV, iii, 65   *boade* – bode

IV, iii, 67-71 *Des. I haue heard ... no question.* – fehlt in Q

IV, iii, 80   *Introth* – Q *Good troth*

IV, iii, 81   *Introth* – Q *By my troth*

IV, iii, 85   *why* – Q *vds pitty*

IV, iii, 96-113 *But I do thinke ... their illes instruct vs so.* – fehlt in Q

IV, iii, 115 *Heauen* – Q *God*

V, i, 3   *Barke* – Q *Bulke*
             Verkaufsstand vor einem Laden; AE verweist auf die Parallele zu *Arden of Feversham*, wo die Mörder auch vor einem Laden auf ihr Opfer warten (295)

V, i, 10   *stand* – Q *sword*

V, i, 11   *deed* – Q *dead* (wohl DF)

V, i, 14   *Quat* – Q *gnat*

V, i, 17   *gaine* – Q *game*

V, i, 27   *gate* – gait

V, i, 32   *maym'd* – Q *maind*, maimed

V, i, 42   *highes* – Q *hies apace*

V, i, 43   *For* – Q *Forth*

V, i, 49   *voyce* – Q *cry*
V, i, 81   *Dogge!* – Q *dog, -- o, o, o.*
V, i, 105f. *Iago. Lend me ... easily hence* – nicht in Q
V, i, 109   *To be a party in this Iniurie* – Q *To beare a part in this*
V, i, 110   *Come, come;* – nicht in Q
V, i, 113   *Yes, 'tis* – Q *O heauen*
V, i, 130   *o'th'Ayre* – Q *out o'th aire*
V, i, 131   *Gentlemen* – Q *Gentlewoman*
V, i, 132   *gastnesse* – Q *ieastures*
V, i, 158   *quight* – Q *quite*
V, ii, 38   *fore-fend,* – gem. Q korr. aus *fore-fend)* (DF)
V, ii, 55   *I hope, I hope,* – Q *I hope*
V, ii, 66   *Presently* – Q *Yes, presently*
V, ii, 69   *Conception* – Q *conceit*
V, ii, 70   *grone* – Q *groane*
V, ii, 71   *O Heauen* – Q *The Lord*
V, ii, 87   *hath vs'd thee* – Q *——vds death*
V, ii, 92   *'tane* – ta'en
V, ii, 103 *Oth. Being done, there is no pawse.* – fehlt in Q
V, ii, 105 *Smothers her* – Q *he stiflles her.*
    Des. O Lord, Lord, Lord.
V, ii, 109 *noise* – Q *voyce*
V, ii, 148 *Alas* – Q *O Lord*
V, ii, 179 Chrysolite – AE verweist auf Parallelen zur *Fairie Queene* (316), *Geneva bible* und zum apokryphen Shakespeare-Stück *The Weakest Goeth to the wall* (341)
V, ii, 186 *itterance* – Q *iteration*
V, ii, 188-193 *Æmil. Oh Mistris ... honest Iago.* – fehlt in Q
V, ii, 196 *filthy* – Echo auf das *filthy* in V, ii, 184
V, ii, 198 *worst* – DF *wotst* korr. (Q)
V, ii, 204 *durt* – Q *dirtt*
V, ii, 205 *known* – Q *know*
V, ii, 231-241 *My Mistris ... O villany! villany!* – fehlt in Q
V, ii, 254 *horrible* – Q *terrible*
V, ii, 270f. *Oh Heauen! oh heauenly Powres!* – Q *O God, O heauenly God*
V, ii, 272 *Come* – Q *Zouns*
V, ii, 274 *North* – Q *ayre*

V, ii, 291   *Coxcombe* – Hahnenkamm, Narrenkappe

V, ii, 293   *Oth.* – vorher in Q *The Moore runnes at Iago. Iago kils his wife.*

V, ii, 293   *stones* – Donnersteine

V, ii, 309-311 *What did thy Song ... Willough* – nicht in Q

V, ii, 309   *boad* – bode

V, ii, 316   *Ice brookes* – Q *Isebrookes*
AE nimmt an, daß es sich um ein spanisches Schwert handelt, das durch Abkühlung mit Eiswasser gehärtet wurde und nicht um einen Lesefehler zu Innsbruck, von wo aus Stahl (auch nach England) exportiert wurde (341). De Vere könnte auf seiner Italienreise Innsbruck passiert haben (Klier); DW 274 plädiert für Innsbruck.

V, ii, 321   *naked* – hier mit der Bedeutung unbewaffnet (AE 324)

V, ii, 330   *Be not affraid ... ill-Starr'd wench.* – nicht in Q

V, ii, 333   *dismaid* – dismayed

V, ii, 337   *compt* – Q *count*

V, ii, 359   *cursed* – Q *damned*

V, ii, 388   *interim* – Q *nicke*

V, ii, 402   *long seeming dead* – die Übersetzung versucht die Vorstellung, daß Rodrigo überlebt haben könnte, dezent in den Hintergrund zu scheiben.

V, ii, 411   *bring away* – Q *bring him away*

V, ii, 412   *before you goe* – nicht in Q

V, ii, 416   *Speake of me, as I am* – Q *Speake of them as they are*
wieder eine Variante des *I am that I am* (s.o. I, i, 71)

V, ii, 422   *Iudean* – Q *Indian*; die wohl kontroverseste Variante des Stückes. F2 hat ebenfalls *Indian*.

V, ii, 423   *Tribe* – im *Kaufmann von Venedig* bezieht sich *Tribe* (vgl. auch III, iii, 203) auf Clans venezianischer Juden (DW 280)

V, ii, 428   *a Turbond-Turke ... circumcised* – wer sich Othello als vom *Moorish Ambassador* inspiriert vorstellt (s. Nachwort), hat hier womöglich ein Erklärungsproblem, weniger mit der Beschneidung als mit dem Turban.

V, ii, 438   *Sparton Dogge* – eine Art Bluthund. Shakespeare, ein großer Hundekenner und -liebhaber, schrieb schon im *Mittsommernachtstraum* (IV, i, 117f.): »in a wood of *Creete* they bayed the Beare, With hounds of Sparta«. Auch hier paßt der Hinweis Hanmers, daß Theseus den kaledonischen *Eber* (boar) gejagt hatte (vgl. unsere

Ausgabe S.165). Der Eber ist aber Edward de Veres Wappentier, somit stände Othello auch hier für de Vere.

V, ii, 440   *Loading* – Q *lodging*

V, ii, 448   *aboord* – aboard

Nachwort

Zu dieser Edition

Im Nachwort zum ersten Band dieser Ausgabe (*Timon aus Athen*) haben wir die Prinzipien unserer Edition (die auch als Studienausgabe gedacht ist) dargelegt und ausführlich die Entscheidung begründet, auf den englischen Originaltext zurückzugehen. Zusammengefaßt:

* Als englischer Text wird der bestverfügbare Originaltext des Stücks weitgehend wort- und zeichengetreu dargeboten: in diesem Falle der der ersten Folioausgabe (F) von 1623.
* Die deutsche Übersetzung ist auch als Kommentar zum englischen Text zu verstehen, da sie den Leser in der Regel schnell den Sinn des Originaltextes erfassen läßt und bei Zweifelsfällen erläuternd wirkt. Auf diese Kommentarfunktion ist sie natürlich nicht beschränkt, sondern sie steht in einem Dialog mit dem Original, der an jeder Stelle der Ausgabe nachvollziehbar sein soll.
* Bei fehlenden Vokabeln hilft meist ein einfaches Nachschlagen in Wörterbüchern (nicht nur auf Smartphones ständig verfügbar).
* Fast alle – bei Shakespeare häufiger als bei anderen Autoren zu findenden – seltenen Ausdrücke sind in der Orthographie meistens (nahezu) identisch mit der heutigen Schreibweise, was daran liegen mag, daß die sperrigen Vokabeln des Urtextes fast immer noch dieselben sind wie vor mehr als 400 Jahren – und heute genauso selten wie zur Shakespeare-Zeit. Altertümlich anmutende Wörter sind eher nicht durch altertümliche

Schreibweise fremd, sondern durch ihre Seltenheit, ja Einzigartigkeit. Man kann das auch so ausdrücken: Shakespeare hat die englische Sprache weitgehend erfunden und seine Erfindungen sind immer noch in Gebrauch.

* Im Anhang wird bei einigen orthographisch abweichenden Wörtern zusätzlich die moderne Schreibweise angegeben (bei *Othello* häufig die Q-Variante). Offensichtliche Druckfehler und von verschiedenen Herausgebern vorgeschlagene denkbare Varianten werden ebenfalls vermerkt und ggf. diskutiert. (Ausnahme von dieser Regel: nicht vermerkt werden die bei *Othello* häufigen, vom Setzer vergessenen Leerzeichen zwischen Worten, wenn der Quarto-Text eindeutig ist.)

* Nicht normiert und kommentiert wird der auf den ersten Blick merkwürdig anmutende historische Gebrauch des »u« und »v«; daran muß (und kann) man sich gewöhnen.

* Das Prinzip der wort- und zeichengenauen Wiedergabe des Folio-Textes sollte nicht in dem Sinne mißverstanden werden, daß man sich hier auch in jedem äußerlichen Detail an diese Vorlage hält. Hierzu sei auf im Internet bereitgestellte Reproduktionen verwiesen bzw. auf die Faksimileausgabe der First Folio.

Zum Stück

Textgrundlage

Othello existiert, anders als die bisherigen Titel dieser Serie, in zwei unabhängigen, nahezu gleichwertigen Versionen. Der maßgebliche Quelltext ist zwar die erste Folioausgabe von 1623 (F); die ebenfalls postum herausgegebene erste Quartoausgabe von 1622 (Q) hat jedoch einen sehr eigenständigen Charakter, der ausführlich zu würdigen und zu bewerten ist.

Der Buchhändler Thomas Walkley, der (nach ordentlichem Eintrag im *Stationers' Register* am 6. 10. 1621 (*vnder the handes of Sir George Buck*)) die Quartoausgabe 1622 herausbrachte, war erst seit 1618 aktiv (Wikipedia, Thomas Walkley), hatte also keine Shakespeare-Vergangenheit. Es kann nur gemutmaßt werden, wie es ihm gelang, den Bann aufzuheben, der seit den Veröffentlichungen von 1608/09 auf dem Oeuvre lag, und wie dies mit der Publikationsgeschichte der ersten Folioausgabe zusammenhängt. Jedenfalls verkündete er selbstbewußt:

The Stationer to the Reader.

TO set forth a booke without an Epistle, were like to the old English prouerbe, A blew coat without a badge, & *the Author being dead, I thought good to take that piece of worke upon mee: To commend it, I will not, for that which is good, I hope euery man will commend, without intreaty: and I am the bolder, because the Authors name is sufficient to vent his worke. Thus leauing every one to the liberty of iudgement: I have ventered to print this Play, and leaue it to the generall censure.*

Yours,
Thomas Walkley.

Also: der Autor ist nun tatsächlich tot und ich wag's einfach mal, ihn zu drucken, wogegen ja wohl niemand etwas haben kann. Eine Herausforderung der 1609 noch genannten »grand possessors«; der »blue coat without a badge« könnte im Sinne von »hier fehlt noch etwas« gedeutet werden, wobei auch so etwas wie ein Siegel auf dem Wappen gemeint sein könnte.

Beim veröffentlichten Text, so auch der Konsens der Orthodoxie, handelt es sich um eine frühe Fassung, die zum Zeitpunkt der Veröffentlichung schon einige Jahrzehnte alt war (je nach Datierungspräferenz). Die Folio-Version ist hingegen erheblich länger und liefert auch bei den Varianten in der Regel den besseren Text, was insoweit nichts Besonders ist, da die Folioausgabe fast immer den Referenztext darstellt. Das Besondere an *Othello* ist aber, daß sowohlQ als auch F autorisierte, auf ein Shakespeare-Manuskript zurückgehende Fassungen sind, was für alle Editoren eine »baffling challenge« ist: »All or almost all of its 3,200 variants can be explained as conscious or unconscious compositorial substitutions... some QF variants could be seen as Shakespeare's first and second thoughts.« (AE 353) Daher ist *Othello* so etwas wie ein Kerntext der Shakespeare-Philologie:

»man darf nicht vergessen, daß bis vor nicht allzulanger Zeit die Annahme, Shakespeare habe (wie alle anderen Schriftsteller auch) an seinen Texten gefeilt und sie überarbeitet, als Häresie galt. Professor Honigmann ... wies anhand von *Othello* überzeugend nach, daß mit verschiedenen, und zwar vom Autor überarbeiteten Fassungen zu rechnen ist, für jeden, der sich ein wenig mit Literatur beschäftigt, gerade einmal eine Binsenweisheit. Wie denn auch nicht? Die meisten Stücke, die uns aus jener Epoche überliefert sind, sind für die berühmten zwei Stunden, die damals eine Aufführung dauerte, zu lang, oft viel zu lang, es handelt sich also logischerweise bei den uns bekannten Fassungen um Lesefassungen.« (Klier 39)

Alle wichtigen inhaltlichen Q-F-Varianten sind in dieser Edition vermerkt; dazu gehören hauptächlich die zensierten Flüche:

»More than fifty instances of ›profanity‹, printed by Q, were deleted in F or replaced by less offensive words ... Editors once assumed that F was purged because of the Act of Abuses (1606), which prohibited profanity and swearing on the stage... Editors think that the profanity was Shakespeare's (he wrote the play before 1606), and revert to Qs readings.« (AE 352)

Zu den Editoren, die bisweilen Teile aus Q wiederherstellen, gehört auch der Übersetzer, der damit dem folgt, was schon Ludwig Tieck anhand des *Othello* empfohlen hat:

»Alle diese Stellen sind wohl zu beachten, denn sehr häufig sind diese Correkturen und Erweiterungen, die der Dichter mit Besonnenheit anbrachte, nachdem sein Werk schon oft aufgeführt war, gerade die Stellen, die das korrekte Gewissen der Erklärer und Editoren ängstigen.« (363)

Literarische Quellen

Cinthios *Hecatommithi*

Giovanni Battista Giraldi, der sich, wie damals nicht unüblich, den zusätzlichen Namen Cinthio (Cinzio, Cinthius) zulegte, starb am 30. 12. 1573 als angesehener Dichter und Gelehrter in Ferrara. Seine 1565 zuerst veröffentlichte Novellensammlung *Hecatommithi* wurde in Italien häufig nachgedruckt (Wikipedia, Giovanni Battista Giraldi); 1583 erschien eine französische Übersetzung, eine englische Übersetzung stand Shakespeare nicht zur Verfügung.

Honigmann druckt im Anhang eine englische Kurzfassung des Quelltexts ab; so kann man leicht überprüfen, was von dieser Geschichte bei Shakespeare haften blieb:

»From this source, Shakespeare took the plot (the Moor's jealousy, the handkerchief trick, the Ensign's wickedness, the tragic death of the protagonists); the setting (Venice and Cyprus) and the main characters: Disdemona (the only named character), a Moorish captain (Capitano Moro), an ensign (alfieri) and a captain (capo di squadra).« (Magri 2010b, 408)

Für die allgemeine Einschätzung Shakespeares ist es nicht unerheblich, ob er denn »nur« sehr gut die italienische oder auch noch die französische Sprache beherrschte:

»The many close linguistic parallels with the Italian source are evidence that Shakespeare had a very good knowledge of the Italian language. ... Neill asserts that Shakespeare almost certainly read it in the original

Italian. Honigmann argues that Shakespeare knew both the Italian text (e.g. ›acerb‹ ..., ›ocular proof‹ ...) and the French translation (e.g. ›heart-pierced‹ ..., ›take out the work‹ ...)« (Magri 2010b, 408).

Zu den genannten eindeutig italienischen Anklängen vgl. die Anmerkungen zu I, iii, 379 und III, iii, 416. Für die Entstehungsgeschichte ist aber hauptsächlich relevant, daß Shakespeare bereits den italienischen Text kannte; warum er dann überhaupt noch die französische Version hinzugezogen haben sollte, wird Geheimnis der Philologen bleiben (obwohl man sich den Ausweg offen läßt: »the Othello ›echoes‹ of Chappuys could be explained as coincidence« (AE 368)). Die Frage ist zumindest einen Exkurs in die Niederungen der »exakten« Philologie wert.

Die AE zitiert 140 Parallelstellen, davon 3 angeblich von der französischen Übersetzung beeinflußt. Lassen wir mal den möglichen Einfluß des Wortes *touche* auf *touch* (AE 377) weg, so bleiben zwei übrig.

I, iii, 245 *the bruized heart was pierc'd through the eares* soll sich beziehen auf eine Stelle »Diese Worte trafen den Mohren im Herzen«, frz. *transpercèrent le couer* (AE 376). Das piekst natürlich viel schärfer als das italienische *passorono il cuore*; daher wird Shakespeare wohl auch durch das Ohr hinzugedichtet haben, was zur Hypothese hinleitet, daß ihm die Geschichte vorgelesen wurde, vielleicht von einem anonymen englischen Übersetzer, der ihn um Rat anging?

Nun aber (nahezu) der *Beweis*: Cinthio läßt die Frau des Corporals (sv. Bianca) das Taschentuch kopieren: »sie begann, eine Kopie anzufertigen« und die französische Übersetzung ergänzt »*& en tirer le patron*«, ein Zusatz, der sich nicht in der italienischen Fassung findet (AE 381)! Patron = Vorlage, tirer = hervorziehen? Honigmann übersetzt »take out«, ausführen, damit es zu folgender Stelle paßt:

III, iv, 204f. *Sweet Bianca Take me this worke out.*

Bianca gibt selbst die Antwort:

I must take out the [*whole* Q] *worke?* (IV, i, 171)

Commedia dell' Arte

Zum Thema »Quellen« gibt es ansonsten die übliche Schnitzeljagd nach Namen und Belegen (AE 387). Statt des Begriffs Quelle (der immer den des Abschöpfens assoziiert) sollte man über den Begriff »Inspiration« nachdenken. Shakespeare ließ sich also von italienischen Quellen inspirieren, die er in italienischer Sprache las, z. B. einen gewissen Matteo Bandello, von dem Details wie Desdemonas Wiederbelebung geborgt sein sollen. Da stellen sich gleich weitere Fragen: wann, wo, warum, wie, in welchem Kontext?

Im Falle Oxfords könnte geantwortet werden: während seines Italienaufenthalts oder »beim Schmökern in der Bibliothek seines Schwiegervaters«.

Eine Inspiration, die greifbar ist, aber beim Stratforder Shakespeare wohl nicht sein darf, ist die durch die italienische Stegreifkomödienform *Commedia dell'arte*. Draya/ Whalen weisen in ihrer Edition immer wieder darauf hin, daß diese Einflüsse sich nicht nur in zahlreichen Komödien aufdrängen, sondern auch in *Othello*:

»The characters in *Othello* do indeed show strikingly that the dramatist was very familiar with *commedia dell'arte*. All the principal characters derive from some of the stock characters of *commedia dell'arte*. The *Zanni* (Iago) was a trusted servant but a cunning scoundrel who has a love of mischief for its own sake and deceives others with elaborate schemes for his advancement but gets his comeuppance at the end. The sub-*Zanni* (Roderigo) was a witless buffoon. *Pantalone* (Brabantio) was a foolish, talkative, old man, usually a rich Venetian merchant, who is duped by his wife or daughter. The *Capitano* (Othello) was a boastful, swashbuckling mercenary, often a Spaniard, who tells tall tales about his military exploits, especially against the Turks. *Pedrolino* (Cassio, Othello's lieutenant) was a naïve servant who was often personable and charming but sometimes to excess. The female lead (Desdemona), played by a woman, was sweet, charming and usually an unwitting foil in the *Zanni's* intrigues; she was an innocent, but sometimes was eloquent. The maid (Emilia) was always a bold, outspoken truth-teller.

Act 1 opens as pure *commedia dell'arte* that could be played for laughs and probably should be. Iago (the scheming *Zanni*) and Roderigo (the witless, rejected suitor) wake up Brabantio (the foolish, old *Pantalone*) to taunt him with lewd suggestions that his daughter, Desdemona (the innocent), is having sex with Othello (an upgraded mercenary, semi-Spanish *Capitano*) in a bestial way after they eloped. As the play begins, Iago is gulling Roderigo into joining him in a scene of raucous, obscene comedy.« (DW 32)

Diese Einflüsse sind auch einigen konventionellen Shake-speare-Forschern nicht verborgen geblieben, die aber auch feststellen mußten, daß die Commedia dell'arte im elisa-bethanischen England nahezu unbekannt war (DW 31).

Lokalisierungen

Ernesto Grillo, ein konventioneller italienischer Shake-speareforscher, konnte noch 1925 in seinem Buch *Shake-speare and Italy* unbefangen feststellen:

»Die verschiedenen Schauplätze von *Othello* sind nicht bloße Reminiszenzen an Venedig, sondern Bilder, die den Geist Venedigs atmen, von Shakespeare in sein Drama übertragen. Die Dunkelheit des Morgens, die engen und geheimnisvollen *calli*, Brabantios Haus mit den schweren Eisenriegeln an den Türen, ... der gemie-tete Gondoliere als Zeuge galanter Intrigen, die Gondel, in der die Liebenden gesehen werden, die Galeeren, die eine Vielzahl von Aufträgen erhalten, die Bewaffnung, das Gefolge mit Fackeln, die besonderen Nachtgendar-men, der Ratssaal, die Senatoren, der Doge – der geliebte Signor Magnifico –, die Gespräche über den Krieg, Brabantios Anschuldigung, daß seine Tochter mit giftigen Tränken und Zauberkraft gestohlen und verführt worden sei, die Geschichte Othellos mit all den Opfern zur Verteidigung der Republik...« (zitiert bei Sobran, 83)

Noemi Magris Darlegung, daß es sich bei der *Sagitary* (I, i, 173 u. ö.) um die *Pfeilgasse* (Frezzeria) handelt (also weder eine Herberge noch ein offizielles Gebäude oder einen

Teil des Palastes, wie Ridley und noch Malim rätseln), ist für sich genommen schon ein weiteres sehr prägnantes Indiz, das genaue Ortskenntnisse verrät. Richard Paul Roe, ein Reisender des 20. Jahrhunderts, der eine unentdeckte, kaum veränderte Welt des 16. wiederfand, fügt dem Bild weitere exakte Details hinzu, z. B. über das eingeengte Leben der angesehenen venezianischen Frauen und Töchter aus höheren Ständen samt Abbildung der *Zoccoli* (clogs), während Honigmann zu Venedig wenig mehr einfällt, als daß die Stadt »the pleasure capital of Europe, especially in its sexual tolerance« (9) war. »Why should Desdemona be any different?« (11). Ja dann hätte das Drama wohl nicht geschrieben werden müssen.

Auch für Zypern läßt sich nachweisen, daß Shakespeare genauere Kenntnisse der örtlichen Verhältnisse auf Famagusta hatte, als man aus Lektüre oder vom Hörensagen erwirbt:

»When the seventeenth Earl of Oxford was traveling on the Continent, he wrote home from Paris that he hoped to take ›two or three months to see Constantinople and some part of Greece.‹ (Letter to Burghley 17 March 1575 in Cecil papers 8.24) But there is no historical evidence that he visited those countries.

Although various letters from him and others attest to his whereabouts in Italy most of the time, nothing tells where he was for about four months, from mid–May to mid-September of 1575. Four months out of touch is a long time, suggesting that during those months he was on a galley visiting cities on the Adriatic and Mediterranean.

Other Shakespeare plays show that the dramatist may well have voyaged to Ragusa on the Adriatic and to

Sicily in the Mediterranean. *Twelfth Night* is set in Ragusa (today's Dubrovnik) on the Croatian coast across the Adriatic from Italy (Anderson 85-6 end notes). *Much Ado About Nothing* is set in Messina on Sicily off the toe of Italy. And most of *Othello* is set in Famagusta on Cyprus in the Mediterranean.

Oxford and his entourage lived for nearly half a year in Venice, which had a ship-building industry and was home port for scores of commercial galleys. If he had wished, he could have chartered for his exclusive use a swift galley with new sails and strong oarsmen to take him to Ragusa and Sicily, and also to Famagusta on Cyprus, a regular port of call for Venetian galleys.« (DW 302f.)

Autobiographisches

In Abwandlung einer Äußerung Freuds kann man sagen: wenn Oxford Shakespeare war, dann hätte er alles aus erster Hand: Venedig (in over-plus), Kreta, die Commedia dell'arte, Cinthio – tatsächlich interessierte Freud aber in erster Linie eine andere Ebene:

»Wenn er Shakespeare war, hatte er selbst Othellos Qualen durchgemacht. ([An James S. H. Bransom, 25. März 1934])« (117)

»Über Shakespeare werden wir viel zu diskutieren haben. Ich weiß nicht, was Sie an dem Stratforder noch anzieht? Er bringt doch gar nichts mit für seinen Anspruch, Oxford fast alles. Daß Shakespeare alles aus zweiter Hand nimmt – die Neurose Hamlet's, den

Wahnsinn Lear's, den Trotz Macbeth's und die Natur seiner Lady, die Eifersucht Othellos usw., das ist mir eine unvollziehbare Vorstellung. Ich ärgere mich beinahe, sie bei Ihnen zu finden. ([Freud an A. Zweig, 2. 4. 1937])« (121)

Bevor man gleich die beliebte Vokabel Biographismus hervorkramt: *wenn* er Shakespeare wäre, ließen sich nicht nur unerwartet zahlreiche Puzzleteile zusammensetzen, es stellte sich auch die *Aufgabe*, dieses zu tun, mit allen Ansprüchen der Wissenschaft. Von dieser Perspektive aus bleibt von den Oxfordianern, in deren Flotte (neben dem Flaggschiff *Hamlet*) die *Othello* von Anfang an den Status eines Schlachtschiffes innehatte, noch sehr viel mehr zu leisten, als bisher geleistet wurde.

Die Bedutung *Othellos* für die oxfordianische Argumentation begann bereits mit John Thomas Looney, dessen Identifizierung von Oxfords Haggard-Gedicht mit dem Werk Shakespeares sich insbesondere an einer Stelle in *Othello* festmachte (III, iii, 304ff.). Von seinen ersten biographischen Forschungen bis zu neuesten Versuchen in dieser Richtung war das Thema gesetzt: wie sind Oxfords Erlebnisse, der seine Frau wegen vermeintlicher Untreue jahrelang verstieß, mit jenem Shakespeare-Thema zu vergleichen, das Nino Erné unübertroffen präzise beschreibt:

»Erstaunlich oft geistert eine geschmähte, verstoßene, verleumdete weibliche Gestalt durch die Stücke des Dichters Shakespeare: *Viel Lärm um Nichts*, *Ende gut, alles gut*, *Cymbeline*, *Wintermärchen*, *Maß für Maß*. In *Hamlet* bringt sie sich um, in *Othello* wird sie ermordet. Und so dünn wie dessen Verlobungstaschentuch ist die

Motivation für all diese Eifersuchtsszenen. Am Ende erklären sich diese reizenden Mädchen und Frauen, Hero, Helena, Mariana, im Handumdrehen bereit, alles zu vergeben und dem Verleumder holdlächelnd die Hand zu reichen. Würde sich der größte europäische Dramatiker solche Hopp-Hopp-Auflösungen erlauben, wenn nicht die eigentliche Motivation in ihm selbst läge? Kein Zweifel, man darf von einem Desdemona-Syndrom sprechen.

Gewiß, dieser Shakespeare hat unzählige Personen auf eine reale Bühne gestellt, er war ein Renaissance-mensch, kein zarter Lyriker zwischen Empfindsamkeit und Romantik, der unentwegt im Auftrag Gottes sagt, was er leidet. Trotzdem, wenn ein Autor von einer fixen Idee nicht mehr loskommt, findet doch wohl die Aufarbeitung eines ihn bedrängenden Erlebnisses statt. Gut, aber kann der Stratforder dergleichen nicht auch erlebt haben? Natürlich kann er, nur, wir wissen es nicht. Bei de Vere wissen wir es.« (Erné 1994, 9f.)

Erné, der auch einen *Othello*-Roman schrieb, war lange Zeit Stratfordianer und entwickelte in seinem lesenswerten Aufsatz *Der Fall Othello* (Erné 1972) einen eigenen Ansatz zum Verständnis des Stücks. Dennoch konnte er, ganz wie Freud, dem Sog der These »Oxford war Shakespeare« nicht widerstehen. Robin Fox, ein Anthropologe, der sich zeit-lebens mit Themen wie *The Red Light of Inzest*, *Kinship and Marriage, The Violent Imagination* etc. beschäftigte, be-schreibt das Pathologische, Rätselhafte und Magnetische dieses Dramas:

> »*Othello* (mit einem Seitenblick auf *Ein Wintermärchen*) handelt wie wir wissen von Eifersucht. Was aber ist

Eifersucht? In beiden Stücken scheint männliche sexuelle Eifersucht pathologisch zu sein, sie ist grundlos. ... Normales, voraussehbares Verhalten ist uninteressant, Wenn David Buss recht hat und wir ein ›Partnermord-Modul‹ besitzen, dann wären Othello und Leontes langweilig normal. ... Es ist die Irrationalität der Eifersucht und die Leichtigkeit, mit der Iago mit ihr spielt, die jedermann unerbittlich niederzieht und uns den Atem nimmt, wenn wir dieses psychologische Zugunglück beobachten.« (Fox 169f.)

Die Faszination des oxfordianischen Gedankens könnte in einer Doppelung dieses Dramas bestehen, und es gibt gewiß auch einige, die hier völlig schief liegen oder sich weit verirrt haben (Prince Tudor-Theorie), und es gibt auch hier zunehmend alle unangenehmen Begleiterscheinungen, die Geisteswissenschaften zu einem so unwirtlichen Ort machen können.

Dennoch: die Biographie Oxfords tritt immer mehr ans Licht, und Mark Anderson, immer noch sein bester Lebensbeschreiber, faßt Oxfords Italienreise von 1575/76 wie folgt zusammen: »De Vere would spend the rest of his life writing about the dramatic and traumatic events of his twenty-sixth year« (118) – eine Geschichte, die sich hier nicht in Kurzfassung wiedergeben läßt.

Was in einer Ausgabe wie dieser *Othello*-Edition angeregt werden kann ist ein neues Nachdenken über Shakespeares Arbeitsweise, die imgrunde kaum erforscht ist, weil die neu zu betrachtenden Realitätsbezüge in seinen Dramen aufgrund falscher Zuschreibung bisher gar nicht einbezogen wurden. Ein vorsichtiges Ordnen der Schnipsel dieser Realbezüge im Gemisch, ja Dschungel der weitausholenden Deutungen – bewußt verzichtet diese Ausgabe daher auf jegliche Interpretation. Im Drama selbst wird ein umgekehrter Weg beschritten: die Realebene wird neu gemischt, zum Teil unkenntlich gemacht wie in der Traumarbeit, ein additives Verfahren der Realitätenzusammenmischung wie in Macbeths Hexenküche.

Datierung

Die Lord Chamberlain's Men spielten am 3. März 1579 in Whitehall *The History of Murderous Michael* während »De Vere, Surrey, and associates handled the other item on the evening's bill, *A Moor's Masque*.« (Anderson 148) Beim erstgenannten Stück handelt es sich wohl um das 1592 gedruckte *Arden of Feversham*, eine *cause célèbre*, in der der Ehemann von seiner untreuen Frau und ihrem Geliebten ermordet wird. Die Nähe sowohl zu Shakespeare (*Arden* wird häufig als Shakespeare-Stück angesehen) als auch zu *Othello* ist offenkundig (Studien hierzu unter Titeln wie »Sexuality and aggressiveness« oder »Shakespeare, ›Othello‹ and Domestic Tragedy« sind schnell zu finden).

Das an zweiter Stelle genannte höfische Maskenspiel ist nicht nur dadurch bemerkenswert, daß Edward de Vere hier als Bühnenakteur auftritt, es geht auch, in welcher Form auch immer, um einen Mohren. Hier wäre also so etwas wie ein *Ur-Othello* anzunehmen, mit der Einschränkung, daß es sich nur um ein Maskenspiel handelt, dessen literarische Reife maximal auf dem Niveau des (von Tieck und Goethe geschätzten) *Arden* anzusiedeln wäre.

Othello hat im Namen Iago eine deutliche antispanische Tendenz, »Saint James or Santiago is the patron saint of

Spain, and his name was the national war cry heard by the English from 1585 to 1604, giving it a hostile sound to English ears.« (Moore 148) Dies wird auch in Marlowes Progandastück *The Massacre at Paris* benutzt, wo mehrfach unter Anrufung von »Sanctus Jacobus/Sancte Jacobe« gemordet wird. Santiagos Beiname Matamoros bedeutet außerdem »Maurentöter« (ebd.). An weiteren handfesteren Spuren aus den 1580er Jahren ist noch die Verlagerung des Armada-Untergangs von 1589 vor die Küsten Zyperns zu nennen.

Am 14. 12. 1594 notiert der Theatermanager Henslowe ein Stück mit dem Titel »the mawe« in sein Tagebuch, was man aufgrund seiner urtümlichen Orthografie ohne weiteres als »the Moore« lesen kann (Magri 2010b, 411).

Ben Jonsons Komödie *Every Man Out of His Humor,* 1598/99 aufgeführt und 1601 gedruckt, enthält zahlreiche Anspielungen auf *Othello*, z. B. wenn Sogliardo die Hand einer Dame ergreift:

> How does my sweet lady? hot and moist? beautiful and lusty? [5.2] (Chiljan 377, vgl. III, iv, 43ff. und Anm.)

Hauptsächlich jedoch ist die Parallele der »Typus des grundlos eifersüchtigen Ehemannes, der in Q Thorello, in F Kitely heißt. Wie es allein der Name in Q bereits suggeriert, ist Thorellos Bühnenvorbild niemand anders als Shakespeares Othello. Vermutlich weil dieser Hinweis im englischen Namen verloren geht, läßt Jonson in F Kitely zusätzlich den Satz sagen: ›I ha' learned so much verse out of a jealous man's part in a play‹ (V.v.78) [Soviele Verse habe ich aus der Rolle eines eifersüchtigen Mannes in einem Bühnenstück gelernt].« (Detobel 2001 mit zahlreichen weiteren Belegen und Würdigung der Sekundärliteratur)

Auch in Ben Jonsons Komödie *Poetaster, or His Arraignment* (1601 aufgeführt, 1602 gedruckt) findet sich eine unübersehbar deutliche Anspielung:

»In *Poetaster* (3.1), Captain Tucca encounters the actor, Histrio. Tucca tells his pages to perform before Histrio, so they recite lines from a few contemporary plays. One page says, ›you shall see me do the *Moor:* Master, lend me your scarf a little.‹« (Chiljan 378)

Hiermit hätte das Thema Datierung abgeschlossen werden können, wenn nicht die Anhänger des Mannes aus Stratford ihre eigenen Theorien dazu entwickeln würden.

Mangels äußerer Belege (bzw. unter Ignorierung der hier zuvor genannten) wird *Othello* aufgrund von Ähnlichkeiten zum *Hamlet* und passend zum prädestinierten Chronologieschema auf »written at some time between 1601 and 1604« (AE 344) datiert. Das Enddatum ist dabei die Aufführung am 1. 11. 1604, wobei (wie immer bei Shakespeare) nicht belegt ist, daß es sich um eine Erstaufführung handelt (zur Echtheit der Quelle vgl. Detobel 1998). Warum aber ab 1601? Wegen des *Moorish Ambassador:*

»What prompted Shakespeare to undertake the tragedy of ›The Moor of Venice‹? We now know that he did not have to rely only on literary sources: not long before he began *Othello* he had the opportunity of observing a Moorish embassy at first hand. The ambassador of the

King of Barbary arrived in England in August 1600, for a ›half year's abode in London‹...; being Muslims and strange in their ways, he and his retinue caused a stir. Shakespeare's company, the Lord Chamberlain's Men, performed at court in the Christmas season (1600-1), before the ambassador's departure, and they attracted other foreign visitors to the theatre, so we may take it that the dramatist must have encountered ›the Barbarians‹, as they were called, and that the first audiences of *Othello* could compare Shakespeare's Moor with these much-discussed foreigners.

At a later point (p. 14) we shall have to return to an issue that has been hotly disputed, whether Othello is a black or an ›olive-coloured‹ north African Moor. The portrait of the Moorish ambassador to Queen Elizabeth (Fig. 1) settles the question of *this* Moor's ethnic background and, I think, has a bearing on Othello's.« (AE 2)

Wenn Honigmann meint, daß der abgebildete Gesandte zu dem paßt, was man sich als Othello vorstellt, kann man ihm zustimmen, wobei meiner Einschätzung nach hauptsächlich das Kriegerische hervorsticht. Insgesamt aber doch wohl eher eine romantische Deutung; es fällt mir schwer, den Ehemann Desdemonas (die IV, ii, 94 schwört *as I am a Christian*) als Moslem zu sehen, zumal II, ii, 374f. deutlich seine Taufe erwähnt wird, und ich bin versucht, mit Othello zu fluchen: *For Christian shame, put by this barbarous Brawle* (II, ii, 196). Shakespeares Motto war gewiß auch *Mislike me not for my complexion*, und heutzutage, immerhin 400 Jahre später »hotly disputed« Themen wie die Bewertung des *malignant ... Turbond-Turke* und *circumcised Dogge* (V, ii, 428ff.), die Wahl zwischen *Indian* oder *Iudean* (V, ii, 422), waren nicht die Fragen, die ihn wirklich im Kern interessierten in seinem Maskenspiel mit Mohren. In diesem Kontext soll noch einmal auf Edward de Vere verwiesen werden, der nicht nur wie Othello »of an open, and free nature« war (vgl. I, iii, 423f.), sondern auch religiös tolerant: »Er ließ jeden so leben, wie er wollte« (Cuoco, 49).

Uwe Laugwitz

Literatur

(AE) William Shakespeare: Othello. Edited by E. A. J. Honigmann. London 2002 (The Arden Shakespeare, Third Edition)

(A&C) William Shakespeare: The Tragedie of Anthony and Cleopatra/Antonius und Cleopatra. (Steckels Shake-speare) Buchholz in der Nordheide, 2013

(Anderson) Anderson, Mark: ›Shakespeare‹ By Another Name. New York 2005.

(Chiljan) Chiljan, Katherine: Shakespeare Suppressed. San Francisco 2011

(Cuoco) Das Inquisitionsverhör des Orazio Cuoco (Hrsg. v. Magri, Noemi). In: *Neues Shake-speare Journal* 5, Buchholz i.d.N. 2000, S. 44-49

(Detobel 1998) Detobel, Robert: Eine Chronologie! Eine Chronologie! Mein Pferd für eine Chronologie! In: *Neues Shake-speare Journal* 2, Buchholz i.d.N. 1998, S. 81-138

(Detobel 2001) Detobel, Robert: Othello als postdeparodierte Präparodie. In: *Neues Shake-speare Journal* 6, Buchholz i.d.N. 2001, S. 132-139

(Detobel 2005) Detobel, Robert: Wie aus William Shaxsper William Shakespeare wurde. Buchholz i.d.N. 2005

(DW) William Shakespeare: Othello the Moor of Venice. Ed. Ren Draya/Richard Whalen. Truro 2010 (The Oxfordian Shakespeare Series)

(Erné 1972) Erné, Nino: Der Fall Othello [1972]. In: Erné, Nino: Don Quijotes Lanze, Paderborn 1997, S. 58-74.

(Erné 1994) Erné, Nino: Shakespeares fragwürdige Gestalt [1994]. In: *Neues Shake-speare Journal* 1, Buchholz i.d.N. 1997, S. 6-13

(Fox) Fox, Robin: Shakespeare's Education. Buchholz i.d.N. 2012

(Freud) [Freud, Sigmund:] Freud über Shakespeare. In: *Neues Shake-speare Journal* N. F. 1, Buchholz i.d.N. 2010, S. 43-123

(Gilvary) Gilvary, Kevin: Shakespeare and Italian Comedy. In: Malim, Richard (Hrsg.): Great Oxford. Tunbridge Wells 2004, S. 107-128

(Klier) Klier, Walter: Der Fall Shakespeare. Buchholz i.d.N. 1995

(Looney) Looney, John Thomas: ›Shakespeare‹ Identified in Edward de Vere, Seventeenth Earl of Oxford. New York/London 1975

(Magri 2010a) Magri, Noemi: Othello's house on the sagittary. Shakespeare's familiarity with the streets of Venice. *De Vere Society Nwsletter* February 2010, 8-10.

(Magri 201b) Magri, Noemi: Othello. In: Gilvary, Kevin (Hrsg.): Dating Shakespeare's Plays: A Critical Review of the Evidence. Tunbridge Wells 2010, S. 407-414

(Malim) Malim, Richard: The Earl of Oxford and the Making of »Shakespeare«. Jefferson, North Carolina, London 2012

(Moore) Shakespeare's Iago and Santiago Matamoros. In: Moore, Peter R.: The Lame Storyteller, Poor and Despised, Buchholz i.d.N. 2009, S. 147-148

(Murphy) Murphy, Donna N.: Shakespeare's Knowledge of Italy (über Roeger Prior). ww.donnanmurphy.com/Italy.php

(Roe) Richard Paul Roe: The Shakespeare Guide to Italy. New York 2011.

(Sobran) Sobran, Joseph: Genannt: Shakespeare. Köln 2002.

(Tieck) Shakspeare's dramatische Werke übersetzt von Aug. Wilh. v. Schlegel und Ludwig Tieck. Zwölfter Band. Berlin 1840.

(Vere) Edward de Veres Lyrik. In: *Neues Shake-speare Journal* 8, Buchholz i.d.N. 2003

(Wikipedia)
en.wikipedia.org/wiki/Giovanni_Battista_Giraldi
en.wikipedia.org/wiki/Thomas_Walkley

Steckels Shake-Speare
Editionsplan

The Life of Tymon of Athens/Timon aus Athen (2013)

The Tragedie of Macbeth/Die Macbeth Tragödie (2013)

The Tragedie of Anthony and Cleopatra/Antonius und Cleopatra (2013)

The Tragœdy of Othello, the Moore of Venice/Die Tragödie von Othello, dem Mohren von Venedig (2014)

★ ★ ★

A Midsommer Nights Dreame/Ein Mittsommernachtstraum

The Tragedie of King Richard the second/Die Tragödie von König Richard II.

Twelfe Night, Or what you will/Die zwölfte Nacht oder Was ihr wollt

The Tragedie of Cymbeline/Cymbeline

The Life and Death of King John/Leben und Sterben des Königs John

The Raigne of King Edward the third/Die Regierung des Königs Edward III.

Loues Labour lost/Verlorene Liebesmüh

The Tragedie of Hamlet, Price of Denmarke/Die Tragödie von Hamlet, Prinz von Dänemark